写给孩子的

古文观止

群｜星｜闪｜耀

星汉　编著

中国出版集团
中译出版社

图书在版编目（CIP）数据

写给孩子的古文观止：全4册 / 星汉编著. —北京：中译出版社，2024.4

ISBN 978-7-5001-7789-0

Ⅰ.①写… Ⅱ.①星… Ⅲ.①文言文－小学－教学参考资料②文言文－初中－教学参考资料 Ⅳ.①G634.303

中国国家版本馆CIP数据核字（2024）第053089号

写给孩子的古文观止：全4册

XIE GEI HAIZI DE GUWENGUANZHI: QUAN SI CE

出版发行：中译出版社
地　　址：北京市西城区新街口外大街28号普天德胜大厦主楼4层
电　　话：010-68002876
邮　　编：100088
电子邮箱：book@ctph.com.cn
网　　址：www.ctph.com.cn

策 划 人：宿春礼
责任编辑：张　旭
文字编辑：陈　润
特约编辑：于海英　王艺锟　姜心琳　王昊
绘　　图：遇见小行星
封面设计：曹柏光

排　　版：北京华夏墨香文化传媒有限公司
印　　刷：三河市祥达印刷包装有限公司
经　　销：新华书店

规　　格：710mm×1000mm　1/16
印　　张：25
字　　数：410千字
版　　次：2024年4月第1版
印　　次：2024年4月第1次

ISBN 978-7-5001-7789-0　　　　定价：139.00元（全4册）

中　译　出　版　社

图书若有质量问题，请拨打以下电话进行调换。
电话：010-59625116

前言

文言文是中小学生学习语文的一个难点，即使是老师也觉得不好教。

但是，从近年的教育改革情况来看，无论是在中考还是高考中，文言文的分量都越来越重，甚至统编语文教材从小学三年级开始就增加了文言文的内容。“得语文者得天下，得古文者得语文。”重视文言文的学习，已经刻不容缓。

文言文和古典诗歌一样，博大精深，源远流长，更是我国传统文化的载体。不少学生对传统文化感兴趣，想要更多地阅读传统经典，可是文言文却成了阅读中最大的障碍。

中小学生学习文言文的重点，与其说是文学，不如说是语言。既然是语言，就要按照语言的规律去学习。学习文言文就是要依托一篇篇选文，而选文一定要有典型性、规范性、代表性，如此才有利于培养语感，顺利进入文言文学习的语境当中。《古文观止》就是这样一部选本。

《古文观止》是清代康熙年间吴楚材、吴调侯选编的一部历代古文总集。他们是浙江山阴（今绍兴）人，以教授私塾弟子为生，编选此书的目的是“正蒙养而裨后学”，即作为私塾教育的读本，

因此，《古文观止》正是一部为当时的少年提供的文言文入门读物。

《古文观止》初刻于清康熙三十四年（1695），按照从古到今的顺序排列，收录了自春秋战国到明末的名作222篇。“观止”一词典出《左传》的“季札观周乐”一节，吴国公子季札在鲁国观《箫韶》之后，赞叹道：“观止矣！若有他乐，吾不敢请已。”意指《箫韶》是音乐艺术的顶峰，欣赏过之后就不想去欣赏其他音乐了。也就是说《古文观止》所收录的文章都是古文中的精华，代表文言文的最高水平，学习文言文至此观止矣。《古文观止》自问世以来，盛行不衰，影响相当深远，与《唐诗三百首》并称为中国古诗文选本的“双璧”，鲁迅先生更是赞其与《昭明文选》并美。

我国现当代文学大家，如鲁迅、巴金、朱光潜、余光中、王蒙、贾平凹等，皆深受《古文观止》的影响。著名作家巴金说：“我仍然得感谢我那两位强迫我硬背《古文观止》的私塾老师。这两百多篇‘古文’可以说是我真正的启蒙先生。我后来写了20本散文，跟这个‘启蒙先生’很有关系。”

世易时移，应与时俱进，不当刻舟求剑者。我们结合当下语文学习的实际特点，从《古文观止》中精心挑选出102篇文章，书中原文采用通行的中华书局排印本，同时参考清朝乾隆年间的映雪堂刻本，编辑成这套《写给孩子的古文观止》。

如果说《古文观止》是清朝私塾学生学习文言文的指引，那么《写给孩子的古文观止》就是当下中小学生学习文言文的阶梯。全书内容选择、栏目设置以及形式编排的设计，无一不是针对语文的学习，让中小学生爱上文言文，学好文言文。

全书打乱原来单调的时间顺序，按照写人、记事、写景、游记、书信、议论等主题对文章进行归类，分设《群星闪耀》《历史风云》《亲近自然》《家国情怀》四卷，贴合当下语文学习的习惯。每篇文章设立以下栏目：

【经典名句】提取文中金句，便于在写作中运用。

【题解】通过写作背景、主旨，让读者对文章有整体的把握。

【古文诵读】因声求气，沉浸其中，涵泳诵读，以致熟读成诵，是学好文言文的基础。

【字词释义】对难懂的字词，加以注音和解释。

【古文今译】对原文进行白话翻译，在直译的基础上，力求信、达、雅，帮助读者加深对原文的理解，有助于下一步的背诵记忆。

【作者档案】知人论世，对作者的情况做基本的介绍，以便读者更好地理解原文。

【趣味知识】涉及文化常识、历史故事、成语积累等方面，作为文言文学习的必要补充。

每篇文章都配有相应的精美插图，写意优美，古韵十足，刺激视觉感官，营造轻松愉快的阅读氛围，更有利于加深读者对文章的理解。

著名文学家、翻译家金克木说："读《古文观止》可以知历史，可以知哲学，可以知文体变迁，可以知人情世故，可以知中国的宗教精神与人文精神，几乎可以知道中国传统文化的一切。"

《古文观止》，篇篇是经典，一起来读吧！

扫码听音频

五帝本纪赞

《史记》

经典名句

非好学深思，心知其意，固难为浅见寡闻道也。

题解

《五帝本纪赞》是《史记》的第一篇。司马迁在文中连续运用转折句式，用以表达其感慨和体会。清人吴楚材、吴调侯在《古文观止》评点中，把这篇文章归结为“九转”，这些转折有的表达困扰，有的表达叹惋，有的表达喜悦，有的表达自信，都道出了司马迁写作的甘苦，造成转折委曲、往复回环的文势，产生了文简意深的效果。

古文诵读

太史公曰：学者多称五帝，尚矣。然《尚书》独载尧以来，而百家[1]言黄帝，其文不雅驯，荐绅[2]先生难言之。孔子所传《宰予问五帝德》及《帝系姓》，儒者或不传。余尝西至空峒[3]，北过涿鹿，东渐于海，南浮江淮矣，至长老皆各往往称黄帝、尧、舜之处，风教固殊焉。总之，不离古文者近是。予观《春

古文今译

太史公司马迁说：学者常常谈到五帝，太久远了。然而《尚书》上记载的，只是从唐尧开始，直到后来。而百家谈论黄帝的事情，大都不可确信，所以就是当过官有见识的人，也很难断定真假。孔子所传的《宰予问五帝德》和《帝系姓》，有的儒者认为那不是圣人说的话，便不肯传述。我曾经向西到过崆峒山，向北到过涿鹿郡，向东到过海边，向南到过江淮，那些地方的长老常常谈到黄帝、尧、舜居住的地方，风气教化，原来是不一样的。总而言之，并不与古文差得太远，差不多是可信的。我看《春

秋》《国语》，其发明《五帝德》《帝系姓》章矣，顾弟弗深考，其所表见皆不虚。《书》缺有间矣，其轶乃时时见于他说。非好学深思，心知其意，固难为浅见寡闻道也。余并论次，择其言尤雅者，故著为本纪书首。

秋》《国语》两部书，那中间有能够和《五帝德》《帝系姓》等篇章互相启发、阐明的，只是并没有深入考察，但其所阐述都不是虚假的。至于《尚书》，残缺已有多年，它散失的事情，经常在其他书中看见。如果不是好学深思、心中明白书中用意的人，自然难以和见识浅薄孤陋寡闻的人讲。我合并了诸子百家的书，排列顺序，挑选其中叙述非常正统的，作《本纪》为全书的第一篇。

字词释义

❶百家：《汉书·艺文志》记载有《百家》篇三十九卷。一说为诸子百家。

❷荐绅：古代高级官吏的装束。亦指有官职或做过官的人。荐，通“搢”。搢绅，即缙绅。

❸空峒：崆峒，传说黄帝问道于此。

作者档案

司马迁（前 135—？），字子长，西汉伟大的史学家、文学家、思想家，被后人尊为“史圣”。司马迁以其“究天人之际，通古今之变，成一家之言”的史识完成史学巨著《史记》。

趣味知识

《史记》

《史记》，初名《太史公书》，是我国历史上第一部纪传体通史，记载了从传说中的黄帝至汉武帝时期三千多年的历史。《史记》全书包括十二本纪、三十世家、七十列传、十表、八书。与《汉书》《后汉书》《三国志》合称“前四史”，鲁迅誉之为“史家之绝唱，无韵之《离骚》”。

项羽本纪赞

《史记》

经典名句

天亡我，非用兵之罪也。

题解

《史记》中的本纪是记历代帝王之事迹，但是《项羽本纪》却是个例外，叙述的是西楚霸王的一生。司马迁在赞语中，肯定了项羽的胆略与才智，称赞他三年时间就灭亡秦朝，却也感叹他的残酷暴虐、刚愎自用，五年就亡国，至死却将自己的失败归之于上天。

古文诵读

太史公曰：吾闻之周生曰："舜目盖重瞳子[1]。"又闻项羽亦重瞳子。羽岂其苗裔[2]邪？何兴之暴[3]也！夫秦失其政，陈涉首难，豪杰蜂起，相与并争，不可胜数。然羽非有尺寸，乘势起陇亩之中，三年，遂将五诸侯灭秦，分裂天下，而封王侯，政由羽出，号为霸王。位虽不终，近古以来，未尝有也。及羽背关怀楚，放逐义帝而自立，怨王侯叛己，

古文今译

太史公说：我从周生那里听说："舜的眼睛大概是双瞳孔。"又听说项羽也是双瞳孔。项羽难道是舜的后代吗？他崛起得多么迅猛！秦朝政治衰败，陈涉首先发难，英雄豪杰纷纷而起，互相争夺，多得数也数不清。但是项羽没有一点儿地盘可以凭借，只不过乘势从民间崛起，三年的时间，就率领五国诸侯灭掉秦朝，把秦的天下分割给各个王侯，政令都由项羽颁布，号称"霸王"。虽然霸王之位没有保持下来，但近古以来，未曾有过像他这样的人物。等到项羽放弃关中，怀恋楚地，流放义帝而自立为王，再怨

难矣。自矜功[4]伐，奋其私智，而不师古，谓霸王之业，欲以力征经营天下，五年，卒亡其国，身死东城，尚不觉寤[5]，而不自责，过矣。乃引“天亡我，非用兵之罪也”，岂不谬哉！

恨王侯背叛自己，那就太勉强了。自夸功劳，独逞个人才智，而不效法古人，认为霸王的功业只依靠武力，就能统治天下，结果五年就使他的国家灭亡了，直到身死东城，他还没有觉悟，不肯责备自己，这是错误的。他竟然说“是上天要灭亡我，并不是我用兵的过错”，岂不是荒谬吗？

字词释义

❶ 重瞳（tóng）子：双瞳孔。
❷ 苗裔：后代子孙。
❸ 暴：突然。
❹ 矜：夸耀。功：功劳。
❺ 寤：通“悟”。

趣味知识

彼可取而代也

项羽，名籍，字羽，战国时期楚国名将项燕的后人。他身高八尺多，力能扛鼎，才气过人，即使是吴中弟子，也都非常害怕他。秦始皇到会稽游玩，经过浙江，项羽与项梁一起去观看，项羽对叔父项梁说：“彼可取而代也。”项梁捂住项羽的嘴，说：“你不要胡乱说话，会被灭族的！”但是，项梁也因此对项羽另眼相看。陈胜起义后，项梁、项羽在吴中起兵。

孔子世家赞

《史记》

经典名句

虽不能至，然心乡往之。

题解

孔子不是王侯将相，司马迁却把他列入“世家”。这是《孔子世家》对孔子的赞语。通过引用《诗经》中的诗句，虽不能至，心向往之，将孔子与天下君王对比，充分表达了司马迁对孔子的推崇之情。

古文诵读

太史公曰：《诗》有之：“高山仰止，景行行止。”虽不能至，然心乡[1]往之。余读孔氏书，想见其为人。适[2]鲁，观仲尼庙堂、车服、礼器，诸生以时习礼其家，余低回留之，不能去云。天下君王至于贤人众矣，当时则荣，没则已焉。孔子布衣，传十余世，学者宗之。自天子王侯，中国言《六艺》者折中[3]于夫子，可谓至圣矣！

古文今译

太史公说：《诗经》上有句话：“高山可以仰望，大道可以沿着前进。”我虽然不能到达这种境界，但是心中向往。我读孔子的书，想象他的为人。到鲁国，看到仲尼的祠堂、车子、衣服和礼器，儒生在他的家庙按时演习礼仪，我徘徊留恋，舍不得离开。天下的君王以及贤人很多，他们当时荣耀，死后就完了。孔子只是一个平民，他的学问传到十几代，读书人都尊崇他。从天子王侯，到全国研究六经的人，都以孔子的学说作为准则，孔子可以说是至高无上的圣人了！

字词释义

❶乡：通“向”。
❷适：往，到。
❸折中：取正。

趣味知识

孔子

孔子，名丘，字仲尼，春秋时期鲁国陬邑（今山东曲阜）人，儒家学派创始人。他的先祖是宋国贵族，为避难逃到鲁国。

孔子在鲁国并不得志，于是离开鲁国，带领弟子周游列国十四年，晚年回到鲁国，致力教育事业，修订六经《诗》《书》等典籍。去世后，其弟子及再传弟子把孔子及其弟子的言行语录和思想记录下来，整理编成《论语》。

伯夷列传

《史记》

经典名句

君子疾没世而名不称焉。

题解

《伯夷列传》是伯夷与叔齐的合传，冠《史记》列传之首。本篇与其他列传文字不同，重点不在翔实的史料，伯夷、叔齐的事迹，只在叙述中间一顿即过，“如长江大河，前后风涛重叠，而中有澄湖数顷，波平若黛，正以相间出奇”。其根本意图是夹叙夹议之中抒发自己的思想与感慨。

古文诵读

古文今译

夫学者载籍极博，犹考信于六艺。《诗》《书》虽缺，然虞、夏之文可知也。尧将逊[1]位，让于虞舜，舜、禹之间，岳牧咸荐，乃试之于位，典职数十年，功用既兴，然后授政，示天下重器，王者大统，传天下若斯之难也。而说者曰：“尧让天下于许由，许由不受，耻之逃隐。

有学问的人见到的书籍很广博，可还是要用六经作为征信的凭据。《诗经》《尚书》虽有缺失，但是记载虞、禹的文字都是可以见到的。尧快退位时，让帝位给虞舜，舜、禹即位的时候，都是由四岳和九牧推荐的，于是，让他们试行任职，主持事务数十年，功劳显著，才把政权交给他们，表示天下是重器，帝王是最高的统领者，移交天下如此慎重。然而，也有人说过：“尧曾把天下让给许由，许由不肯接受，以为是耻辱，逃走

及夏之时，有卞随、务光者。”此何以称焉？太史公曰：余登箕山，其上盖有许由冢云。孔子序列古之仁圣贤人，如吴太伯、伯夷之伦详矣。余以所闻，由、光义至高，其文辞不少概见，何哉？

孔子曰：“伯夷、叔齐，不念旧恶，怨是用希。”“求仁得仁，又何怨乎？”余悲伯夷之意，睹轶[2]诗可异焉。其传曰：

伯夷、叔齐，孤竹君之二子也。父欲立叔齐。及父卒，叔齐让伯夷。伯夷曰：“父命也。”遂逃去。叔齐亦不肯立而逃之。国人立其中子。于是伯夷、叔齐闻西伯昌善养老，“盍往归焉！”及至，西伯卒，武王载木主，号为文王，东伐纣。伯夷、叔齐叩马而谏曰：“父死不葬，爰及干戈，可谓孝乎？以臣弑君，可谓仁乎？”左右欲兵之。太公曰：“此义人也。”扶而去之。武王已平殷乱，天下宗周，而伯夷、叔齐耻之，义不食周粟，隐于首阳山[3]，采薇而食之。及饿且死，作歌，其辞曰：“登

隐居。到了夏代，又有卞随、务光这些人。”这样的说法有什么依据呢？太史公说：我登过箕山，相传山上有许由墓。孔子依次评论古代仁人、圣人、贤人，像吴太伯和伯夷等，很详细。我听说许由、务光节义品德很高尚，经书中有关他们的文辞连概略也见不到，这是为什么呢？

孔子说：“伯夷、叔齐，不记旧仇，因此怨恨就少。”“追求仁德得到仁德，又有什么可怨恨的呢？”我对伯夷兄弟的用意深感悲痛，但看到他们逸散的诗又感到诧异。有关他们的传记说：

伯夷、叔齐是孤竹君的儿子。父亲想立叔齐为国君，到了父亲去世以后，叔齐要让位给伯夷。伯夷说：“这是父亲的决定啊！”于是便逃走了。叔齐也不肯即位并逃走了。国人只好立孤竹君的二儿子为君。这时，伯夷、叔齐听说西伯昌能奉养老人，便商量何不去投奔他呢？到了那里，西伯去世了。武王用车载着西伯的牌位，尊为文王，东进征伐商纣。伯夷、叔齐拉住武王的马谏阻说：“父亲死了却不安葬，马上大动干戈，这难道是孝吗？身为臣子，却要去杀害国君，这难道算是仁吗？”武王左右的人要杀掉他们，太公说：“他们是义士啊！”让人扶起他们，让他们离开了。武王平定了殷纣的乱政，天下都归附了周朝，而伯夷、叔齐却认为这是可耻的，坚持节义不肯再吃周朝的粮食，隐居在首阳山，靠着采食薇菜充饥。等到饿得将死的时候，作了一首歌，歌词说：“登上那西山

彼西山兮，采其薇矣。以暴易暴兮，不知其非矣。神农、虞、夏忽焉没兮，我安适归矣？于嗟徂[4]兮，命之衰矣！”遂饿死于首阳山。由此观之，怨邪非邪？

或曰：“天道无亲，常与[5]善人。”若伯夷、叔齐，可谓善人者非邪？积仁洁行，如此而饿死。且七十子之徒，仲尼独荐颜渊为好学。然回也屡空，糟糠不厌，而卒蚤夭。天之报施善人，其何如哉？盗跖日杀不辜，肝人之肉，暴戾恣睢，聚党

啊，采摘薇菜！用暴力代替暴力，不知道自己的过错。神农、虞舜和夏禹的时代匆匆消失，我辈去往哪里？啊，我要死了！命运如此衰薄！”终于饿死在首阳山中。从这些记载来看，伯夷、叔齐是怨恨呢，还是不怨恨呢？

有人说：“天道没有偏爱，总是帮助善人。”像伯夷、叔齐，算得上是善人，还是不算呢？他们积累仁德，品行高洁，这样的好人竟然饿死了！再说孔子的七十位弟子吧，仲尼特别赞扬颜渊好学。但是颜回常常为贫穷所困扰，连吃糟糠都无法吃饱，终于过早地去世了。上天对于善人的报偿，到底怎么样呢？盗跖天天屠杀无辜的人，吃人心肝，残暴凶狠，胡作非为，聚集党徒数千人，横行天下，竟然能够寿终。这是根据什么德

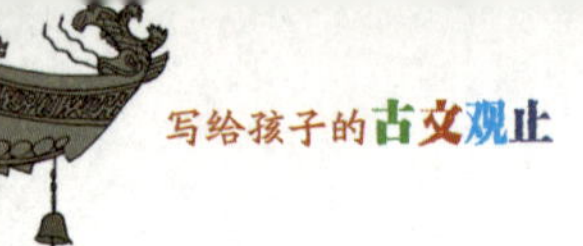

数千人，横行天下，竟以寿终，是遵何德哉？此其尤大彰明较著者也。若至近世，操行不轨，专犯忌讳，而终身逸乐，富厚累世不绝。或择地而蹈之，时然后出言，行不由径，非公正不发愤，而遇祸灾者，不可胜数也。余甚惑焉，傥所谓天道，是邪非邪？

子曰："道不同，不相为谋。"亦各从其志也。故曰："富贵如可求，虽执鞭之士，吾亦为之。如不可求，从吾所好。""岁寒，然后知松柏之后凋。"举世混浊，清士乃见。岂以其重若彼，其轻若此哉？"君子疾没世而名不称焉。"贾子曰："贪夫徇财，烈士徇名，夸者死权，众庶冯[6]生。""同明相照，同类相求。""云从龙，风从虎，圣人作而万物睹。"伯夷、叔齐虽贤，得夫子而名益彰；颜渊虽笃学，附骥尾而行益显。岩穴之士，趋舍有时，若此类名堙灭而不称，悲夫！闾巷之人，欲砥行立名者，非附青云之士，恶能施于后世哉！

行呢？这是特别明显的例子了。如果说到近代，品行不守法度，专门违反法纪的人，能终身安逸享乐，财产富厚，一代一代地用不完；有的人选择好地方才迈步，待到合适的时机才说话，走路不抄小道，不是公正的事就不肯发愤去做，却遭遇灾祸。这种情形数也数不清。对此，我深感困惑。倘若有所谓天道，那么它是对的呢，还是不对的呢？

孔子说："主张不同，不互相谋划。"意思是各自按照自己的意志去做事。所以说："富贵如果能够求得，即使做拿鞭子的驾车人，我也愿意去做；如果富贵不能求得，那就按照我自己的喜好去做！""严寒季节，才知道松柏是最后落叶的。"整个社会都混浊龌龊，清白高洁的人就显现出来了。难道是因为他们把道德看得太重，把富贵看得太轻吗？"君子怕的是死后名声不被大家称颂。"贾谊说："贪婪的人为钱财而死，刚烈的人为名节而死，矜夸的人为权势而死，众生贪生。""同样明亮的东西，才能相互映照；同属一类，才能相互应求。""云从龙，风从虎，圣人出现，万物也会引人瞩目。"伯夷、叔齐虽然贤明，由于得到孔子的赞扬，名声才更加显著；颜渊虽然好学，由于追随孔子，品德才更加显著。居住在深山洞穴之中的隐士，出仕与退隐有一定的时机，而他们的名字就大都埋没而不被人们传颂，真可悲啊！普通人想砥砺品行，树立声名，如果不依附德高望重的人，怎能让自己的名声流传于后世呢？

字词释义

❶逊：退让。
❷轶：散失。
❸首阳山：在今山西永济南。
❹徂（cú）：同“殂”，死亡。
❺与：赞助。
❻冯（píng）：依仗。

趣味知识

姜子牙杀隐士

齐国东海之滨有一位隐士，名叫狂矞（yù），姜子牙被封到齐地后，听说狂矞的大名，就想请他出山辅助自己治国安民。可是，姜子牙三次登门拜访，他都避而不见。姜子牙于是下令杀狂矞。姜子牙要斩杀隐士狂矞的消息，惊动了鲁国的周公，周公劝阻姜子牙三思而行。姜子牙对周公说：“狂矞自恃有才，不愿意出山。如果所有人都学狂矞的话，那么，肯定天下大乱。”

扫码听音频

管晏列传

《史记》

经典名句

生我者父母，知我者鲍子也。

题解

本篇是管仲与晏子的合传，两人都是春秋时齐国的名臣。管仲辅佐齐桓公称霸诸侯，晏子辅佐齐景公，使齐国强盛。全篇不写管仲与晏子富国强兵等大的功绩，而是选取他们各自的逸闻逸事，从小处着笔，却能以小见大，展示二人高尚的一面。列传比本纪的内容更加精彩有趣，读《史记》可以从列传读起。

古文诵读

管仲夷吾者，颍上人也。少时常与鲍叔牙游，鲍叔知其贤。管仲贫困，常欺鲍叔，鲍叔终善遇之，不以为言。已而鲍叔事齐公子小白，管仲事公子纠。及小白立为桓公，公子纠死，管仲囚焉。鲍叔遂进管仲。管仲既用，任政于齐，齐桓公以霸，九合诸侯，一匡天下，管仲之谋也。

古文今译

管仲，名夷吾，是颍上人。他年轻时，经常和鲍叔牙交往，鲍叔牙知道他贤能。管仲贫困，经常占鲍叔牙的便宜，鲍叔牙却始终对他很好，不因此有什么怨言。后来，鲍叔牙侍奉齐国公子小白，管仲侍奉公子纠。等到小白被立为桓公以后，公子纠被杀死，管仲被囚禁。于是鲍叔牙向齐桓公推荐管仲。管仲被任用以后，在齐国执政，齐桓公因此称霸，多次会合诸侯，使天下归于正轨，这都是管仲的智谋。

管仲曰："吾始困时，尝与鲍叔贾[1]，分财利多自与，鲍叔不以我为贪，知我贫也。吾尝为鲍叔谋事而更穷困，鲍叔不以我为愚，知时有利不利也。吾尝三仕三见逐于君，鲍叔不以我为不肖，知我不遭时也。吾尝三战三走[2]，鲍叔不以我为怯，知我有老母也。公子纠败，召忽死之，吾幽囚受辱，鲍叔不以我为无耻，知我不羞小节而耻功名不显于天下也。生我者父母，知我者鲍子也。"

鲍叔既进管仲，以身下之。子孙世禄于齐，有封邑者十余世，常为名大夫。天下不多管仲之贤而多鲍叔能知人也。

管仲既任政相齐，以区区之齐在海滨，通货积财，富国强兵，与俗同好恶。故其称曰："仓廪实而知礼节，衣食足而知荣辱，上服度则六亲固。四维不张，国乃灭亡。下令如流水之源，令顺民心。"故论卑而易行。俗之所欲，因而予之；俗之所否，因而去之。

其为政也，善因祸而为福，转

管仲说："我当初贫困的时候，曾经和鲍叔牙一起经商，分财利时自己常常多拿，鲍叔牙不认为我贪财，知道我贫困。我曾经为鲍叔牙谋划事情，结果使他更加穷困，鲍叔牙不认为我愚笨，知道时机有利也有不利。我曾经三次做官三次被免职，鲍叔牙不认为我没有才干，知道我没有遇到好时机。我曾三次出战三次逃跑，鲍叔牙不认为我胆小，知道我还有老母亲。公子纠失败，召忽为他自杀，我被关在深牢中受辱，鲍叔牙不认为我不知羞耻，知道我不会为小节而羞耻，却会以功名没有显耀于天下为耻。生我的是父母，了解我的是鲍叔牙啊！"

鲍叔牙推荐了管仲以后，情愿位居管仲之下。他的子孙世代在齐国享有俸禄，有封地的有十几代，不少是有名望的大夫。天下人不称赞管仲贤能，而称赞鲍叔牙能够识别人才。

管仲执政担任齐相以后，凭借着位于海滨的小小齐国，流通货物，积聚财富，使国富兵强，与百姓同好恶。所以，他说："粮仓充实了，百姓才懂得礼节；衣食丰足了，百姓才能懂得荣辱；在上服从法度，六亲关系才会稳固。礼义廉耻四维不伸张，国家就会灭亡。国家颁布的政令像流水的源头，顺应民心。"所以政令浅显就容易推行。百姓想要的，就给他们；百姓反对的，就替他们废除。

管仲处理政事，善于转祸为福，化失败为成功。他重视事情的轻重缓急，

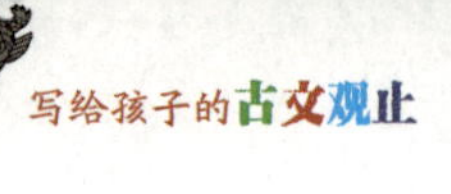

败而为功。贵轻重，慎权衡。桓公实怒少姬，南袭蔡，管仲因而伐楚，责包茅不入贡于周室。桓公实北征山戎，而管仲因而令燕修召公之政。于柯之会，桓公欲背曹沫之约，管仲因而信之，诸侯由是归齐。故曰："知与之为取，政之宝也。"

管仲富拟于公室，有三归、反坫[3]，齐人不以为侈。管仲卒，齐国遵其政，常强于诸侯。后百余年而有晏子焉。

晏平仲婴者，莱之夷维人也。事齐灵公、庄公、景公，以节俭力行重于齐。既相齐，食不重肉，妾不衣帛。其在朝，君语及之，即危言；语不及之，即危行。国有道，即顺命；无道，即衡命。以此三世显名于诸侯。

越石父贤，在缧绁[4]中。晏子出，遭之涂，解左骖赎之，载归。弗谢，入闺，久之，越石父请绝。晏子戄然，摄衣冠谢曰："婴虽不仁，免子于厄，何子求绝之速也？"石父曰："不然。吾闻君子诎[5]于不知己而信[6]于知己者。方吾在缧绁中，

慎重地权衡利弊得失。齐桓公实际上是怨恨少姬，向南袭击蔡国，管仲就趁机攻打楚国，责备它没有向周王室进贡包茅。齐桓公实际上是向北攻打山戎，管仲就趁机让燕国实行召公的政教。在柯地会盟，桓公想背弃曹沫的盟约，管仲就趁势劝他信守盟约，诸侯因此归服齐国。所以说："懂得给予是为了获得的道理，这是处理政事的法宝。"

管仲的财富可以跟国君相比，拥有三归台、反坫，齐国人不认为他奢侈。管仲逝世后，齐国仍遵循他的政策，一直比其他诸侯强大。管仲死后一百多年，齐国又出了个晏子。

晏平仲，名婴，是莱地夷维人。辅佐了齐灵公、庄公、景公，由于节俭、做事尽力受到齐国人的尊重。他做了宰相以后，吃饭没有两道荤菜，姬妾不穿丝绸衣服。在朝廷上，国君有话问他，就直言回答；国君没有话问他，就正直地去办事。国君行正道，他就遵从命令去做，不行正道，他衡量着去做。因此，他在齐灵公、庄公、景公三代，名声显扬于诸侯之中。

越石父贤能，在囚禁之中。晏子外出，在路上遇到他，解开马车左边的马，把他赎出来，载着他回家。晏子没有向越石父告辞，就走进内室，好久不出来，越石父就请求与晏子绝交。晏子大惊，整理好衣冠道歉说："我虽然说不上仁厚，也帮助您脱离困境，您为什么这么快就要绝交呢？"越石父说："不是这样的，

彼不知我也。夫子既已感寤而赎我，是知己；知己而无礼，固不如在缧绁之中。”晏子于是延入为上客。

我听说君子在不了解自己的人那里受到委屈，而在了解自己的人面前得到伸张。我被囚禁时，那些人不了解我。你既然理解我，把我赎出来，这就是了解我；了解我却不能以礼相待，还不如被囚禁。”于是晏子就请他进屋，尊为贵宾。

晏子为齐相，出，其御之妻从门间而窥其夫。其夫为相御，拥大盖，策驷马，意气扬扬，甚自得也。既而归，其妻请去。夫问其故。妻曰：“晏子长不满六尺，身相齐国，名显诸侯。今者妾观其出，志念深矣，常有以自下者。今子长八尺，乃为人仆御，然子之意自以为足，妾是以求去也。”其后夫自抑损。晏子怪而问之，御以实对。晏子荐以为大夫。

晏子做齐相时，一次外出，他的车夫的妻子从门缝里偷看她的丈夫。她的丈夫替宰相驾车，遮着大伞，挥动鞭子赶着四匹马，意气洋洋，十分自得。回家以后，妻子请求离去，车夫问她原因，妻子说：“晏子身高不过六尺，却做了齐国的宰相，名声显扬各国，我看他外出，思虑深沉，常有甘居人下的态度。现在你身高八尺，才做人家的车夫，但是你的神态却自以为满足，因此我要求离去。”从此以后，她的丈夫就谦恭起来。晏子感到奇怪，就问他，车夫如实相告。晏子就推荐他做了大夫。

太史公曰：吾读管氏《牧民》《山高》《乘马》《轻重》《九府》，及《晏子春秋》，详哉其言之也。既见其著书，欲观其行事，故次其传。至其书，世多有之，是以不论，论其轶事。

太史公说：我读了管仲的《牧民》《山高》《乘马》《轻重》《九府》和《晏子春秋》，这些书上说得很详细了！读了他们的著作，还想了解他们的事迹，所以就编写了他们的传记。至于他们的著作，世上已有很多，所以不再论述，只记载他们的轶事。

管仲世所谓贤臣，然孔子小之。岂以为周道衰微，桓公既贤，而不勉之至王，乃称霸哉？语曰：“将顺其美，匡救其恶，故上下能相亲也。”岂管仲之谓乎？

管仲是世人所说的贤臣，孔子却小看他，难道是因为周王室衰微，齐桓公既然贤明，管仲不勉励他实行王道却辅佐他称霸主吗？古语说：“要顺势助成君子的美德，纠正补救他的过错，所以君臣就能亲近。”这大概就是说管仲吧？

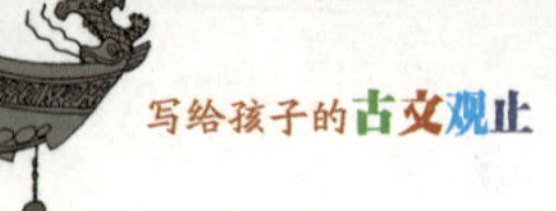

方晏子伏庄公尸哭之，成礼然后去，岂所谓“见义不为无勇”者邪？至其谏说，犯君之颜，此所谓“进思尽忠，退思补过”者哉！假令晏子而在，余虽为之执鞭，所忻慕焉。

当初晏子枕伏在齐庄公尸体上痛哭，尽了礼节然后离去，难道是人们所说的“见义不为就是没有勇气”的表现吗？至于他直言进谏，敢于冒犯国君的威严，这就是人们所说的“在朝做官就要尽忠，退位就反思弥补过失”的人啊！假使晏子还活着，我即使替他执鞭赶车，也非常高兴和仰慕啊！

字词释义

❶贾：坐地经商。

❷走：逃跑。

❸三归：台名，为管仲所筑。反坫（diàn）：在堂屋两柱之间，放置酒杯的土台。

❹缧绁（léi xiè）：囚禁。

❺诎：通“曲”。

❻信：通“伸”。

趣味知识

管鲍之交

管仲和鲍叔牙是春秋齐国人，两人从小就是好朋友。二人在交往过程中，无论一起做生意，还是参军作战，鲍叔牙从没因为管仲的各种缺点而鄙视他，而是处处体谅他的难处。管仲说出“生我者父母，知我者鲍子也”的话，发人深思而又催人奋进。人生得一知己足矣。管仲和鲍叔牙就堪称知己。人们因此将朋友间深厚的交谊称为“管鲍”之交。

屈原列传

《史记》

经典名句

举世混浊而我独清，众人皆醉而我独醒。

题解

本篇节选自《史记·屈原贾生列传》中有关屈原的部分，同时删除了屈原所作的《怀沙赋》。屈原是中国历史上第一位伟大的爱国诗人。全篇以强烈的感情歌颂屈原的爱国精神、政治才华和对理想的执着追求，文笔沉郁顿挫，咏叹反复，是一篇独特而优秀的传记文学。

古文诵读

屈原者，名平，楚之同姓也。为楚怀王左徒。博闻强志，明于治乱，娴于辞令。入则与王图议国事，以出号令；出则接遇宾客，应对诸侯。王甚任之。

上官大夫与之同列，争宠而心害其能。怀王使屈原造为宪令，屈平属[1]草稿未定。上官大夫见而欲

古文今译

屈原，名平，与楚王同姓。担任楚怀王的左徒。他知识广博，记忆力强，通晓国家治理的道理，擅长外交辞令。在内同楚王谋划商讨国家大事，颁发号令；对外接待他国使者，应酬诸侯。楚王很信任他。

上官大夫和屈原职位相同，想争得楚怀王的宠幸，心里嫉妒屈原的贤能。楚怀王派屈原制定国家的法令，屈原起草的法令尚未定稿，上官大夫看见了，

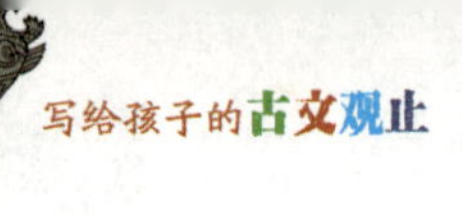

夺之，屈平不与，因谗之曰："王使屈平为令，众莫不知。每一令出，平伐其功，曰以为'非我莫能为也。'"王怒而疏屈平。

屈平疾王听之不聪也，谗谄之蔽明也，邪曲之害公也，方正之不容也，故忧愁幽思而作《离骚》。"离骚"者，犹离忧也。夫天者，人之始也；父母者，人之本也。人穷则反本，故劳苦倦极，未尝不呼天也；病痛惨怛[2]，未尝不呼父母也。屈平正道直行，竭忠尽智以事其君，谗人间之，可谓穷矣。信而见疑，忠而被谤，能无怨乎？屈平之作《离骚》，盖自怨生也。《国风》好色而不淫，《小雅》怨诽而不乱。若《离骚》者，可谓兼之矣。上称帝喾，下道齐桓，中述汤、武，以刺世事。明道德之广崇，治乱之条贯，靡不毕见。其文约，其辞微，其志洁，其行廉。其称文小而其指极大，举类迩而见义远。其志洁，故其称物芳；其行廉，故死而不容。自疏濯淖[3]污泥之中，蝉蜕于浊秽，以浮

想把草稿抢走，屈原不给。上官大夫就谗毁屈原，对楚怀王说："您让屈原制定法令，大家没人不知道的，每发布一道法令，屈原就炫耀自己的功劳，说：'除了我，没有人能制定。'"楚怀王很生气，疏远了屈原。

屈原痛心楚怀王不能听进忠言、分辨是非，被谄媚的人遮蔽，品行不正的小人陷害公正无私的人，端方正直的人不被朝廷所容，所以忧愁深思创作了《离骚》。"离骚"，就是遭遇忧患的意思。上天，是人的起源；父母，是人的根本。人处境困难的时候，就会追念上天和父母，所以劳累疲倦的时候，没有不呼叫上天的；病痛悲伤的时候，没有不呼叫父母的。屈原行为正直，竭尽忠心用尽智慧侍奉国君，却被小人离间，可以说处境困难极了。诚信却被怀疑，忠实却被诽谤，能没有怨恨吗？屈原创作《离骚》，大概就是由怨恨引起的。《国风》写男女恋情却不过分，《小雅》有抱怨指责之言，却不宣扬叛乱。《离骚》两者的特点兼而有之。远古称赞帝喾，近古提到齐桓公，中古称述商汤、周武王，来讽刺当时的社会政治。阐明道德的广大崇高，国家治乱的条理，无不表现出来。他的文章简约，言辞含蓄，他的志向高洁，行为廉正。文辞讲述的不过是寻常小事，含义却很重大，列举的事例近在眼前，表达的意思却深远。他志趣高洁，所以文中多用香草作比喻；他行为廉正，所以至死不容于世。他自己远离污泥浊

游尘埃之外，不获世之滋垢，皭然泥而不滓者也。推此志也，虽与日月争光可也。

屈原既绌[4]，其后秦欲伐齐，齐与楚从亲，惠王患之。乃令张仪详去秦，厚币委质[5]事楚，曰："秦甚憎齐，齐与楚从亲，楚诚能绝齐，秦愿献商、於之地六百里。"楚怀王贪而信张仪，遂绝齐，使使如秦受地。张仪诈之曰："仪与王约六里，不闻六百里。"楚使怒去，归告怀王。怀王怒，大兴师伐秦。秦发兵击之，大破楚师于丹、淅，斩首八万，虏楚将屈匄，遂取楚之汉中地。怀王乃悉发国中兵，以深入击秦，战于蓝田。魏闻之，袭楚至邓。楚兵惧，自秦归。而齐竟怒，不救楚，楚大困。

明年，秦割汉中地与楚以和。楚王曰："不愿得地，愿得张仪而甘心焉。"张仪闻，乃曰："以一仪而当汉中地，臣请往如楚。"如楚，又因厚币用事者臣靳尚，而设诡辩于怀王之宠姬郑袖。怀王竟听郑袖，

水，像蝉脱壳一样摆脱污秽，超脱世俗之外，不被浊世污染，保持高洁的品德，出于污泥而不染。推断屈原的志向，即使同日月争夺光辉也是可以的。

屈原被罢免，后来秦国打算攻打齐国，但是齐国和楚国合纵相亲。秦惠王对此忧虑，就派张仪假装离开秦国，献给楚怀王厚礼和信物，说："秦国非常憎恨齐国，齐国与楚国合纵相亲，如果楚国确实能和齐国绝交，秦国愿意献上商、於之间的六百里土地。"楚怀王贪心信任张仪，于是和齐国绝交，派使者到秦国接受土地。张仪抵赖说："我和楚王约定的是六里，没有听说过六百里。"楚国使者愤怒地离开，回去报告楚怀王。楚怀王发怒，出动大军讨伐秦国。秦国发兵还击，在丹水和淅水大破楚军，杀了八万人，俘虏了楚国的大将屈匄，于是夺取了楚国的汉中一带。楚怀王又发动全国的兵力，深入到秦国内地攻打秦国，在蓝田交战。魏国听到消息，袭击楚国，打到邓地。楚军恐惧，从秦国撤军。齐国因为怀恨楚国，不救楚国，楚国的处境极其艰难。

第二年，秦国割汉中的土地与楚国讲和。楚怀王说："我不愿得到土地，只希望得到张仪才甘心。"张仪听了，就说："用一个张仪来抵汉中的土地，我请求到楚国。"到了楚国，他又用丰厚的礼物贿赂当权的大臣靳尚，通过他在楚怀王宠姬郑袖面前编造诡辩的言辞。楚怀王竟然听信郑袖的话，又放张仪离开。这时

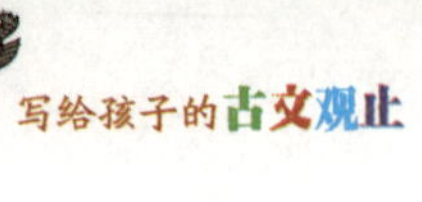

复释去张仪。是时屈原既疏，不复在位，使于齐，顾反，谏怀王曰："何不杀张仪？"怀王悔，追张仪，不及。

其后，诸侯共击楚，大破之，杀其将唐昧[6]。时秦昭王与楚婚，欲与怀王会。怀王欲行，屈平曰："秦，虎狼之国，不可信，不如无行。"怀王稚子子兰劝王行："奈何绝秦欢！"怀王卒行。入武关，秦伏兵绝其后，因留怀王，以求割地。怀王怒，不听。亡走赵，赵不内。复之秦，竟死于秦而归葬。

屈原已经被疏远，不在朝中任职，出使齐国，返回楚国，劝谏楚怀王说："为什么不杀张仪？"怀王后悔，派人追张仪，追不上了。

后来，诸侯联合攻打楚国，大败楚军，杀了楚将唐昧。这时秦昭王与楚国通婚，准备和楚怀王会面。楚怀王打算去，屈原说："秦国是虎狼一样的国家，不能相信，不如不去。"怀王的小儿子子兰劝怀王去，说："为什么断绝和秦国的友好关系！"怀王最终还是前往。一进武关，秦国的伏兵就截断了他的后路，扣留楚怀王，来要求割让土地。楚怀王愤怒，不答应。楚怀王逃到赵国，赵国不收留。又到了秦国，最终死在秦国，尸体被运回楚国安葬。

长子顷襄王立，以其弟子兰为令尹。楚人既咎子兰以劝怀王入秦而不反也。屈平既嫉之，虽放流，眷顾[7]楚国，系心怀王，不忘欲反。冀幸君之一悟，俗之一改也。其存君兴国，而欲反覆之，一篇之中，三致意焉。然终无可奈何，故不可以反。卒以此见怀王之终不悟也。

楚怀王的长子顷襄王即位，任用他的弟弟子兰为令尹。楚国人抱怨子兰，因为他劝楚怀王到秦国却没有回来。屈原也怨恨子兰，虽然被流放，仍然眷恋楚国，心里挂念楚怀王，不忘返回朝中。希望国君有朝一日能醒悟，世俗能改变。屈原心存君王、振兴国家、改变楚国局面的愿望，在他的作品中反复表现出来。然而终于无可奈何，所以不能返回朝中做官。由此可以看出怀王最终也没有醒悟。

人君无愚智、贤不肖，莫不欲求忠以自为，举贤以自佐。然亡国破家相随属，而圣君治国累世而不见者，其所谓忠者不忠，而所谓贤者不贤也。怀王以不知忠臣之分，故内惑于郑袖，外欺于张仪，疏屈平而信上官大夫、令尹子兰，兵挫地削，亡其六郡，身客死于秦，为天下笑，此不知人之祸也。《易》曰："井渫不食，为我心恻，可以汲。王明，并受其福。"王之不明，岂足福哉！

国君无论愚昧还是明智，贤明还是昏庸，没有不想求得忠臣来为自己所用，选拔贤能来辅助自己。然而国破家亡的事不断发生，圣主治理国家却几代也没有出现，大概是因为所谓的忠臣不忠，贤臣不贤。楚怀王因为不明白忠臣的职分，所以在内被郑袖迷惑，在外被张仪欺骗，疏远屈原而信任上官大夫、令尹子兰，打仗失败，土地被割，丢失六个郡，自己客死在秦国，被天下人耻笑。这是不了解人招致的祸害。《易经》说："井淘干净，但是没人饮用，这让我心里难过，因为井水是可以汲取的。君主明智，天下都能得到福佑。"君主不明智，哪里能有福佑呢？

令尹子兰闻之，大怒，卒使上官大夫短屈原于顷襄王，顷襄王怒而迁之。

令尹子兰听说屈原怨恨他，大怒，让上官大夫在顷襄王面前诋毁屈原。顷襄王愤怒，放逐屈原。

屈原至于江滨，被发行吟泽畔，颜色憔悴，形容枯槁。渔父见而问之曰："子非三闾大夫欤？何故而至此？"屈原曰："举世混浊而我独清，众人皆醉而我独醒，是以见放。"渔父曰："夫圣人者，不凝滞于物，而能与世推移。举世混浊，何不随其流而扬其波？众人皆醉，何不餔[8]其糟而啜其醨？何故怀瑾握瑜，而自令见放为？"屈原曰："吾闻之，新沐者必弹冠，新浴者必振衣。人又谁能以身之察察[9]，受物之汶汶[10]者乎？宁赴常流而葬乎江鱼腹中耳，又安能以皓皓之白，而蒙世之温蠖[11]乎？"乃作《怀沙》之赋。

于是怀石，遂自投汨罗[12]以死。

屈原既死之后，楚有宋玉、唐勒、景差之徒者，皆好辞而以赋见称。然皆祖屈原之从容辞令，终莫敢直谏。其后楚日以削，数十年竟为秦所灭。

自屈原沉汨罗后百有余年，汉有贾生，为长沙王太傅。过湘水，投书以吊屈原。

屈原到了江边，披散头发，在水边一面走，一面吟咏，脸色憔悴，面容像枯木一样。渔父看见他，问他说："您不是三闾大夫吗？为什么到这里？"屈原说："整个世界都是混浊的，只有我是清白的；大家都是昏醉的，只有我是清醒的。因此被放逐。"渔父说："大圣人，不被外界事物拘束，能够随着世俗变化。整个世界都混浊，为什么不随着潮流推波助澜呢？大家都昏醉，为什么不吃点酒糟，喝点薄酒？为什么要怀抱美玉一般的节操，使自己被放逐呢？"屈原说："我听说，刚洗过头一定要弹去帽子上的灰沙，刚洗过澡一定要抖掉衣服上的灰尘。人又有谁能让自己清白的身躯，蒙受污垢之物呢？我宁可跳入江水而葬身在鱼腹之中，又哪能使自己高洁的品行，蒙受世俗的尘垢呢？"于是他写了《怀沙》赋。

这样，屈原抱着石头，投汨罗江而死。

屈原死了以后，楚国有宋玉、唐勒、景差等人，都爱好文学，由于善于作赋被称赞；然而都效法屈原委婉含蓄的文辞，始终没有人敢于直谏。屈原死后，楚国领土日渐消减，几十年后，终于被秦国灭掉了。

屈原自沉汨罗江一百多年后，汉代有个贾谊，被贬为长沙王太傅。路过湘水时，他写文章，投入水中，凭吊屈原。

太史公曰："余读《离骚》《天问》《招魂》《哀郢》，悲其志。适长沙，观屈原所自沉渊，未尝不垂涕，想见其为人。及见贾生吊之，又怪屈原以彼其材游诸侯，何国不容，而自令若是！读《鹏鸟赋》，同死生，轻去就，又爽然自失矣。"

太史公说："我读《离骚》《天问》《招魂》《哀郢》，为他的志向感到悲伤。到长沙，经过屈原自沉的水边，未尝不流眼泪，追怀他的为人。等我看到贾谊凭吊他的文章，责怪如果凭他的才能去游说诸侯，哪个国家不会容纳他呢？却自己选择这样的道路！我读到贾谊著的《鹏鸟赋》，他对生死同等看待，对做官和放逐等闲视之，又使我感到茫然失落了。"

字词释义

❶属：撰写。
❷惨怛（dá）：忧伤。
❸濯淖（zhuó nào）：污浊。
❹绌：通"黜"，罢免。 ❺质：通"贽"，礼物。
❻唐眛：人名。一作唐昧（mò）。 ❼眷顾：眷恋。
❽铺：食。 ❾察察：洁白的样子。
❿汶汶：昏暗的样子。
⓫温蠖（huò）：尘渣重积的样子。
⓬汨（mì）罗：江名，在湖南东北部。

趣味知识

端午节

今天农历五月初五的端午节，据说就是为了纪念屈原而设立的节日。端午节又称端阳节、龙舟节、重午节等，有赛龙舟、吃粽子、门前挂艾草等习俗。

端午节之所以称为"端午"，《说文解字》中解释说："耑，物初生之题也。""耑"，是"端"的古字，开头、初始的意思。《岁时广记》说："京师市尘人，以五月初一为端一，初二为端二，数以至五谓之端五。"

古人用天干地支纪年，按十二地支顺序推算，五月正是"午月"，午，古人与"五"通用，故端午、端五同义。午日又为"阳辰"，所以端午也叫"端阳"。又因月日数相同，端午又称为"重五节"或"重午节"。

扫码听音频

游侠列传序

《史记》

经典名句

其言必信，其行必果，已诺必诚。

题解

儒家、墨家、法家都轻视游侠，当政者更是禁止游侠，但是司马迁却看到了游侠的闪光点，赞赏他们的“其言必信，其行必果，已诺必诚，不爱其躯，赴士之厄困……不矜其能，羞伐其德”等高贵品德。同时也要清楚，对于盗跖、庄跻一类的游侠，司马迁并不赞赏。

古文诵读

韩子曰：“儒以文乱法，而侠以武犯禁。”二者皆讥，而学士多称于世云。至如以术取宰相、卿、大夫，辅翼其世主，功名俱著于《春秋》，固无可言者。及若季次、原宪，闾巷[1]人也，读书怀独行[2]君子之德，义不苟合当世，当世亦笑之。故季次、原宪，终身空室蓬户，褐

古文今译

韩非子说：“儒生利用文献扰乱国家的法度，而游侠用暴力违犯国家的禁令。”这两种人都被讥讽过，儒生大多却被世人称道。至于靠权术取得宰相、卿、大夫等官职的人，辅佐当世的君主，功名都记载在史书上，本来就不必说什么了。至于季次、原宪，都是平民百姓，他们一心读书，守着独善其身的君子节操，坚持道义，不苟同世俗，当时的人们也讥笑他们。所以季次、原宪终生都住在用蓬草做门户的屋子中，连布衣粗

衣疏食不厌[3]。死而已四百余年，而弟子志之不倦。今游侠，其行虽不轨于正义，然其言必信，其行必果，已诺必诚，不爱其躯，赴士之厄困，既已存亡死生矣，而不矜其能，羞伐其德。盖亦有足多者焉。

食也得不到满足。他们死后四百多年了，但他们的弟子却依然纪念他们。现在的游侠，行为不合乎当时的国家法令，但他们说话一定守信用，做事一定求结果，已经承诺的事情一定兑现，不吝惜自己的生命，解除别人的危难，使危难中的人获生，施暴的人丧命，却从来不夸耀自己的本事，以称道自己对人的恩德为耻。他们大概也有值得称颂的地方。

且缓急，人之所时有也。太史公曰：昔者虞舜窘于井廪[4]，伊尹负于鼎俎，傅说匿于傅险，吕尚困于棘津，夷吾桎梏，百里饭牛，仲尼畏匡，菜色陈、蔡。此皆学士所谓有道仁人也，犹然遭此灾[5]，况以中材而涉乱世之末流乎？其遇害何可胜道哉！

况且急难的事，人们经常会遇到。太史公说：从前虞舜被困在井底粮仓，伊尹曾背着鼎、砧板当过厨师，傅说曾藏在傅岩筑墙，吕尚曾被困在棘津，管仲曾被囚禁，百里奚曾喂过牛，孔子曾在匡地受到生命威胁，在陈、蔡两地饿得面带菜色。这些人都是儒生所说的有道德的仁人，尚且遭受这些灾难，何况只有中等才能、处在乱世末期的人呢？他们所遭受的灾祸怎能说得完！

鄙人有言曰：“何知仁义，已飨其利者为有德。”故伯夷丑周，饿死首阳山，而文、武不以其故贬王；跖、蹻[6]暴戾，其徒诵义无穷。由此观之，“窃钩者诛，窃国者侯；侯之门，仁义存。”非虚言也。

乡下的人有句话说：“谁知道什么仁义不仁义，凡是给我好处的，就是有德的人。”所以，伯夷认为侍奉周朝是可耻的，于是饿死在首阳山，但周文王、周武王的声誉并没有因此降低；盗跖、庄蹻残暴，他们的党徒却一直称颂他们的义气。由此看来，“偷衣钩的要杀头，窃国的人却成为王侯；王侯的内廷存在仁义。”这话一点不假。

今拘学或抱咫尺之义，久孤于世，岂若卑论侪俗，与世浮沉而取荣名哉！而布衣之徒，设取予、然诺，千里诵义，为死不顾世。此亦

如今拘泥于教条的学者，抱着狭隘的仁义，长期孤立在世间，怎比得上降低论调，混同世俗，和世俗一起浮沉去猎取功名！平民出身的游侠，重视获取和给予、信守承诺，义气传颂千里，为

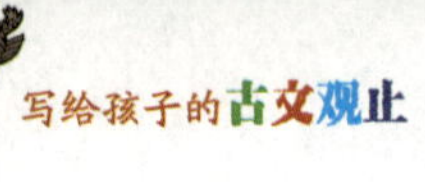

有所长，非苟而已也。故士穷窘而得委命，此岂非人之所谓贤豪间者邪？诚使乡曲之侠，予季次、原宪比权量力，效功于当世，不同日而论矣。要以功见言信，侠客之义，又曷可少哉！

古布衣之侠，靡得而闻已。近世延陵、孟尝、春申、平原、信陵之徒，皆因王者亲属，借于有土卿相之富厚，招天下贤者，显名诸侯，不可谓不贤者矣。比如顺风而呼，声非加疾，其势激也。至如闾巷之侠，修行砥名，声施于天下，莫不称贤，是为难耳！然儒、墨皆排摈不载。自秦以前，匹夫之侠，湮灭[7]不见，余甚恨之。以余所闻，汉兴，有朱家、田仲、王公、剧孟、郭解之徒，虽时扞[8]当世之文罔[9]，然其私义，廉洁退让，有足称者。名不虚立，士不虚附。至如朋党宗强比周，设财役贫，豪暴侵凌孤弱，恣欲自快，游侠亦丑之。余悲世俗不察其意，而猥[10]以朱家、郭解等，令与豪暴之徒同类而共笑之也。

义而死，不顾世人的议论。这也是他们的长处，不是随便能做到的。所以士人到了穷困窘迫的时候，就把自己的命运委托给游侠，这些游侠难道不是人们所说的贤人、豪杰吗？如果比较乡间的游侠与季次、原宪等人的地位、能力，以及对当时的贡献，儒者和游侠不能相提并论。从功效显著、说话守信来看，游侠的义气又怎么能轻视呢！

古代民间的游侠不得而知了。近代的延陵季子、孟尝君、春申君、平原君、信陵君等人，都因为是国君的亲属，凭借封地和卿相地位封地的富厚，招揽天下贤能之人，在诸侯中扬名，不能说不是贤能的人。就像顺风呼喊，声音并没有加快，是风势促使它传得远。至于民间的游侠，修养品行，磨炼名节，天下扬名，没有人不称赞他们贤能，这是很难的啊！然而，儒家、墨家都排斥不记载他们的事迹。秦朝以前，民间的游侠，被埋没不见于史籍，我对此非常遗憾。根据我所听说的，汉朝建立以来，有朱家、田仲、王公、剧孟、郭解等人，尽管时常触犯当时的法网，但他们个人的道德廉洁谦让，有值得称赞的地方。名不是凭空建立的，士人不是凭空依附的。至于结党营私的人和豪强互相勾结，利用钱财奴役贫苦的人，依仗势力侵害欺负势孤力弱的人，放纵欲望，只图自己快意，游侠也憎恶他们。我悲伤世俗不体察游侠的志向，却随便将朱家、郭解等人与豪强横暴的人混为一类，一起讥笑他们。

字词释义

❶闾巷：里巷，泛指乡里民间。
❷独行：独善其身。
❸厌：通“餍”，满足。
❹廪：粮仓。
❺灾：灾祸，灾害。
❻跻（juē）：庄跻，被称为大盗的造反领袖。
❼湮灭：埋没。
❽扞（hàn）：触犯。
❾文罔：法网。
❿猥：随便地。

趣味知识

烹饪的祖师爷伊尹

伊尹，名挚，幼年寄养于庖人之家，得以学习烹饪之术，后来沦为有莘国国君的奴隶。商汤娶有莘氏之女为妃，伊尹自愿作陪嫁媵臣，随同到商。他背负鼎俎为汤烹炊，以烹调、五味为引子，分析天下大势与为政之道，被汤重用。伊尹不仅辅佐商汤灭夏建国，后来商汤死后，伊尹辅佐外丙、仲壬，又做了汤王长孙太甲的师保，在甲骨卜辞中被列为“旧老臣”之首。

伊尹创立“五味调和说”与“火候论”，至今仍是我国烹饪的不变之规，被尊为“烹调之圣”“烹饪始祖”和“厨圣”。

滑稽列传

《史记》

经典名句

不蜚则已，一蜚冲天；不鸣则已，一鸣惊人。

题解

《史记·滑稽列传》记了淳于髡、优孟、优旃三人的故事，本篇只选了淳于髡的传记。“滑稽”古今词义并不全同。司马迁所说的滑稽带有褒义，并将滑稽与六艺相提并论。这些滑稽人物更是能言善辩，善用婉转的讽喻、双关、反语等修辞进行规劝，司马迁对他们予以了高度的赞扬。

古文诵读

孔子曰：“六艺于治一也。《礼》以节人，《乐》以发和，《书》以导事，《诗》以达意，《易》以神化，《春秋》以道义。”太史公曰：“天道恢恢，岂不大哉！谈言微中，亦可以解纷。”

淳于髡者，齐之赘婿[1]也。长不满七尺，滑稽多辩，数使诸侯，未尝屈辱。齐威王之时喜隐，好为

古文今译

孔子说：“六艺对于治国的作用是一样的。《礼》是用来节制人的行为的，《乐》是用来启发和谐的，《书》是用来叙述政事的，《诗》是用来表达意志的，《易》是用来表现神妙变化的，《春秋》是用来阐发道义的。”太史公说：“天道广阔，难道还不大吗！说话委婉而切中事理，也可以解除纠纷。”

淳于髡是齐国的赘婿。身高不到七尺，诙谐善辩，多次出使诸侯，从没受过屈辱。齐威王在位时，喜欢隐语，喜好放荡作乐，通宵饮酒，沉溺在里面不

淫乐长夜之饮，沉湎不治，委政卿大夫。百官荒乱，诸侯并侵，国且危亡，在于旦暮，左右莫敢谏。淳于髡说之以隐曰：“国中有大鸟，止王之庭，三年不蜚②又不鸣，王知此鸟何也？”王曰：“此鸟不蜚则已，一蜚冲天；不鸣则已，一鸣惊人。”于是乃朝诸县令长七十二人，赏一人，诛一人，奋兵而出。诸侯振惊，皆还齐侵地。威行三十六年。语在《田完世家》中。

威王八年，楚大发兵加齐。齐王使淳于髡之赵请救兵，赍金百斤，车马十驷。淳于髡仰天大笑，冠缨索③绝。王曰：“先生少之乎？”髡曰：“何敢！”王曰：“笑岂有说乎？”髡曰：“今者臣从东方来，见道旁有穰田者，操一豚蹄，酒一盂，而祝

理朝政，把国事交给卿大夫。百官懈怠，诸侯都来侵犯，齐国即将灭亡，就在朝夕之间，左右大臣没有敢谏诤的。淳于髡用隐语劝齐威王说：“国都有一只大鸟，栖息在大王的宫廷里，三年不飞也不叫，大王知道这是什么鸟吗？”威王说：“这鸟不飞则已，一飞冲天；不鸣则已，一鸣惊人。”于是上朝召见各县长官七十二人，赏赐一人，杀死了一个，振奋军威出战。诸侯震惊，都归还侵占齐国的土地。齐威王声威盛行三十六年。这件事记载在《田完世家》中。

齐威王八年，楚国大规模发兵侵犯齐国。齐王派淳于髡到赵国请救兵，让他带上黄金百斤、四匹马驾的车十辆，淳于髡仰天大笑，系在冠上的带子都笑断了。齐威王说：“先生嫌这些少吗？”淳于髡说：“怎么敢？”齐威王说：“你笑难道有什么说法？”淳于髡说：“刚才我从东方来，看见路旁有祈求田地丰收的人，拿着一只猪蹄，一盂酒，祷告说：‘狭小的高地粮食装满笼，低洼的田地粮食装满车，五谷茂盛丰收，装满家中。’我

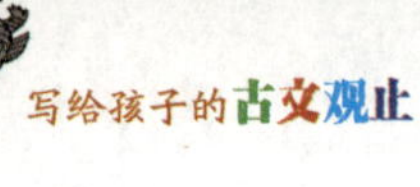

曰：'瓯窭满篝[4]，污邪满车，五谷蕃熟，穰穰满家。'臣见其所持者狭而所欲者奢，故笑之。"于是齐威王乃益赍[5]黄金千镒，白璧十双，车马百驷。髡辞而行，至赵。赵王与之精兵十万，革车千乘。楚闻之，夜引兵而去。

威王大说，置酒后宫，召髡赐之酒。问曰："先生能饮几何而醉？"对曰："臣饮一斗亦醉，一石亦醉。"威王曰："先生饮一斗而醉，恶能饮一石哉！其说可得闻乎？"髡曰："赐酒大王之前，执法在傍，御史在后，髡恐惧俯伏而饮，不过一斗径醉矣。若亲有严客，髡帣韝鞠跽[6]，侍酒于前，时赐余沥，奉觞上寿，数起，饮不过二斗径醉矣。若朋友交游，久不相见，卒然相睹，欢然道故，私情相语，饮可五六斗径醉矣。若乃州闾之会，男女杂坐，行酒稽留，六博[7]投壶，相引为曹，握手无罚，目眙[8]不禁，前有堕珥，后有遗簪，髡窃乐此，饮可八斗而醉二参。日暮酒阑，合尊促坐，男女同席，履舄交错，杯盘狼藉，堂

见他拿出的东西少而想要的却很多，所以笑他。"于是齐威王增加黄金千镒，白璧十双，四匹马驾的车一百辆。淳于髡辞别出发，到了赵国。赵王给他精兵十万，战车一千乘。楚国听到消息，连夜撤兵离开。

齐威王非常高兴，在后宫置办酒席，召见淳于髡，赐他喝酒。问他："先生能喝多少才醉？"回答说："我喝一斗也能醉，喝一石也能醉。"威王说："先生喝一斗就醉了，怎么能喝一石？其中的说法能说给我听听吗？"淳于髡说："在大王面前喝赏赐的酒，执法官站在旁边，御史站在后边，我恐惧地跪倒喝酒，不过一斗就醉了。如果父母亲有尊贵的客人，我卷起长袖，弯腰跪在那里，侍候他们喝酒，有时他们赏我点多余的酒，我举杯祝他们长寿，这样几次，喝不到二斗就醉了。如果朋友故交，很久没见面了，突然相见，欢喜地说起往事，互相倾诉衷情，喝到五六斗就醉了。如果是乡间的集会，男女混杂坐在一起，相互敬酒，停下来，玩六博、投壶，互相招呼，结伙，握异性的手也不受责罚，盯着人家看也不禁止，前有掉下的耳饰，后有丢失的发簪，我私下喜欢这种场面，喝八斗才有两三分醉意。傍晚酒席将散，酒杯碰在一起，人靠在一起，男女同席，鞋子杂乱交错，杯盘散乱，堂上的蜡烛熄灭了，主人送走其他客人而留我再喝。有的女子罗衫解开了，能微微地闻到芳

上烛灭，主人留髡而送客。罗襦襟解，微闻芗泽⑨，当此之时，髡心最欢，能饮一石。故曰酒极则乱，乐极则悲，万事尽然。”言不可极，极之而衰，以讽谏焉。齐王曰：“善！”乃罢长夜之饮，以髡为诸侯主客。宗室置酒，髡尝在侧。

香，这个时候，我心里最欢快，能喝一石。所以说喝酒太多就会乱性，行乐到极点就会生出悲伤，凡事都是这样。”说的是什么都不能过度，到极点就会走向衰微，这是用来讽谏的。齐威王说：“说得好！”于是停止通宵宴饮，任用淳于髡为接待诸侯的主客。齐国王室举办宴席，淳于髡常在旁边作陪。

字词释义

❶赘（zhuì）婿：结婚后住到女家的男子。

❷蜚（fēi）：通“飞”。

❸索：尽。

❹瓯窭（lóu）：狭小的高地。篝（gōu）：竹笼。

❺赍（jī）：以物赠人。

❻帣（juǎn）：通“綣”，束衣袖。鞲（gōu）：臂套。鞠：弯曲。跽（jì）：通“跽”。

❼六博：古代博戏，两人对局，各执黑白棋六子。

❽眙（chì）：直视。

❾芗（xiāng）泽：泛指香气。

趣味知识

淳于髡诘难孟子

淳于髡问孟子：“男女授受不亲，是礼吗？”

孟子说：“是的。”

淳于髡又问：“嫂子掉进了水里，小叔子可以伸手拉她吗？”

孟子说：“嫂子掉进水里而不伸手拉她，那是豺狼禽兽。男女授受不亲，是礼。嫂子掉进水里伸手拉她，这是权宜之计。”

淳于髡又问：“如今天下的人好像都掉进水里了，你为什么不去救？”

孟子说：“天下的人都掉进水里，要用道去救，难道你要用手一个一个拉他们上来？”

五柳先生传

〔晋〕陶渊明

经典名句

不戚戚于贫贱，不汲汲于富贵。

题解

本篇是陶渊明托言为五柳先生写的传记，其实是写他自己。文章采取了正史纪传体的形式，但重在表现生活情趣。陶渊明以简洁逸趣的语言，表达了自己不同流俗、清高洒脱、怡然自得、安贫乐道的品质。

古文诵读

先生不知何许[1]人也，亦不详[2]其姓字，宅边有五柳树，因以为号焉。闲静少言，不慕荣利。好读书，不求甚解，每有会意，便欣然忘食。性[3]嗜酒，家贫不能常得。亲旧知其如此，或置酒而招之；造饮辄尽[4]，期在必醉。既醉而退，曾不吝情去留。环堵[5]萧然，不蔽风日；短褐穿结，箪瓢[6]屡空，晏如[7]也。常

古文今译

不知道先生是什么地方的人，也不清楚他的姓和字，因为他住的房子旁边有五棵柳树，就以五柳为号了。五柳先生性格安静，很少说话，也不向往荣华利禄。他喜好读书，只求领会要旨，并不在一字一句上过分追究；每当领会了书中的内容的时候，就会高兴得忘了吃饭。先生天性就喜欢喝酒，却由于家里贫穷不能经常有酒喝。亲戚朋友们了解他这种情况，有时就会摆酒席请他过去；他去喝酒就要喝个尽兴，希望一定要喝醉。喝醉了以后就离开，从来不会留恋着不肯走。先生简陋的屋子空荡萧条，挡不住寒风，遮蔽不住烈日。他的粗布短衣上打着补丁，盛饭的竹器和饮水的

著文章自娱，颇示己志。忘怀得失，以此自终。

赞曰：黔娄有言："不戚戚于贫贱，不汲汲于富贵。"其言兹若人之俦乎？衔觞赋诗，以乐其志，无怀氏[8]之民欤？葛天氏之民欤？

瓢里时常都是空的，而他却还是安然自若，常常以写诗作文章来自己娱乐，很能表现出自己的志趣。他的心中从来不会在意得失，并用这种心态过完自己的一生。

赞语说：黔娄曾经说过："不为没有财富和地位而担忧，不为想得到钱财和地位而急切。"这话大概就是说五柳先生这一类人的吧？一边喝酒一边作诗，来让自己的志趣快乐，他是无怀氏时期的人呢，还是葛天氏时期的人呢？

字词释义

❶何许：何处，哪里的。许，处所。 ❷详：清楚地知道。
❸性：生性，生来就。 ❹造：往，到。辄：就。
❺环堵：周围都是土墙，形容居室简陋。
❻箪（dān）瓢：箪，盛饭竹器。瓢，舀水的器具。
❼晏如：安然自若的样子。
❽无怀氏：跟"葛天氏"都是传说中的上古帝王。据说那个时代的人民生活安乐，恬淡自足，社会风气淳厚朴实。

趣味知识

古人的号

古代有的人除名和字之外，还有"号"。号一般只用于自称，以显示某种志趣或抒发某种情感。号是人的别称，所以又叫"别号"。例如：

诸葛亮号——卧龙
陶渊明号——五柳先生
李白号——青莲居士
杜甫号——少陵野老
白居易号——香山居士
苏轼号——东坡居士
范成大号——石湖居士
李清照号——易安居士
欧阳修号——六一居士
赵孟頫号——松雪道人

圬者王承福传

〔唐〕韩愈

经典名句

食焉而怠其事，必有天殃，故吾不敢一天舍镘以嬉。

题解

本篇是关于泥瓦匠王承福的传记，借王承福的事迹和他所持的观点，讥讽社会上没有本事却又不自量力、贪图享受之人，肯定凭双手劳动、自食其力的人，以此规劝世人，量力而行，安守本分。虽然韩愈承继的是儒家“用力者使于人，用心者使人”的传统说法，却也反映了当时底层劳动人民的生存环境。

古文诵读

古文今译

圬[1]之为技，贱且劳者也。有业之，其色若自得者。听其言，约而尽。问之，王其姓，承福其名。世为京兆[2]长安农夫。天宝之乱，发人为兵。持弓矢十三年，有官勋，弃之来归。丧其土田，手镘[3]衣食。余三十年，舍于市之主人，而归其屋食之当焉。视时屋食之贵贱，而上下其圬之佣以偿之。有余，则以

刷墙作为手艺，卑贱而且劳苦。有个人以此为职业，样子好像自在满意。听他说的话，简明透彻。问他，说是姓王，名叫承福。祖辈是京兆长安的农夫。天宝之乱时，招募百姓当兵，他从军十三年，有官爵，但他却放弃做官，回到家乡。由于田地已经丧失，就靠拿镘刀谋生。此后三十多年，他住在雇主家里，交适当的房租、伙食费。根据当时房租、伙食费的高低，来提高或者降低粉刷墙壁的工价交纳房租、伙食费。

与道路之废疾饿者焉。

又曰：粟，稼而生者也；若布与帛，必蚕绩而后成者也；其他所以养生之具，皆待人力而后完也，吾皆赖之。然人不可遍为，宜乎各致其能以相生也。故君者，理我所以生者也；而百官者，承君之化者也。任有大小，惟其所能，若器皿焉。食焉而怠其事，必有天殃，故吾不敢一日舍镘以嬉。夫镘易能，可力焉，又诚有功；取其直[4]，虽劳无愧，吾心安焉。夫力易强[5]而有功也；心难强而有智也。用力者使于人，用心者使人，亦其宜也。吾特择其易为无愧者取焉。

嘻！吾操镘以入富贵之家有年矣。有一至者焉，又往过之，则为墟矣；有再至、三至者焉，而往过之，则为墟矣。问之其邻，或曰："噫！刑戮也。"或曰："身既死，而其子孙不能有也。"或曰："死而归之官也。"吾以是观之，非所谓食焉怠其事，而得天殃者邪？非强心以智而不足，不择其才之称否而冒之

有剩钱，就给道路上残疾、患病、饥饿的人。

他又说：谷子，是种植才能生长出来的。至于布和帛，一定要靠养蚕、纺织才能制成。其他用来维持生活的物品，都是经过人的劳动才完成的，我都依赖它们。但是人不可能什么都做，应该各人尽各人能力，互相供养。所以，国君的治理使我们能够生存，百官是秉承国君推行教化。职位有大有小，只有各尽其能，好像器皿各有用途。如果只吃饭而做事懈怠，一定会有天灾。所以我一天也不敢丢下镘刀去嬉戏。刷墙是容易掌握的，可以凭力气做好，也确实有成效，还能得到报酬，虽然辛苦却问心无愧，心安理得。力气容易用劲使出来而取得成效，心灵却难以强迫它变得聪明。干体力活的，被人役使，用脑力的，役使人，也是应该的。我只是选择那种容易做又问心无愧的活获取报酬而已！

唉！我拿着镘刀去富贵人家干活很多年了。有的去过一次，再从那里经过，已经成为废墟了。有的去过两三次，后来经过那里，也成为废墟了。向邻居们打听，有的说："唉！被判刑处死了。"有的说："主人死了，子孙守不住家产。"有的说："人死了，家产都充公了。"我从这些情况看清楚，这不正是光吃饭不做事而遭天灾的情况吗？这不正是勉强自己去做需要用才智才能做到的事，可是智力又不够，不选择与才能相称的事

者邪？非多行可愧，知其不可而强为之者邪？将富贵难守，薄功而厚飨[6]之者邪？抑丰悴有时，一去一来而不可常者邪？吾之心悯焉，是故择其力之可能者行焉。乐富贵而悲贫贱，我岂异于人哉？

又曰：功大者，其所以自奉也博。妻与子，皆养于我者也，吾能薄而功小，不有之可也。又吾所谓劳力者，若立吾家而力不足，则心又劳也。一身而二任焉，虽圣者不可为也。

愈始闻而惑之，又从而思之，盖贤者也，盖所谓“独善其身”者也。然吾有讥焉，谓其自为也过多，其为人也过少。其学杨朱之道者邪？杨之道，不肯拔我一毛而利天下。而夫人以有家为劳心，不肯一动其心以畜其妻子，其肯劳其心以为人乎哉？虽然，其贤于世之患不得之而患失之者，以济其生之欲，贪邪而亡道以丧其身者，其亦远矣！又其言，有可以警余者，故余为之传而自鉴焉。

却去蛮干的情况吗？这不正是做了许多亏心事，明知不行，却硬要去做的情况吗？可能是富贵难以保住，功劳少而享受多造成的吧！也许盛衰都有一定的时运，一来一去，不能经常保有吧？我的心怜悯这些人，所以选择力所能及的事去做。喜欢富贵，悲伤贫贱，我哪里和别人不同？

他还说：功劳大的人，他用来供养自己的东西多，妻室儿女都由自己养活。我能力小，功劳少，没有妻室儿女是可以的。况且我是干体力活的，如果成家而能力不足，就要操心了。一个人既要劳力，又要劳心，即使是圣人也不能做到啊！

我听了他的话，开始感到很疑惑，再按照他说的去思考，觉得他大概是个贤人，是所谓的独善其身的人。但是我还是要批评他，觉得他为自己打算得太多，为别人打算得太少。难道他是学杨朱学说的吗？杨朱之学，不肯拔自己一根毫毛去有利于天下，而他把有家当作劳心的事，不肯费一点心思养活妻子儿女，难道会为其他人劳心吗！尽管如此，他比起世上那些患得患失的人，比那些为满足生活的欲望，贪婪无道以致丧命的人好太多了。而且他的话有些可以警诫我，所以我替他立传，用来对照、反省自己。

字词释义

❶圬（wū）：粉刷墙壁。
❷京兆：府名，治所在长安。
❸镘（màn）：粉刷墙壁的工具。
❹直：通“值”。
❺强（qiǎng）：勉力，努力。
❻飨（xiǎng）：通“享”。

趣味知识

天宝之乱

天宝是唐玄宗李隆基的年号。唐玄宗后期奸臣当道，奸相李林甫、杨贵妃之兄杨国忠等人轮流把持朝政，培植党羽，排斥异己，徇私误国。天宝十四年（755 年），边将安禄山、史思明发动叛乱，因此又称“安史之乱”。唐朝此后由盛转衰。

扫码听音频

祭十二郎文

〔唐〕韩愈

经典名句

一在天之涯，一在地之角，生而影不与吾形相依，死而魂不与吾梦相接。

题解

十二郎是韩愈的侄子韩老成，在族中排行十二，因此称十二郎。韩愈幼年丧父，由兄嫂抚养，他自幼与十二郎在一起，感情特别深厚。突闻十二郎去世的噩耗，韩愈尤为悲痛，写下这篇祭文。其文感情真挚而深沉，堪称祭文之绝调。南宋学者赵与时在《宾退录》中写道："读诸葛孔明《出师表》而不堕泪者，其人必不忠。读李令伯《陈情表》而不堕泪者，其人必不孝。读韩退之《祭十二郎文》而不堕泪者，其人必不友。"

古文诵读

年、月、日，季父[1]愈闻汝丧之七日，乃能衔哀致诚，使建中远具时羞[2]之奠，告汝十二郎之灵：

呜呼！吾少孤，及长，不省[3]所怙[4]，惟兄嫂是依。中年，兄殁南方，吾与汝俱幼，从嫂归葬河阳。既又与汝就食江南，零丁孤苦，未尝一日相离也。吾上有三兄，皆不

古文今译

某年某月某日，叔父韩愈在听说你去世消息的第七天，才能强忍哀痛向你表达心意，并让建中在远方置办了应时的美食作为祭品，告慰你十二郎的灵前：

唉，我自幼丧父，等到长大，不知道父亲的样子，只有依靠兄嫂。哥哥中年时死在南方。我和你都还小，跟着嫂子把灵柩运回河阳安葬。随后又和你到江南谋生，孤苦伶仃，未曾一天分开过。我上有三个哥哥，都不幸早死。继承先

幸早世。承先人后者，在孙惟汝，在子惟吾。两世一身，形单影只。嫂尝抚汝指吾而言曰：“韩氏两世，惟此而已！”汝时尤小，当不复记忆；吾时虽能记忆，亦未知其言之悲也。

吾年十九，始来京城。其后四年，而归视汝。又四年，吾往河阳省[5]坟墓，遇汝从嫂丧来葬。又二年，吾佐董丞相于汴州，汝来省吾，止一岁，请归取其孥[6]。明年，丞相薨[7]，吾去汴州，汝不果来。是年，吾佐戎徐州，使取[8]汝者始行，吾又罢去，汝又不果来。吾念汝从于东，东亦客也，不可以久；图久远者，莫如西归，将成家而致汝。呜呼！孰谓汝遽[9]去吾而殁乎！

吾与汝俱少年，以为虽暂相别，终当久相与处。故舍汝而旅食京师，以求斗斛之禄。诚知其如此，虽万乘之公相，吾不以一日辍[10]汝而就也！

去年，孟东野往，吾书与汝曰：“吾年未四十，而视茫茫，而发苍苍，而齿牙动摇。念诸父与诸兄，皆康

父的后代，在孙子辈里只有你，在儿子辈里只有我。子孙两代各剩一人，孤孤单单。嫂子曾经抚摸着你指着我说：“韩家两代，只有你们两个了！”那时你比我更小，大概记不得了；我当时虽然记事，也还不能体会她话中的悲凉！

我十九岁时，初次来到京城。四年以后，才回去看你。又过了四年，我去河阳凭吊先人的坟墓，碰上你护送嫂子的灵柩来安葬。又过了两年，我在汴州辅佐董丞相，你来探望我，住了一年，你请求回去接妻子儿女。第二年，董丞相去世，我离开汴州，你没能来成。这一年，我在徐州辅佐军务，派去接你的人刚动身，我就被罢免，你又没来成。我想，你跟我在东边，也是客居，不能久住；从长远打算，不如回到西边，将来在那里安家再接你来。唉！谁能料到你竟突然离我死了呢？

我和你都年轻，以为虽然暂时分别，终究会长久在一起的。所以我离开你旅居长安，以求取微薄的俸禄。如果真的知道会这样，即使做厚禄的公卿宰相，我也不愿离开你一天而去赴任！

去年，孟东野到你那里去，我写信给你说：“我还不到四十岁，却视力模糊，头发斑白，牙齿松动。想起叔伯父兄，都是健康强壮就去世，像我这样衰弱，怎么能活得久？我不能离开，你又

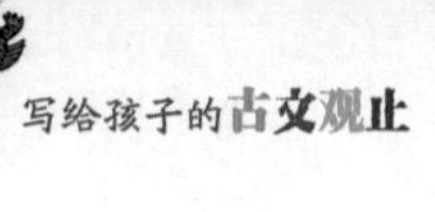

强而早世，如吾之衰者，其能久存乎？吾不可去，汝不肯来，恐旦暮死，而汝抱无涯之戚也。”孰谓少者殁而长者存，强者夭而病者全乎？

呜呼！其信然邪？其梦邪？其传之非其真邪？信也，吾兄之盛德而夭其嗣乎？汝之纯明而不克蒙其泽乎？少者强者而夭殁，长者衰者而存全乎？未可以为信也！梦也，传之非其真也，东野之书，耿兰之报，何为而在吾侧也？呜呼！其信然矣！吾兄之盛德而夭其嗣矣，汝之纯明宜业其家者，不克蒙其泽矣。所谓天者诚难测，而神者诚难明矣。所谓理者不可推，而寿者不可知矣。

虽然，吾自今年来，苍苍者或化而为白矣，动摇者或脱而落矣，毛血日益衰，志气日益微，几何不从汝而死也？死而有知，其几何离？其无知，悲不几时，而不悲者无穷期矣。

汝之子始十岁，吾之子始五岁，少而强者不可保，如此孩提者，又可冀其成立邪？呜呼哀哉！呜呼哀哉！

不肯来，恐怕我一旦死了，你就陷入无穷无尽的忧伤中。”谁能料到年轻的先死了，年老的还活着，强壮的夭折了，病弱的却保全？

唉！难道真是这样？还是做梦？还是传来的消息不可靠呢？如果是真的，我哥哥有美好的品德，后代却夭折了？你纯正聪明却不能承受他的恩泽？年轻的先死了，年老的还活着，强壮的夭折了，病弱的却保全？实在不敢当真！如果是梦，传来的不是真的，可是东野的来信，耿兰的报丧，为什么在我身边？啊！大概是真的了！我哥哥有美好的品德，后代却夭折了；你纯正聪明应该继承家业却不能承受他的恩泽。所谓苍天确实难以揣测，神明实在难以知道！所谓天理没法推求，寿命不能知晓！

尽管这样，我从今年以来，斑白的头发有的已经全部变白了，松动的牙齿有的也已经脱落了，身体一天比一天衰弱，精神一天比一天差了，过不了多久就要随你而去了吧？如果死后有知，我们能分离多久？如果死后无知，我也不能悲痛多久了，没有悲痛的日子却是无穷无尽的。

你的儿子刚十岁，我的儿子才五岁，年轻强壮的都不能保全，像这么大的孩子，又怎么能希望他们长大成人呢？啊，悲痛啊，真是悲痛！

汝去年书云："比得软脚病，往往而剧。"吾曰："是疾也，江南之人，常常有之。"未始以为忧也。呜呼，其竟以此而殒其生乎？抑别有疾而致斯乎？

你去年的信中说："近来得了软脚病，时常发作，疼得厉害。"我说："这种病，江南人常常得。"没有当作值得忧虑的事。唉，难道你竟然因此丧命？还是由于其他病导致这样的呢？

汝之书，六月十七日也；东野云，汝殁以六月二日；耿兰之报无月日。盖东野之使者不知问家人以月日，如耿兰之报，不知当言月日。东野与吾书，乃问使者，使者妄称以应之耳。其然乎？其不然乎？

你的信是六月十七日写的。东野说你是六月二日死的，耿兰报丧时没有说日期。大概东野的使者没有想到向家人问日期，耿兰报丧竟不知道应该告诉日期。东野给我写信时，才去问使者，使者就随口说个日期应付。是这样呢？还是不是这样呢？

今吾使建中祭汝，吊汝之孤与汝之乳母。彼有食可守，以待终丧，则待终丧而取以来；如不能守以终丧，则遂取以来。其余奴婢，并令守汝丧。吾力能改葬，终葬汝于先人之兆[11]，然后惟其所愿。

现在我派建中祭奠你，慰问你的孩子和你的乳母。他们的粮食能够守丧到丧期终了，等丧期结束再把他们接来；如果不能守到丧期满，就马上把他们接来。剩下的奴婢，都让他们守丧。等我有能力迁葬，一定把你安葬在祖坟，这样才算了却我的心愿。

呜呼！汝病吾不知时，汝殁吾不知日，生不能相养以共居，殁不能抚汝以尽哀，敛不凭其棺，窆[12]不临其穴。吾行负神明，而使汝夭。不孝不慈，而不得与汝相养以生，相守以死。一在天之涯，一在地之角，生而影不与吾形相依，死而魂

唉，你生病我不知道时间，你去世我不知道日子，活着的时候不能住在一起互相照顾，死的时候不能抚摸你的遗体表达哀思，入殓时不能在棺前凭吊，下葬时没能亲临你的墓穴。我的行为辜负了神明，使你早死，我不孝顺不慈爱，不能与你相互照顾一起生活，一起死去。一个在天涯，一个在地角。活着的时候你和我不能形影相依，死后你的灵魂也

不与吾梦相接，吾实为之，其又何尤！彼苍者天，曷其有极！自今已往，吾其无意于人世矣！当求数顷之田于伊、颍之上，以待余年。教吾子与汝子，幸其成；长吾女与汝女，待其嫁，如此而已。

鸣呼，言有穷而情不可终，汝其知也邪？其不知也邪？鸣呼哀哉！尚飨！

没有和我梦中相会，这实在是我造成的，又能怨谁呢？苍天啊，我的悲痛哪有尽头呢？从今以后，我对人世没有什么可留恋的了！还是回老家置办几顷地，度过余年。教养我的儿子和你的儿子，希望他们长大成人；抚养我的女儿和你的女儿，等她们出嫁，如此而已。

唉！话有说完的时候，感情却无法终止，你知道呢？还是不知道呢？悲哀啊！请享用祭品吧！

字词释义

❶季父：父辈中排行最小的叔父。
❷时羞：应时的鲜美佳肴。
❸省（xǐng）：知道。
❹怙（hù）：依靠。《诗经·小雅·蓼莪》："无父何怙，无母何恃。"后世用"怙"代父，"恃"代母。失父曰失怙，失母曰失恃。
❺省（xǐng）：探望。
❻孥：妻和儿女的统称。
❼薨（hōng）：唐时二品以上官员死曰薨。
❽取：迎接。
❾遽（jù）：骤然。
❿辍（chuò）：停止。
⓫兆：墓地。
⓬窆（biǎn）：下棺入土。

趣味知识

古代年龄的称谓

襁褓：不满周岁。
孩提：二三岁。
垂髫：三四岁—七八岁。
总角：八九岁—十三四岁。
金钗之年：女孩12岁。
豆蔻年华：女孩十三四岁。
及笄之年：女孩15岁。
弱冠：男孩20岁。
而立：男子30岁。
不惑：男子40岁。
知天命：男子50岁。
花甲：男子60岁。
古稀：男子70岁。
耄耋之年：八九十岁。
鲐背之年：90岁。
期颐：100岁。

柳子厚墓志铭

〔唐〕韩愈

经典名句

士穷乃见节义。

题解

韩愈和柳宗元都是唐代古文运动的领导者。他们私交很深，友情笃厚。柳宗元死于元和十四年（819），韩愈曾写过不少哀悼纪念他的文字，本篇是其中具有代表性的一篇。文章综述了柳宗元的家世、生平、交友、文章，赞扬了柳宗元卓越的政治才能和急朋友之难的美德及刻苦自励的精神，对他长期迁谪的坎坷遭遇寄予了深深的同情。

古文诵读

子厚，讳宗元。七世祖庆，为拓跋魏[1]侍中，封济阴公。曾伯祖奭，为唐宰相，与褚遂良、韩瑗俱得罪武后，死高宗朝。皇考讳镇，以事母弃太常博士，求为县令江南。其后以不能媚权贵，失御史。权贵人死，乃复拜侍御史。号为刚直，所与游皆当世名人。

古文今译

柳子厚，名讳宗元。七世的祖上是柳庆，做过北魏的侍中，受封为济阴公。曾伯祖柳奭，做过唐朝的宰相，同褚遂良、韩瑗一起得罪了武后，死在了高宗时期。父亲叫柳镇，为了侍养母亲，抛弃了太常博士的官职，请求到江南做县令。后来因为他不肯向权贵献媚，丢了御史的官职。直到那个权贵死了，他才又被任命为侍御史。人们都说他刚直清正，当时的名人都愿意与他交往。

子厚少精敏，无不通达。逮其父时，虽少年，已自成人，能取进士第，崭然见头角。众谓柳氏有子矣。其后以博学宏词授集贤殿正字。俊杰廉悍，议论证据今古，出入经史百子，踔厉风发[2]，率常屈其座人。名声大振，一时皆慕与之交。诸公要人，争欲令出我门下，交口荐誉之。

贞元十九年，由蓝田尉拜监察御史。顺宗即位，拜礼部员外郎。遇用事者得罪，例出为刺史。未至，又例贬州司马。居闲益自刻苦，务记览，为词章，泛滥停蓄[3]，为深博无涯涘，而自肆于山水间。

元和中，尝例召至京师，又偕出为刺史，而子厚得柳州。既至，叹曰："是岂不足为政邪？"因其土俗，为设教禁，州人顺赖。其俗以男女质钱，约不时赎，子本相侔，则没为奴婢。子厚与设方计，悉令赎归。其尤贫力不能者，令书其佣，足相当，则使归其质。观察使下其法于他州，比一岁，免而归者且千

子厚小的时候就才思敏捷，没有弄不明白的东西。他父亲还在世时，他年纪轻轻就已经成才。考取为进士一事，凸显了他的才华，众人都说柳家有能传扬名声的后人了。后来他又通过博学宏词科的考试，被授予集贤殿的官职。他才能出众，精明强干，发表议论时能依据今古事例来论证，又精通经史和诸子百家的典籍，他在议论时精神奋发，意气昂扬，常常使在座的人为之叹服。因此他名声大振，一时之间人们都敬慕他，希望与他交往。那些公卿大臣和官居要职的人，争着想让他成为自己的门生，异口同声地赞誉并推荐他。

贞元十九年（803），他由蓝田县尉调任监察御史。顺宗即位后，他又升为礼部员外郎。因得罪权贵获罪，他被按例贬出京城当刺史，还没到任上，又被依例贬为州司马。在那清闲的地方，子厚更加刻苦学习，专心诵读，写作诗文。他的文笔汪洋恣肆，凝练厚重，博大精深，如同无边无际的海水，而他自己则寄情于山水之间。

元和年间，他曾经按例与同案人一起奉召回到京师，又一起被派出担任刺史，柳宗元分在柳州。到任之后，他慨叹道："难道不值得在这里做出成绩吗？"于是他按照当地的习俗，为柳州制定了教谕和禁令，全州百姓都听从并信赖着他。当地风俗习惯用儿女做抵押向人借款，约定如果到期不能赎回，等到利息与本钱相等时，债主就可以把他们的儿女收为奴婢。为此，柳宗元替借债人想方设法，让他们把子女赎了回来；那些特别穷困没有能力赎回的，就让债主记下其子女当佣工应得的酬劳，到应得的

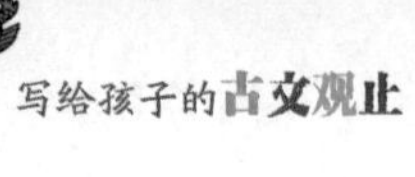

人。衡、湘以南为进士者，皆以子厚为师，其经承子厚口讲指画为文词者，悉有法度可观。

其召至京师而复为刺史也，中山刘梦得禹锡亦在遣中，当诣播州。子厚泣曰："播州非人所居，而梦得亲在堂，吾不忍梦得之穷，无辞以白其大人；且万无母子俱往理。"请于朝，将拜疏，愿以柳易播，虽重得罪，死不恨。遇有以梦得事白上者，梦得于是改刺连州。呜呼！士穷乃见节义。今夫平居里巷相慕悦，酒食游戏相征逐，诩诩强笑语以相取下，握手出肺肝相示，指天日涕泣，誓生死不相背负，真若可信；一旦临小利害，仅如毛发比，反眼若不相识。落陷阱，不一引手救，反挤之，又下石焉者，皆是也。此宜禽兽夷狄所不忍为，而其人自视以为得计。闻子厚之风，亦可以少愧矣。

子厚前时少年，勇于为人，不自贵重顾藉，谓功业可立就，故坐废退。既退，又无相知有气力得位者推挽，故卒死于穷裔。材不为世

工钱足够抵销债务时，就让债主归还借债人的儿女。观察使把这个办法推行到其他州县，一年后，免除奴婢身份回到家中的人就有将近千名。衡山、湘水以南准备考进士的人，都把子厚当作老师，那些经过子厚亲自讲授和指点的人，他们的文章都符合规范值得借鉴。

他被召回京师又再次被派出做刺史时，中山人刘禹锡也在被派之列，应当去播州。子厚流着泪说："播州不是一般人能住的地方，况且刘禹锡家有老母，我不忍心看到他的处境如此困窘，他没有办法把这件事告诉他的老母；况且绝没有母子一同前往赴任的道理。"柳宗元向朝廷请求，并准备上奏，情愿拿自己的柳州换刘禹锡的播州，且表示即使因此再度获罪，也死而无憾。碰巧有人把刘禹锡的情况给皇上说了，刘禹锡因此改任连州刺史。啊！只有到了困难的境地时，才看得出一个士人的操守和道义！有一些人，平日里同街坊邻居相处得很好，他们往来频繁，一起吃喝玩乐，经常勉强露出笑脸表示谦卑友好，手握着手好像肝胆相照，指着天上的太阳流泪，发誓不论生死绝不背弃朋友，简直说得像真的一样。然而一旦遇到小小的利害冲突，即使像头发丝般细小，也会翻脸不认人，如果朋友落入陷阱，也不会伸手去救，反而借机推他一把，落井下石，现在到处都是这样的人啊！这种事情恐怕连禽兽和野蛮人都不忍心干，而那些人却自以为得计。他们听到子厚的高风亮节，也应该稍微觉得惭愧了吧！

子厚年轻时，勇于助人，不知道顾全和爱惜自己，认为功名事业可以很快

用，道不行于时也。使子厚在台、省时，自持其身，已能如司马、刺史时，亦自不斥。斥时，有人力能举之，且必复用不穷。然子厚斥不久，穷不极，虽有出于人，其文学辞章，必不能自力以致必传于后，如今，无疑也。虽使子厚得所愿，为将相于一时，以彼易此，孰得孰失，必有能辨之者。

子厚以元和十四年十一月八日卒，年四十七。以十五年七月十日归葬万年先人墓侧。子厚有子男二人，长曰周六，始四岁，季曰周七，子厚卒乃生。女子二人，皆幼。

成就，反而受到牵连而被贬谪。贬谪后，又没有熟悉的位高权重的人推荐，所以他最后在蛮荒边远之地去世了，他的才干不能为世间所用，抱负不能实现。如果柳宗元当时在御史台、尚书省做官时，像后来担任司马、刺史时那样谨慎约束自己，就自然不会被贬官了；贬官后，如果有人能够推举他，他一定会再次被任用，不至于穷困潦倒。然而若是子厚被贬斥的时间不久，并未穷困到极点，虽然他能够在官场中显露自己，但他的文学辞章一定不能这样尽力钻研，以至于像今天这样一定流传后世。这是确定无疑的啊。即使让子厚实现他的愿望，官至将相，拿官位换流芳百世，什么是值得的，什么是不值得的，一定有人能分辨清楚。

元和十四年（819）十一月初八，子厚逝世，享年四十七岁；在十五年七月初十时归乡安葬在他先祖的坟墓旁。子厚有两个儿子：长子叫周六，才四岁；

其得归葬也，费皆出观察使河东裴君行立。行立有节概，重然诺，与子厚结交，子厚亦为之尽，竟赖其力。葬子厚于万年之墓者，舅弟卢遵。遵，涿人，性谨慎，学问不厌。自子厚之斥，遵从而家焉，逮其死不去。既往葬子厚，又将经纪其家，庶几有始终者。

铭曰："是惟子厚之室，既固既安，以利其嗣人。"

小的叫周七，是子厚去世后才出生的。他还有两个女儿，也都年幼。他的灵柩之所以能回乡安葬，都是观察使河东裴行立先生出资的结果。行立先生为人讲求节操，重视信用，与子厚是好朋友，子厚对他也很尽心尽力，最后竟然全靠他办理了后事。把子厚安葬到万年县墓地的，是他的表弟卢遵。卢遵是涿州人，生性谨慎，做学问从不满足；自从子厚被贬谪以来，卢遵就跟随他与他住在一起，直到他去世也没有离开；安葬子厚之后，他还准备安置子厚的家属，真可以说得上是位有始有终的人了。

铭文说："这是子厚的墓穴，既牢固又安宁，有利于子厚的后人。"

字词释义

❶ 拓跋魏：北魏。因国君姓拓跋，故称拓跋魏。

❷ 踔（chuō）厉风发：精神振奋，意气风发。踔，跳跃。厉，高。

❸ 泛滥停蓄：泛滥，广泛，洋溢，充溢，指文笔汪洋恣肆。停蓄，深沉，指文笔雄厚凝练。

趣味知识

古代官职任免升降

拜、授：授予官职。

擢、陟：在原官职上提拔官职。

迁：调动官职，包括升级、降级、平级转调三种情况，一般指升官；左迁则为降职调动。

谪：降职贬官或调往边远地区。

除：免去旧职而任新职。

罢、免、夺：免除官职。

黜：废黜，贬退，也用于剥夺王位或太子的继承权。

种树郭橐驼传

〔唐〕柳宗元

经典名句

虽曰爱之，其实害之；虽曰忧之，其实仇之。

题解

这是一篇寓言体的传记，是针对唐朝中后期官吏滥施苛政、频繁扰民的现象而写的。那时豪强地主兼并土地的现象十分严重，柳宗元先写了种树管树的方法，进而引申到吏治上去，说明了要想使天下长治久安，不仅要治理百姓，更重要的是要懂得让人民休养生息的深刻道理。

古文诵读

郭橐驼[1]，不知始何名。病偻，隆然伏行，有类橐驼者，故乡人号之“驼”。驼闻之曰：“甚善，名我固当。”因舍其名，亦自谓“橐驼”云。

其乡曰丰乐乡，在长安西。驼业种树，凡长安豪家富人为观游及卖果者，皆争迎取养。视驼所种树，

古文今译

郭橐驼，不知道他最开始叫什么名字。他因患病而驼背，驼着背弯腰行走，就和骆驼一般，所以同乡的人称呼他为“驼”。郭橐驼听说后，说：“很好啊，这样称呼我很适合。”于是他舍弃了自己最开始的名字，也自称“橐驼”了。

他的家乡叫作丰乐乡，在长安城的西方。郭橐驼的职业是种树，凡是长安城里种植花木观赏游玩的富豪人家，以及做水果买卖的人，都争相迎接他到家里供养。观察郭橐驼所种的树，即使是移植的，也没有活不了的，而且长得高大丰茂，很早结果实而且很多。其他种

或迁徙，无不活，且硕茂，蚤实以蕃。他植者虽窥伺效慕，莫能如也。

有问之，对曰："橐驼非能使木寿且孳[2]也，能顺木之天，以致其性焉尔。凡植木之性，其本欲舒，其培欲平，其土欲故，其筑欲密。既然已，勿动勿虑，去不复顾。其莳[3]也若子，其置也若弃，则其天者全而其性得矣。故吾不害其长而已，非有能硕茂之也；不抑耗其实

树的人就算是暗中偷偷观察，羡慕仿效，也没有谁能做成这样。

有人问他树种得好的原因，他回答说："橐驼我不是能够使树木活得长久并且繁衍滋长，只不过是能够不违背树木的天性，能保存它自身的习性罢了。所有的种树方法都是：它的树根要能舒展开，它的培土要平整，它根下的土要用旧的土，捣土要密实。这样做了以后，就不要再移动，不要再担忧它，离开它不再回头看它。栽种的时候像对待孩子一样，栽好后放置在那就像抛弃了一样，于是树木的天性就能够保全。所以我只是不阻碍它生长罢了，并不是能让它丰

而已，非有能蚤而蕃之也。他植者则不然，根拳而土易，其培之也，若不过焉则不及。苟有能反是者，则又爱之太殷，忧之太勤，旦视而暮抚，已去而复顾，甚者爪其肤以验其生枯，摇其本以观其疏密，而木之性日以离矣。虽曰爱之，其实害之；虽曰忧之，其实仇之，故不我若也。吾又何能为哉！”

问者曰：“以子之道，移之官理可乎？”驼曰：“我知种树而已，官理非吾业也。然吾居乡，见长人者好烦其令，若甚怜焉，而卒以祸。旦暮吏来而呼曰：‘官命促尔耕，勖尔植[4]，督尔获，蚤缫而绪[5]，蚤织而缕，字而幼孩，遂而鸡豚。’鸣鼓而聚之，击木而召之。吾小人辍飧饔[6]以劳吏者，且不得暇，又何以蕃吾生而安吾性邪？故病且怠。若是，则与吾业者其亦有类乎？”

问者嘻曰：“不亦善夫！吾问养树，得养人术。”传其事以为官戒也。

硕茂密；只不过不抑制它结果罢了，并不是能让它尽早而且更多地结果实。其他种树的人就不一样了，根茎拳曲，又把土换了；培土的时候，不是太多了就是不够。如果有能相反于这种做法的人，却又爱惜它太过了，担忧它太多了，早上去看一眼，傍晚去抚摸一下，已经离去又要回头看一眼，甚至还有抓烂树皮来看它到底是活着还是枯萎的，摇晃它的树干来观察土的疏密，于是树木的习性便日复一日地消失了。这虽然说是爱它，其实是害它；虽然说是担忧它，其实是仇视它，所以他们都比不上我，我又能多做些什么呢！”

问的人又问道：“用你种树的道理，放到做官治理上，可以吗？”橐驼说：“我只是会种树罢了，做官不是我的职业。然而我居住在乡里，看见当官的喜欢频繁地发号施令，好像很怜爱百姓，而百姓却最终遭到灾祸。早上晚上官吏都来呵斥：‘官家命令我催促你们耕地，勉励你们栽种，监督你们收获，早点煮你们的茧抽丝，早点织你们的布，养育你们的小孩，喂养你们的鸡和猪。’击鼓聚集大家，敲木号召大家。我们这些百姓停止吃早、晚饭去慰劳那些官吏，还得不到空闲，又怎么能使我们生产增多并且使我们民心安定呢？所以我们困苦而且疲乏，像这样的话，与其他从事种树的人大概也有相似的地方吧。”

问的人赞叹说：“嗯，这不是也很好嘛！我问你怎么种树，得到了治理人民的方法。”我记录这件事把它作为官吏们的警诫。

字词释义

❶橐（tuó）驼：骆驼。

❷寿且孳（zī）：活得长久而且繁殖茂盛。孳，繁殖。

❸莳（shì）：种植。

❹勖（xù）尔植：勉励你们栽种。勖，勉励。植，栽种。

❺蚤缫（sāo）而绪：早点缫好你们的丝。蚤，通“早”。缫，煮茧抽丝。而，通“尔”，你们。绪，丝头。

❻辍飧（sūn）饔（yōng）：不吃饭。辍，停止。飧，晚饭。饔，早饭。

趣味知识

一词多义

故：

1. 其土欲故（旧，指原来的土）
2. 故不我若也（所以）

实：

1. 蚤实以蕃／不抑耗其实而已（结果实）
2. 其实害之（实际）

若：

1. 其置也若弃（像）
2. 若不过焉则不及（如果）
3. 故不我若也（比得上，赶得上）

长：

1. 故吾不害其长而已，非有能硕茂之也（生长）
2. 见长人者好烦其令（官长，用作动词，管辖）

梅圣俞诗集序

〔宋〕欧阳修

经典名句

然则非诗之能穷人，殆穷者而后工也。

题解

北宋诗人梅尧臣（字圣俞）的一生十分不得志。他的诗作以反映社会矛盾和民生疾苦为主，风格平淡朴实，对当时浮艳的诗风形成了巨大冲击。欧阳修为梅尧臣的诗集作序，既赞扬了梅尧臣在反对宋初浮艳诗风方面的功绩，更重要的是提出了自己“穷而后工”的文学主张。

古文诵读

予闻世谓诗人少达而多穷，夫岂然哉？盖世所传诗者，多出于古穷人之辞也。凡士之蕴其所有，而不得施于世者，多喜自放于山巅水涯之外，见虫鱼、草木、风云、鸟兽之状类，往往探其奇怪，内有忧思感愤之郁积，其兴于怨刺，以道羁臣[1]寡妇之所叹，而写人情之难言。盖愈穷则愈工。然则非诗之能穷人，殆穷者而后工也。

古文今译

我听世人常说，诗人们显达的少，穷困的多。真是这样吗？大概是因为流传下来的诗，大多出自古代穷困之士的笔下吧。但凡胸怀大才，又不能充分施展在世上的人，大多喜欢自我放逐到天涯海角，看见虫鱼、草木、风云、鸟兽之类的，往往探究它们的奇怪之处，将那因忧愁感慨而积蓄的积郁，寄托在怨恨讽刺的诗句中，来抒发逐臣、寡妇这些人的慨叹，写出人内心深刻体会却难以言说的东西，大概越困厄就写得越好。这样看来，并非写诗使人穷困，大概是穷困后才能写出好诗。

予友梅圣俞，少以荫补为吏，累举进士，辄抑于有司，困于州县凡十余年。年今五十，犹从辟书，为人之佐，郁其所蓄，不得奋见于事业。其家宛陵，幼习于诗，自为童子，出语已惊其长老。既长，学乎六经仁义之说，其为文章，简古纯粹，不求苟说于世。世之人徒知其诗而已。然时无贤愚，语诗者必求之圣俞。圣俞亦自以其不得志者，乐于诗而发之，故其平生所作，于诗尤多。世既知之矣，而未有荐于上者。昔王文康公尝见而叹曰："二百年无此作矣！"虽知之深，亦不果荐也。若使其幸得用于朝廷，作为雅、颂，以歌咏大宋之功德，荐之清庙，而追商、周、鲁《颂》之作者，岂不伟欤！奈何使其老不得志而为穷者之诗，乃徒发于虫鱼物类，羁愁感叹之言，世徒喜其工，不知其穷之久而将老也，可不惜哉！

我的朋友梅圣俞，年轻时由于继承祖上的功绩，替补为下级官吏。他屡次考进士，总是遭到压抑，在地方上困厄了十多年。年已五十了，还要靠别人下聘书，去当人家的职员。郁积着自己的才能和智慧，不能在事业上充分地表现出来。他的家乡在宛陵，他幼年时就学习诗歌，从他还是个孩童时起，他写的诗句就已使得父老长辈惊异了。等到长大，学习了六经中有关仁义的学问，他写出的文章简朴淳厚，不追求取悦于世人，因此世人只知道他会写诗罢了。然而当时，不论是贤人还是愚人，谈论诗歌必然会向圣俞请教。圣俞也把自己不得志的地方，通过诗歌发泄出来，因此他平时所写的东西，诗歌特别多。社会上已经知道他了，却没有人向朝廷推荐他。从前王文康公曾看到他的诗作，慨叹地说："两百年没有这样的作品了！"虽然对他了解很深，可还是没有加以推荐。假使他有幸得到朝廷的任用，写出如《诗经》中雅、颂那样的作品，来歌颂大宋的功业恩德，献给宗庙，使他类似于《商颂》《周颂》《鲁颂》等作者，难道不是很伟大的事情吗？为什么他到老也不得志，只能写困苦者的诗歌，白白地在鱼虫上抒发困苦忧愁的感叹？社会上的人只喜爱他诗歌的精巧，却不知道他困苦已久将要老死了，这难道不值得叹息吗？

圣俞诗既多，不自收拾。其妻之兄子谢景初，惧其多而易失也，取其自洛阳至于吴兴以来所作，次为十卷。予尝嗜圣俞诗，而患不能

圣俞的诗很多，自己却不收拾整理。他妻兄的儿子谢景初担心他诗作太多容易丢失，选取他从洛阳到吴兴时期的作

尽得之，遽喜谢氏之能类次也，辄序而藏之。

其后十五年，圣俞以疾卒于京师，余既哭而铭之，因索于其家，得其遗稿千余篇，并旧所藏，掇其尤者六百七十七篇，为一十五卷。呜呼！吾于圣俞诗论之详矣，故不复云。庐陵欧阳修序。

品，编成十卷。我曾经特别喜爱圣俞的诗，担心不能全部得到。我十分高兴谢氏能为它分类编纂，就为之作序并保存起来。

从那以后过了十五年，圣俞因病在京师去世，我痛哭着为他写了墓志铭，后来向他家索求稿子，得到他的遗稿一千多篇，连同先前收藏的，又选取其中尤其好的共计六百七十七篇，分为十五卷。唉！我对圣俞的诗歌已经评论得很详尽了，所以就不重复说了。庐陵欧阳修写了这篇序。

字词释义

❶羁臣："羁旅之臣"，指旅居在外或被贬谪的官员。

趣味知识

何须出处

宋仁宗嘉祐二年（1057）进士考试，欧阳修、梅尧臣担任考官，梅尧臣阅卷时发现苏轼写的《刑赏忠厚之至论》，其中有“皋陶为士，将杀人，皋陶曰杀之三，尧曰宥之三”之语，他阅后推荐给欧阳修。欧阳修问道：“这出自何书？”梅尧臣说：“何须出处。”欧阳修认为只是偶尔忘记了出处，却也惊叹考生之才。但是试卷糊名，欧阳修认为可能是弟子曾巩的试卷，为了避嫌，将此卷取为第二。等到揭榜时，欧阳修见到苏轼的姓名，对梅尧臣说：“他一定有依据，遗憾我们这些人记不得了。”等到苏轼拜访欧阳修时，欧阳修询问其试卷内容出处，苏轼说出了与梅尧臣相同的回答：“何须出处。”欧阳修赏识其豪迈，感叹不已。

扫码听音频

祭石曼卿文

〔宋〕欧阳修

经典名句

生而为英，死而为灵。

题解

本篇是欧阳修悼念挚友石曼卿所作的祭文。颂扬石曼卿不同流俗，“生而为英，死而为灵”，感叹：“此自古圣贤亦皆然兮，独不见夫累累乎旷野与荒城！”整篇祭文将描写、议论、抒情融为一体，哀戚怆恻之情，溢于言表，表达了对亡友的深深哀悼之情，读之令人动容。

古文诵读

维[1]治平四年七月日，具官欧阳修，谨遣尚书都省令史李敭，至于太清，以清酌庶羞之奠，致祭于亡友曼卿之墓下，而吊之以文，曰：

呜呼曼卿！生而为英，死而为灵。其同乎万物生死，而复归于无物者，暂聚之形；不与万物共尽，而卓然其不朽者，后世之名。此自古圣贤，莫不皆然，而著在简册[2]者，昭如日星。

古文今译

治平四年七月某日，具官欧阳修郑重地派尚书都省令史李敭到太清，以清酒和各种美食为祭品，在亡友石曼卿墓前祭奠，并作祭文吊唁：

唉，曼卿！在世时是英雄，死后是神灵。同万物一样有生有死，又回归到无物的，是暂时凝聚的形体；不与万物一起灭亡，而卓然不朽的，是流传后世的名声。这一点，从古时的圣贤，都是如此。记载在史册的，像太阳和星辰一样明亮。

呜呼曼卿！吾不见子久矣，犹能仿佛[3]子之平生。其轩昂磊落，突兀峥嵘而埋藏于地下者，意其不化为朽壤，而为金玉之精。不然，生长松之千尺，产灵芝而九茎。奈何荒烟野蔓，荆棘纵横，风凄露下，走磷飞萤？但见牧童樵叟，歌吟而上下，与夫惊禽骇兽，悲鸣踯躅而咿嘤。今固如此，更千秋而万岁兮，安知其不穴藏狐貉与鼯鼪？此自古圣贤亦皆然兮，独不见夫累累乎旷野与荒城！

呜呼曼卿！盛衰之理，吾固知其如此，而感念畴昔[4]，悲凉凄怆，不觉临风而陨涕[5]者，有愧夫太上之忘情。尚飨！

唉，曼卿！我已经很久没有见你了，还依稀记得你生前的一切。你气宇轩昂，光明磊落，卓越超群，埋在地下的躯体，想来不会化为腐朽的泥土，而会成为金玉的精华。不是这样，也会生长出高达千尺的松树，孕育有九根茎的灵芝。可是现在这里怎么荒烟野草，蔓草遍布，荆棘环绕；风雨凄凉，霜露下降；磷火闪动，飞萤飘忽？只见牧童和老樵夫，唱着歌在墓前上上下下；还有惊慌的飞禽和野兽，悲切的鸣叫，徘徊不前。如今已经这样，再过千万年，谁知道狐、貉、鼯、鼪不在这里打洞呢？这一点，自古以来，圣贤都是这样，没看见连绵不断的旷野和荒坟吗？

唉，曼卿！古今盛衰的道理，我本来知道就是这样，可是思念从前，悲凉凄惨，禁不住当风流泪，很惭愧做不到圣人那种忘情。请你享用祭品吧！

字词释义

❶ 维：发语词。
❷ 简册：指史籍。
❸ 仿佛：依稀想见。
❹ 畴昔：往昔，从前。
❺ 陨涕：落泪。

趣味知识

石曼卿落第

北宋石曼卿，名延年，不拘礼节，不慕名利，豪放旷达。年轻时，进士中第，敕牒、朝服也已拿到，大家在兴国寺庆贺。不料有人揭发，说本场考试有人作弊，要重考。落榜者号啕大哭，只有石曼卿镇定自若，若无其事地脱下了靴袍，交给使者，继续喝酒，像什么事也没有发生过一样。他还以集唐人句成诗曰："年去年来来去忙，为他人作嫁衣裳。仰天大笑出门去，独对春风舞一场。"

范增论

〔宋〕苏轼

经典名句

物必先腐也，而后虫生之；人必先疑也，而后谗入之。

题解

苏轼在其人物史论中写了大量的翻案文章，立意新颖深刻，高远幽邃。本篇即是其中一篇，惋惜范增不识“去就之分”。宋人擅长做翻案文章，苏轼更是其中的高手。我们写作议论文时，可多借鉴苏轼之文，从不同的角度去发现问题。

古文诵读

汉用陈平计，间疏楚君臣。项羽疑范增与汉有私，稍夺其权。增大怒曰：“天下事大定矣，君王自为之，愿赐骸骨[1]，归卒伍[2]。”归未至彭城，疽[3]发背，死。

苏子曰：“增之去，善矣。不去，羽必杀增。独恨其不早耳。”然则当以何事去？增劝羽杀沛公，羽不听，终以此失天下，当于是去耶？

古文今译

汉高祖采用陈平的计谋，离间疏远楚国君臣。项羽怀疑范增和汉有勾结，逐渐剥夺他的权力。范增非常生气，说：“天下的事大体定局了，您自己处理吧！希望您赐恩给我这把老骨头，让我回家乡。”还没到彭城，他就因背上恶疮发作而死。

苏子说：“范增离开，是对的。如果不离开，项羽一定会杀他，只遗憾他没有早些离开。”那么，范增应当因什么事离开呢？范增劝项羽杀沛公，项羽不听，

曰：否。增之欲杀沛公，人臣之分也；羽之不杀，犹有君人之度也。增曷为以此去哉？

《易》曰："知几[4]其神乎！"《诗》曰："相彼雨雪，先集维霰。"增之去，当于羽杀卿子冠军时也。

陈涉之得民也，以项燕、扶苏；项氏之兴也，以立楚怀王孙心；而诸侯叛之也，以弑义帝。且义帝之立，增为谋主矣。义帝之存亡，岂独为楚之盛衰，亦增之所与同祸福也。未有义帝亡而增独能久存者也。羽之杀卿子冠军也，是弑[5]义帝之兆也。其弑义帝，则疑增之本也，岂必待陈平哉？物必先腐也，而后虫生之；人必先疑也，而后谗入之。陈平虽智，安能间无疑之主哉？

吾尝论义帝，天下之贤主也。独遣沛公入关，不遣项羽；识卿子冠军于稠人之中，而擢以为上将，不贤而能如是乎？羽既矫杀卿子冠军，义帝必不能堪，非羽弑帝，则帝杀羽，不待智者而后知也。增始劝项梁立义帝，诸侯以此服从。中道而弑之，非

最终因此失去天下。应当因此离开吗？回答说：不是。范增要杀沛公，是臣子的职责；项羽不杀刘邦，说明他还有君王的度量。范增怎能因此离去呢？

《易经》说："知晓事情的微小变化，大概就是神明吧！"《诗经》说："天下雪，水汽必定先凝结成小雪珠。"范增离开，应当在项羽杀卿子冠军的时候。

陈涉能得到民心，是因为借用项燕和扶苏的名义；项氏的兴起，是因为拥立楚怀王的孙子熊心；诸侯反叛，是因为他杀了义帝。况且拥立义帝，范增是主谋。义帝的生死，岂止是关系着楚国的盛衰，也关系到范增的祸福。没有义帝死了范增还能长久独存的道理。项羽杀卿子冠军，是杀义帝的先兆。他杀义帝，是怀疑范增的开始，难道还要等陈平离间吗？物品必定先腐烂，然后才生虫；人必定先有了疑心，然后才能听进谗言。陈平虽然聪明，又怎么能离间没有疑心的君主呢？

我曾经评论义帝，认为他是天下的贤君。他只派沛公入关而不派项羽，在众人之中识别卿子冠军，提拔他做上将军，不贤明能这样做吗？项羽既然假托义帝之命杀死卿子冠军，义帝一定不能容忍。不是项羽杀义帝，就是义帝杀项羽，这用不着聪明人就能知道。范增当初劝项梁立义帝，诸侯因此而服从，中途杀义帝，不是范增的意思。岂止不是

增之意也。夫岂独非其意，将必力争而不听也。不用其言，而杀其所立，羽之疑增必自是始矣。

方羽杀卿子冠军，增与羽比肩⑥而事义帝，君臣之分未定也。为增计者，力能诛羽则诛之，不能则去之，岂不毅然大丈夫也哉？增年七十，合则留，不合则去，不以此时明去就之分，而欲依羽以成功名，陋矣！虽然，增，高帝之所畏也。增不去，项羽不亡。呜呼！增亦人杰也哉！

他的主意，他必然极力反对项羽却不听。不听范增的话而杀死他拥立的人，项羽怀疑范增，必定是从这时开始的。

当项羽杀卿子冠军时，项羽和范增一起作为义帝的臣属，君臣名分还没有确定。替范增考虑，有能力杀项羽就杀了他，不能就离开，岂不是果断的大丈夫吗？范增已经七十岁了，与项羽相合就留下来，不合就离开，不在此时弄清去还是留，却想依靠项羽成就功名，不明智啊！话虽然这么说，范增还是汉高祖畏惧的人。范增不走，项羽也不会被灭。唉，范增也是人中豪杰啊！

字词释义

❶赐骸（hái）骨：退休回家。
❷卒伍：秦时乡里基层组织，此指家乡。
❸疽（jū）：毒疮。
❹几：微小。
❺弑（shì）：古时称臣杀君、子杀父为“弑”。
❻比肩：并肩，这里比喻地位相当。

趣味知识

范增

范增，项羽的重要谋士。秦末陈胜吴广起义，范增投奔项梁。楚汉战争，项羽尊范增为亚父。项羽摆下鸿门宴，范增劝他趁机杀死刘邦，项羽不听。后来项羽中陈平反间计，猜疑范增。范增愤而离去，途中背上毒疮痈疽发作而死。

留侯论

〔宋〕苏轼

经典名句

古之所谓豪杰之士，必有过人之节。

题解

这篇文章是宋仁宗嘉祐六年（1061），苏轼为答御试策而写的论策中的一篇。文章通过对留侯张良一生事迹的描写和论述，论证了“忍小忿而就大谋”的重要性。这篇文章文笔纵横捭阖，行文雄辩而富有气势，体现了苏轼汪洋恣肆的风格。

古文诵读

古之所谓豪杰之士，必有过人之节，人情有所不能忍者。匹夫见辱，拔剑而起，挺身而斗，此不足为勇也。天下有大勇者，卒然临之而不惊，无故加之而不怒。此其所挟持者甚大，而其志甚远也。

夫子房受书于圯上之老人也，其事甚怪。然亦安知其非秦之世有隐君子者，出而试之？观其所以微

古文今译

古时候被人称作豪杰的士人，一定具有超人的气节，能忍受常人无法忍受的事情。普通人被侮辱，一定会拔起剑，挺身上前搏斗，这不足够被称为勇士。天下真正具有豪杰气概的人，遇到突发的情形毫不惊慌，当无故受到别人侮辱时，也不愤怒。这是因为他们胸怀极大的抱负，志向非常高远。

张良被桥上老人授予兵书这件事，确实很古怪。但是，又怎么知道那不是秦代的一位隐居君子出来考验张良呢？看那老人微微显露自己用意的方式，都具有圣贤相互提醒告诫的意义，一般人

见其意者，皆圣贤相与警戒之义，而世不察，以为鬼物，亦已过矣。且其意不在书。

当韩之亡、秦之方盛也，以刀锯鼎镬[1]待天下之士。其平居无罪夷灭者，不可胜数。虽有贲、育，无所获施。夫持法太急者，其锋不可犯，而其势未可乘。子房不忍忿忿之心，以匹夫之力而逞于一击之间；当此之时，子房之不死者，其间不能容发，盖亦危矣。

千金之子，不死于盗贼，何哉？其身可爱，而盗贼之不足以死也。子房以盖世之才，不为伊尹、太公之谋，而特出于荆轲、聂政之计，以侥幸于不死，此圯上老人所为深惜者也。是故倨傲鲜腆[2]而深折之。彼其能有所忍也，然后可以就大事，故曰："孺子可教也。"

楚庄王伐郑，郑伯肉袒牵羊以迎。庄王曰："其主能下人，必能信用其民矣。"遂舍之。句践之困于会稽，而归臣妾于吴者，三年而不

不明白，把那老人当作鬼怪，太荒谬了。再说，桥上老人的真正用意并不在于授予张良兵书（而在于使张良学会忍耐，成就大事）。

韩国灭亡，正是秦国十分强盛的时候，秦王嬴政用刀斧油锅对付天下的志士，那种待在家里却被平白无故抓去灭族的人，多得数也数不清。就是孟贲、夏育那样的勇士，也没有再施展本领的机会了。凡是执法严苛的君王，是不好去硬碰他的刀锋的，而他的锋芒之势也没有可乘之机。张良压不住心中对秦王的愤怒，仅凭他个人的力量，在一次阻击中求得一时的痛快，在那时他没有被杀，可是当时的情况真是间不容发，也太危险了！

富贵人家的子弟，是不肯死在盗贼手里的。为什么呢？因为他们的生命宝贵，死在盗贼手里太不值得。张良有超越世人的才能，不去做伊尹、姜尚所谋划的那些深谋远虑的事，反而只学荆轲、聂政行刺的下策，因侥幸没有死掉，这必定是桥上老人为他深深感到惋惜的地方。所以那老人故意态度傲慢无礼、言语粗恶地深深羞辱他，他如果能忍受得住，方才可以凭借这一点而成就大业，所以到最后，老人说："这个年轻人可以教育了。"

楚庄王攻打郑国，郑襄公脱去上衣袒露身体、牵了羊来迎接。庄王说："国君能够对人谦让，委屈自己，一定能得到自己老百姓的信任和效力。"就此放弃对郑国的进攻。越王勾践在会稽陷于困境，带着臣妾到吴国去做奴仆，好几年

倦。且夫有报人之志，而不能下人者，是匹夫之刚也。夫老人者，以为子房才有余，而忧其度量之不足，故深折其少年刚锐之气，使之忍小忿而就大谋。何则？非有平生之素，卒然相遇于草野之间，而命以仆妾之役，油然而不怪者，此固秦皇之所不能惊，而项籍之所不能怒也。

都不懈怠。再说，有向人报仇的心愿，却不能屈己从人的，这只是普通人的刚强而已。那老人认为张良才智有余，而担心他的度量不足，因此深深挫折他年轻人刚强锐利的脾气，使他能忍得住小小的怨愤去成就远大的事业。为什么这样说呢？老人和张良并没有交情，突然在郊野之间相遇，却拿奴仆的低贱之事来让张良做，张良觉得很自然，不觉得怪异，这本是秦始皇不能让他惊惧，项羽不能激怒他的原因。

观夫高祖之所以胜、项籍之所以败者，在能忍与不能忍之间而已矣。项籍唯不能忍，是以百战百胜而轻用其锋；高祖忍之，养其全锋而待其敝，此子房教之也。当淮阴破齐而欲自王，高祖发怒，见于词色。由此观之，犹有刚强不能忍之气，非子房其谁全之？

太史公疑子房以为魁梧奇伟，而其状貌乃如妇人女子，不称其志气。呜呼！此其所以为子房欤！

要说汉高祖之所以成功，项羽之所以失败，原因就在于一个能忍耐、一个不能忍耐罢了。项羽不能忍耐，因此虽然在战斗中百战百胜，却太过轻易地使用他的刀锋。汉高祖能忍耐，保持自己完整强劲的战斗力，直到对方疲惫了才出击。这是张良教给他的。当淮阴侯韩信攻破齐国要自立为王时，高祖为此发怒了，愤怒之气溢于言表，由此可以看出，他还有刚强不能忍耐的气度，不是张良，谁能成全他？

司马迁原以为张良的样貌，一定是魁伟的，谁想到他长得如同妇人女子一般清秀，与他的志气和度量不相匹配。啊！这就是张良之所以成为张良的原因吧！

字词释义

❶ 刀锯鼎镬（huò）：指古代四种酷刑刑具，指代最残酷的刑罚。刀锯，古刑具，也指割刑和刖刑。鼎，古代烹用的青铜器物。镬，大锅。鼎镬，用来把人煮死的刑具。

❷ 倨傲鲜腆：傲慢而缺少善意。

趣味知识

汉初三杰

汉初三杰，是指西汉的三位开国功臣张良、萧何、韩信。汉高祖刘邦曾问群臣：“吾所以有天下者何？”群臣回答皆不得要领。刘邦说：“夫运筹帷幄之中，决胜千里之外，吾不如子房；镇国抚民，给饷馈，不绝粮道，吾不如萧何；连百万之众，战必胜，攻必取，吾不如韩信。三者皆杰，吾能用之，此吾所以取天下者也。”

贾谊论

〔宋〕苏轼

经典名句

夫君子之所取者远，则必有所待；所就者大，则必有所忍。

题解

贾谊是历史上典型的怀才不遇者，郁郁而终。历代都惋惜贾谊的才能，苏轼却分析其悲剧的必然性，认为贾谊的怀才不遇是他自己不能自用其才，志大而量小，指出要成就大事业，不仅要有大志向，更要有大胸怀，善于等待时机，抓住机遇。

古文诵读

非才之难，所以自用者实难。惜乎！贾生，王者之佐，而不能自用其才也。

夫君子之所取者远，则必有所待；所就者大，则必有所忍。古之贤人，皆负可致之才，而卒不能行其万一者，未必皆其时君之罪，或者其自取也。

古文今译

有才能不难，难得是怎样使用自己的才能。可惜啊！贾谊，辅佐帝王的人才，却不能施展自己的才能。

君子想达到长远的目标，必须有所等待。想成就大的事业，就一定有所忍耐。古代的贤人，都具有建功立业的才能，但最终不能施展万分之一，这未必都是当时君王的错，可能是他们自己造成的。

愚观贾生之论，如其所言，虽三代何以远过？得君如汉文，犹且以不用死。然则是天下无尧、舜，终不可有所为耶？仲尼圣人，历试于天下，苟非大无道之国，皆欲勉强扶持，庶几一日得行其道。将之荆，先之以冉有，申之以子夏。君子之欲得其君，如此其勤也。孟子去齐，三宿而后出昼，犹曰："王其庶几召我。"君子之不忍弃其君，如此其厚也。公孙丑问曰："夫子何为不豫[1]？"孟子曰："方今天下，舍我其谁哉？而吾何为不豫？"君子之爱其身，如此其至也。夫如此而不用，然后知天下果不足与有为，而可以无憾矣。若贾生者，非汉文之不能用生，生之不能用汉文也。

我看贾谊的议论，如果像他所说的那样，即使是夏商周三代又怎么远超他？遇到像汉文帝这样的贤君，尚且因为不被重用而死。难道天下没有尧、舜，就始终不能有所作为吗？圣人孔子，曾游遍天下，如果不是太无道的国家，都想尽力扶持，希望有一天能实行自己的主张。他要去楚国，先叫冉有去，又派子夏去。君子想得到信任的君主，是如此辛勤。孟子离开齐国，在昼邑住了三晚才离开，还说："齐王可能会召回我。"君子不忍心放弃他的君主，是如此情意深厚啊。公孙丑问："你为什么不高兴？"孟子说："如今的天下，想治理天下，除了我还有谁呢？我为什么不愉快？"君子爱惜尊重自己，是如此周到啊。这样做了还得不到重用，就知道天下真的不能有所作为，才可以不留遗憾。像贾谊，不是汉文帝不能重用他，而是他不能利用汉文帝啊！

夫绛侯亲握天子玺而授之文帝，灌婴连兵数十万，以决刘、吕之雌雄，又皆高帝之旧将，此其君臣相得之分，岂特父子骨肉手足哉？贾生，洛阳之少年。欲使其一朝之间，尽弃其旧而谋其新，亦已难矣。为贾生者，上得其君，下得其大臣，

绛侯周勃亲自握着天子印玺交给汉文帝，灌婴联合几十万兵力决定刘、吕两家的胜负，他们又都是汉高祖的旧将。这种君臣相投合的情分，难道只是父子骨肉手足的感情？贾谊，洛阳的年轻人，想在一早上的时间让汉文帝废除旧政实施新政，也太难了吧。作为贾谊本人，上能争取君主，下能团结大臣，像绛侯、

如绛、灌之属，优游浸渍而深交之，使天子不疑，大臣不忌，然后举天下而唯吾之所欲为，不过十年，可以得志。安有立谈之间，而遽为人“痛哭”哉！观其过湘，为赋以吊屈原，萦纡[2]郁闷，趯然有远举之志。其后以自伤哭泣，至于夭绝。是亦不善处穷者也。夫谋之一不见用，则安知终不复用也？不知默默以待其变，而自残至此。呜呼！贾生志大而量小，才有余而识不足也。

灌婴等人，从容与他们深交，使天子不怀疑，大臣不嫉妒，然后使天下都按照自己的主张治理，不出十年，就可以实现理想。怎么会在短短的交谈之后，就对人家痛哭流涕呢？看他经过湘江作赋凭吊屈原，心情复杂郁闷，有退隐的意思。后来又因自我感伤哭泣，以至于过早死去，这也是不善于对待穷困啊。谋略一次不被采用，怎么知道始终不被采用呢？不懂得默默等待变化，自我摧残到这种地步！唉，贾谊志向大气量小，才能有余而见识不足啊。

古之人，有高世之才，必有遗俗之累。是故非聪明睿[3]智不惑之主，则不能全其用。古今称苻坚得王猛于草茅之中，一朝尽斥去其旧臣，而与之谋。彼其匹夫略有天下之半，其以此哉！愚深悲生之志，故备论之。亦使人君得如贾生之臣，则知其有狷介[4]之操，一不见用，则忧伤病沮[5]，不能复振。而为贾生者，亦谨其所发哉！

古代的人，有超凡的才气，必定会因鄙弃世俗而受负累。因此不是聪明睿智不被蒙蔽的君主，就不能充分发挥他的作用。古今称道苻坚在茅屋中得到王猛，马上排斥旧臣，和他谋划。苻坚一个普通人却夺取一半天下，大概就是因为如此吧！我深深惋惜贾谊的志向，所以详细评论他，也提醒君主如果得到像贾谊这样的臣子，应知道他们有孤傲的节操，一旦不被重用，就忧伤沮丧，再也不能振作了。然而作为贾谊，也应该慎重地处世啊！

字词释义

❶豫：高兴。
❷萦纡（yíng yū）：曲折缭绕的样子。比喻心绪不宁。
❸睿：智慧通达。
❹狷（juàn）介：孤高，性情正直，不同流合污。
❺沮（jǔ）：颓丧。

趣味知识

不问苍生问鬼神

唐代诗人李商隐有一首诗，借贾谊怀才不遇的故事，指出当政者不能真正重视人才，其全诗为：

贾生

宣室求贤访逐臣，贾生才调更无伦。
可怜夜半虚前席，不问苍生问鬼神。

晁错论

〔宋〕苏轼

经典名句

古之立大事者，不惟有超世之才，亦必有坚忍不拔之志。

题解

对于晁错之死，人们多悲叹晁错的尽忠而蒙害，但是苏轼在本篇中分析了晁错被杀的诸多原因，认为他被杀的根本原因是缺乏坚忍不拔之志，危难之际只想着保全自己，所以仁人君子、豪杰之士要想取得成功，定要敢于“出身为天下犯大难”。

古文诵读

天下之患，最不可为者，名为治平无事，而其实有不测之忧。坐观其变，而不为之所，则恐至于不可救。起而强为之，则天下狃[1]于治平之安而不吾信。惟仁人君子豪杰之士，为能出身为天下犯[2]大难，以求成大功。此固非勉强期月[3]之间，而苟以求名之所能也。

天下治平，无故而发大难之端，

古文今译

天下的祸患，最难处理的，是表面上安定无事，实际却有不可预料的忧患。如果坐视祸乱发生却不作为，恐怕就会发展到无可挽回的地步。起来强行去制止，天下人已经习惯表面的安定生活而不相信我。只有仁人君子、豪杰人物，才能挺身而出为国家而冒大风险，以求得成就大功业。这本来就不是在短时间内、企图谋求名利的人所能做到的。

国家安定，无缘无故地触发大难的事端。我触发，我能制止，然后能说服

吾发之，吾能收之，然后有辞于天下。事至而循循焉欲去之，使他人任其责，则天下之祸，必集于我。

昔者晁错尽忠为汉，谋弱山东之诸侯。山东诸侯并起，以诛错为名。而天子不之察，以错为之说。天下悲错之以忠而受祸，不知错有以取之也。

古之立大事者，不惟有超世之才，亦必有坚忍不拔之志。昔禹之治水，凿龙门，决大河而放之海。方其功之未成也，盖亦有溃冒冲突可畏之患，惟能前知其当然，事至不惧，而徐为之图，是以得至于成功。

天下人。事情发生了却退缩不前，想一步一步地避开，让别人承担责任，那么天下的灾祸，必定会集中到自己身上。

从前晁错为汉朝竭尽忠心，建议削弱山东诸侯。山东各诸侯共同起兵，以杀晁错为借口。可是景帝没有洞察他们的用心，用杀晁错的办法来说服他们。天下人都为晁错忠心而遭祸感到痛心，却不明白晁错有咎由自取的原因。

自古凡是做大事业的人，不仅有超出世人的才能，也一定有坚忍不拔的意志。从前大禹治水，凿开龙门，疏通黄河，使洪水流入大海。当他的功业尚未完成的时候，大概也会有洪水决堤的危险发生，只是他能事先预料到这种情况，灾难发生时不惊慌而能从容治理，所以能够取得成功。

夫以七国之强，而骤[4]削之，其为变，岂足怪哉？错不于此时捐其身，为天下当大难之冲而制吴、楚之命，乃为自全之计，欲使天子自将而己居守。且夫发七国之难者，谁乎？己欲求其名，安所逃其患？以自将之至危，与居守之至安，己为难首，择其至安，而遗天子以其至危，此忠臣义士所以愤怨而不平者也。

当此之时，虽无袁盎，亦未免于祸。何者？己欲居守，而使人主自将，以情而言，天子固已难之矣，而重违其议。是以袁盎之说得行于其间。使吴、楚反，错已身任其危，日夜淬砺[5]，东向而待之，使不至于累其君，则天子将恃之以为无恐，虽有百盎，可得而间哉？

嗟夫！世之君子，欲求非常之功，则无务为自全之计。使错自将而讨吴、楚，未必无功，惟其欲自固其身，而天子不悦。奸臣得以乘其隙，错之所以自全者，乃其所以自祸欤！

七国强大，却想突然削弱它，他们叛乱难道值得奇怪吗？晁错不在这个时候豁出性命，为天下人抵挡大难控制吴、楚等国的命运，却为了保全自己，想让景帝亲征而自己留守。再说挑起七国之乱的是谁呢？自己想赢得美名，怎么能躲避这场祸患？拿亲自出征的极其危险，与留守的极其安全相比，自己是发难的主谋，选择最安全的事情去做，却把最危险的事情留给天子，这就是忠臣义士愤怒的原因啊。

这个时候，即使没有袁盎，晁错也不能免于灾祸。为什么？自己想要留守，却叫天子亲征，从情理上说，天子本来已经很难忍受了，但又不好反对他的建议，因此袁盎的话得以起作用。假如吴、楚叛乱时，晁错豁出性命担当危险的任务，日夜训练军队，向东方严阵以待，让这件事不至于连累君主，那么皇帝就会依靠他而不觉得有什么可怕。即使有一百个袁盎，能有机会离间吗？

唉！世上的君子，要建立伟大的功业，那就不要有保全自己的考虑。假如晁错自己亲自带兵去讨伐吴、楚七国，不一定不会成功。只是他一心想保全自己，让天子不高兴，奸臣得以有机可乘。晁错保全自己的打算，正是他遭到杀身之祸的原因！

字词释义

❶狃（niǔ）：习惯。
❷犯：冒着。
❸期（jī）月：一个月。指短时期。
❹骤：突然。
❺淬砺（cuì lì）：磨砺兵器。

趣味知识

晁错和父亲的争论

晁错，是西汉文帝的智囊，力主削藩，招致王侯权贵忌恨。晁错的父亲劝晁错说："皇帝刚刚继位，你怎么能侵削诸国，离间骨肉，你到底想干什么？"

晁错则回答："我做得没错，不如此，天子就没有尊严，宗庙就不安。"

父亲见儿子如此倔强，痛心地说："汉家安，晁氏必危。我们晁家恐怕就要遭受灭族之祸了！"

最终，晁错的父亲一语成谶。景帝三年（前154），吴王刘濞带头发动叛乱，打出的名号正是"清君侧，诛晁错"。

方山子传

〔宋〕苏轼

经典名句

环堵萧然，而妻子奴婢皆有自得之意。

题解

方山子，即陈慥，字季常。苏轼被贬在黄州四年，“三往见季常，季常七来见余，盖相从百余日也”，二人交情至深，由此可见。方山子放弃功名富贵，自甘淡泊贫贱，苏轼很是赞赏，未尝不是借他人之酒浇自己胸中之块垒。

古文诵读

方山子，光、黄间隐人也。少时慕朱家、郭解为人，闾里[1]之侠皆宗[2]之。稍壮，折节[3]读书，欲以此驰骋当世，然终不遇。晚乃遁于光、黄间，曰岐亭。庵居蔬食，不与世相闻。弃车马，毁冠服，徒步往来山中，人莫识也。见其所著帽，方耸而高，曰：“此岂古方山冠之遗像[4]乎？”因谓之方山子。

古文今译

方山子，是光州、黄州一带的隐士。年轻时，仰慕朱家、郭解的为人，乡里的游侠都推崇他。年纪稍大，就改变志趣，发奋读书，想以此闻名当世，但是一直没有得到赏识。晚年隐居在光州、黄州一带名叫岐亭的地方。住茅草屋，吃粗粮素菜，不与世人来往。放弃坐车骑马，毁掉书生衣帽，在山里徒步来往，没有人认识他。见他戴的帽子方又高，就说：“这不就是古代方山冠遗留下来的样子吗？”于是就称他为“方山子”。

余谪居于黄，过岐亭，适见焉。曰："呜呼！此吾故人陈慥季常也，何为而在此？"方山子亦矍然[5]，问余所以至此者，余告之故。俯而不答，仰而笑，呼余宿其家。环堵萧然，而妻子奴婢皆有自得之意。

余既耸然异之，独念方山子少时，使酒好剑，用财如粪土。前十九年，余在岐山，见方山子从两骑，挟二矢，游西山。鹊起于前，使骑逐而射之，不获。方山子怒马[6]独出，一发得之。因与余马上论用兵及古今成败，自谓一时豪士。今几日耳，精悍之色，犹见于眉间，而岂山中之人哉？

然方山子世有勋阀，当得官，使从事于其间，今已显闻。而其家在洛阳，园宅壮丽，与公侯等。河北有田，岁得帛千匹，亦足以富乐。皆弃不取，独来穷山中，此岂无得而然哉？

余闻光、黄间多异人，往往佯狂垢污，不可得而见，方山子傥[7]见之欤？

我贬官到黄州，有一次经过岐亭，正好遇见他。我说："啊，这是我的老朋友陈慥陈季常啊，怎么会在这里？"方山子也惊讶地问我到这里的原因。我告诉他原因，他低头不回答，接着仰头大笑，请我住到他家。他家里四壁空空，然而他的妻子、儿女、奴仆都显得怡然自得。

我已感到十分惊异，独自回想着方山子年轻的时候，好饮酒，喜欢剑术，挥金如土。十九年前，我在岐山，见到方山子带着两个骑马的随从，挟带两张弓，在西山游览。一只鹊在前方飞起，他叫随从追赶射鹊，没有射中。方山子独自奋力跃马而出，一箭射中鹊。于是他在马上与我谈论起用兵和古今成败之事，自认为是一代豪杰。至今过了多少日子，精明强悍的神色，依然显现在眉宇间，怎么会是隐居山中的人呢？

方山子家世代都有功勋，他应有官做，假如他进入官场，到现在已经声名显赫了。他原本家在洛阳，园林屋舍雄伟富丽，可与公侯之家相比了。在河北有田地，每年能得到上千匹的丝帛，也足以生活富裕安乐。然而他都抛弃不用，唯独来到偏僻的山中，这难道不是因为他有自得之乐处才会如此吗？

我听说光州、黄州一带有很多奇人，常常假装疯癫、满身污垢，但是没有机会见到，方山子或许见过他们吧。

字词释义

❶闾里：乡里。
❷宗：尊奉。
❸折节：改变原来的志趣和行为。
❹遗象：犹遗制。
❺矍（jué）然：吃惊的样子。
❻怒马：奋马。
❼傥（tǎng）：或者。

趣味知识

一词多义

闻：

1. 庵居蔬食，不与世相闻（交往）
2. 使从事于其间，今已显闻（出名）

异：

1. 余既耸然异之（对……感到奇怪）
2. 余闻光、黄间多异人（与众不同的）

使：

1. 使从事于其间，今已显闻（假使）
2. 使骑逐而射之，不获（让，叫）

卖柑者言

〔明〕刘基

经典名句

又何往而不金玉其外，败絮其中也哉？

题解

本篇是寓言散文，通过卖柑者之口，借“金玉其外，败絮其中”的柑橘，讽刺了那些冠冕堂皇、欺世盗名的达官绅士，批判了元末统治的黑暗，抒发了愤世嫉俗之情。

古文诵读

杭有卖果者，善藏柑，涉寒暑不溃，出之烨然[1]，玉质而金色。剖其中，干若败絮。予怪而问之曰：“若所市于人者，将以实笾豆[2]，奉祭祀，供宾客乎？将衒外以惑愚瞽乎？甚矣哉，为欺也！”

卖者笑曰：“吾业是有年矣，吾赖是以食[3]吾躯。吾售之，人取之，未闻有言，而独不足子所乎？世之为欺者不寡矣，而独我也乎？吾子

古文今译

杭州有个卖水果的人，擅长储存柑橘，经过一整年也不腐烂，拿出来光彩鲜明，玉石一样的质地，金灿灿的颜色。把它切开，里面干枯得像破棉絮。我很奇怪，问他说：“你卖给人柑橘，是打算放在笾豆里供祭祀、招待嘉宾呢？还是炫耀外表去迷惑愚人、盲人呢？这样欺骗人太过分了吧！”

卖柑橘的人笑着说：“我做这行好多年了。我靠这个养活自己。我卖柑橘，别人买柑橘，从没有人说过什么的，唯独不能满足您的需要吗？世上骗人的不少，难道只有我一个吗？您还没

未之思也。今夫佩虎符[4]、坐皋比[5]者，洸洸[6]乎干城之具也，果能授孙、吴之略耶？峨大冠、拖长绅者，昂昂乎庙堂之器也，果能建伊、皋之业耶？盗起而不知御，民困而不知救，吏奸而不知禁，法斁[7]而不知理，坐糜[8]廪粟而不知耻。观其坐高堂，骑大马，醉醇醴而饫[9]肥鲜者，孰不巍巍乎可畏、赫赫乎可象也？又何往而不金玉其外，败絮其中也哉？今子是之不察，而以察吾柑！”

予默默无以应。退而思其言，类东方生滑稽之流。岂其忿世嫉邪者耶？而托于柑以讽耶？

有考虑过这个问题。那些佩戴兵符、坐在虎皮椅上的人，威风凛凛，好像是捍卫国家的人才，他们真有孙武、吴起那样的谋略吗？那些戴着高帽子、拖着长带子的人，气宇轩昂，好像国家的栋梁，真能建立伊尹、皋陶那样的功业吗？盗贼兴起却不知道抵御，百姓穷困却不知道救助，官吏奸诈却不懂得禁止，法令败坏却不知道治理，浪费国家的粮食却不知道羞耻。看那些坐在高堂上，骑大马、喝美酒、吃鱼肉的人，哪一个不是威风凛凛令人生畏、显赫得让人们模仿？他们又何尝不是外表像金玉、内心像破棉絮呢？你看不到这些，却只看到我的柑橘！”

我沉默没有话回答。回来想想他的话，他像是东方朔那样诙谐善辩的人。难道他是愤世嫉俗的人吗？假托柑橘来讽刺吗？

字词释义

❶烨（yè）然：光彩鲜明的样子。
❷笾（biān）豆：古代祭祀时盛祭品用的器具。笾是竹质的，豆则是木质的。
❸食（sì）：供养。
❹虎符：虎形的兵符，古代调兵用的凭证。
❺皋比（pí）：虎皮，指将军的虎皮椅子。
❻洸（guāng）洸：威武的样子。
❼斁（dù）：败坏。
❽縻：通“靡”，浪费。
❾饫（yù）：饱食。

作者档案

刘基（1311—1375），字伯温，元末明初政治家、文学家和思想家。青田县南田乡（今浙江文成）人，故时人称其为刘青田。著有《郁离子》等书。与宋濂、高启被称为“明初诗文三大家”。辅佐朱元璋建立明朝，以神机妙算、运筹帷幄著称于世。朱元璋多次称赞他是“吾之子房”。

趣味知识

“滑稽之雄”东方朔

东方朔，复姓东方，字曼倩，平原郡厌次县（今山东德州）人，西汉时期辞赋家。东方朔博学广识，能言善辩，滑稽而多智，被司马迁称为“滑稽之雄”。他上书自荐，甚得汉武帝赏识，但汉武帝只是看重他滑稽的一面，而不看重他的政治才华。

扫码听音频

徐文长传

〔明〕袁宏道

经典名句

无之而不奇，斯无之而不奇也。

题解

徐文长是明嘉靖至万历年间著名的文学艺术家。他一生潦倒，心中的磊落不平之气，一一写在了诗文中；他批判理学之伪，蔑弃礼法，作狂傲世，与“公安三袁”（指袁宏道及其兄袁宗道、其弟袁中道）的处世精神相通。因此袁宏道写下这篇《徐文长传》。全文从徐文长的诗文不得行于世写起，突出他怀才不遇、备受冷落的坎坷一生，同情、景仰之情流注笔端，同时表达了袁宏道自己强烈的傲世疾俗精神。

古文诵读

徐渭，字文长，为山阴诸生，声名籍甚。薛公蕙校越时，奇其才，有国士之目。然数奇[1]，屡试辄蹶[2]。中丞胡公宗宪闻之，客诸幕。文长每见，则葛衣乌巾，纵谈天下事，胡公大喜。是时公督数边兵，威镇东南，介胄之士，膝语蛇行[3]，不敢举头，而文长以部下一诸生傲之，

古文今译

徐渭，字文长，是山阴生员，名声很大，薛公蕙任浙江试官时，对他的才华感到惊奇，把他看成国士。可是他命运不顺，屡次应试屡次落榜。中丞胡宗宪听说后，把他聘为幕僚。文长每次参见胡公时，总是身穿葛布长衫，头戴乌巾，毫无顾忌，挥洒自如地谈论天下大事，胡公听了十分赞赏。当时胡公统领着几支军队，威镇东南沿海，部下的将士们在他面前，跪下回答他的问话，像蛇一样爬行前进，不敢抬起头看。而文长只是其帐下一个生员，对胡公的态度却如此倨傲，喜欢议论的人把他比作刘

议者方之刘真长、杜少陵云。会得白鹿，属文长作表，表上，永陵喜。公以是益奇之，一切疏计，皆出其手。文长自负才略，好奇计，谈兵多中，视一世事无可当意者。然竟不偶。

真长、杜少陵一般的人物。正巧胡公猎了一头白鹿，认为是祥瑞的兆头，就嘱托文长写成贺表，表文上奏后，世宗皇帝十分满意。胡公因此更加器重文长，所有疏奏，都出自他的手。文长深信自己才智过人，喜欢出奇制胜，所谈论的用兵方略往往正中要害。他恃才傲物，觉得世间的事情没有能入他眼的，却总没有机会一展才华。

文长既已不得志于有司，遂乃放浪曲蘖[4]，恣情山水，走齐、鲁、燕、赵之地，穷览朔漠。其所见山奔海立，沙起云行，雨鸣树偃，幽谷大都，人物鱼鸟，一切可惊可愕之状，一一皆达之于诗。其胸中又有勃然不可磨灭之气，英雄失路、托足无门之悲，故其为诗，如嗔如笑，如水鸣峡，如种出土，如寡妇之夜哭、羁人之寒起。虽其体格时有卑者，然匠心独出，有王者气，非彼巾帼而事人者所敢望也。文有卓识，气沉而法严，不以摸拟损才，不以议论伤格，韩、曾之流亚[5]也。文长既雅不与时调合，当时所谓骚坛主盟者，文长皆叱而奴之，故其名不出于越，悲夫！

既然文长不得志，不被当权者看重，他就放浪形骸，纵情于美酒山水之间。他游历了山东河北，看尽了塞外大漠的景色。他所看到奔腾的山，耸立的海浪，漫天的沙尘，舒卷的云霞，风雨交鸣和倒伏的树木，幽深山谷和繁华都市，以及奇人异士、怪鱼珍鸟，所有这些令人惊讶的自然和人文景观，都被他一个一个化入诗中。他胸中一直郁结着强烈的不平愤慨之气和英雄无用武之地的悲凉。他的诗有时怒骂，有时嬉笑，有时如山洪奔流在峡谷，发出轰雷般的涛声，有时如春芽破土，生机勃勃，有时他的诗像寡妇的夜哭声那般凄厉，有时像旅人冒着严寒起程那样无奈。虽然他的诗作格调有时也不太高明，但是独具匠心，有旷达的气象和超凡的气概。这是那种如同用美色侍奉人的女子一般媚俗的诗作难以追上的。徐文长在写文章上有真知灼见，他的文章气象沉着，法度精严，不因为守旧而抑制自己的才华和创造力，也不毫无节制地放纵议论，导致伤害文章的严谨构思，真是韩愈、曾巩一般的文人啊。徐文长志趣高雅，不与世俗同流，对当时所谓的文坛领袖，他一概加以斥责，将他们视为奴仆，所以他的文字没人推崇，名气也只局限在家乡江浙一带，这真是让人为之悲哀！

喜作书，笔意奔放如其诗，苍劲中姿媚跃出，欧阳公所谓“妖韶女，老自有余态”者也。间以其余，旁溢为花鸟，皆超逸有致。卒以疑杀其继室，下狱论死。张太史元汴力解，乃得出。晚年愤益深，佯狂益甚，显者至门，或拒不纳。时携钱至酒肆，呼下隶与饮；或自持斧击破其头，血流被面，头骨皆折，揉之有声；或以利锥锥其两耳，深入寸余，竟不得死。周望言晚岁诗文益奇，无刻本，集藏于家。余同年有官越者，托以钞录，今未至。余所见者，《徐文长集》《阙编》二种而已。然文长竟以不得志于时，抱愤而卒。

石公曰：先生数奇不已，遂为狂疾。狂疾不已，遂为囹圄[6]。古今文人牢骚困苦，未有若先生者也。虽然，胡公间世[7]豪杰，永陵英主，幕中礼数异等，是胡公知有先生矣。表上，人主悦，是人主知有先生矣，独身未贵耳。先生诗文崛起，一扫近代芜秽之习，百世而下，自有定

文长喜好书法，他用笔奔放有如他的诗，苍劲豪迈中另具一种妩媚的姿态跃然纸上，欧阳修所说的“美人迟暮别有韵味”的说法，就可以用来形容文长的书法。文长在诗、文、书法修养之余，还熟习花鸟画，也都有逸趣和情致。后来，文长因为猜疑而误杀他的继室，被捕入狱，定下死罪。幸亏太史张元汴极力营救，方才出狱。晚年的徐文长对世道更加愤懑不平，因此有意做出一种更为狂放的姿态。达官名士登门拜访，他经常拒绝不见，又经常带着钱到酒肆，招呼着下人仆隶同他一起喝酒。他曾拿斧头敲击自己的头，血流满面，头骨破碎，用手揉摩，碎裂的骨头会发出咔咔的声音。他还曾用尖利的锥子锥入自己双耳一寸多深，却竟然没死。周望声称文长的诗文到晚年愈加奇异，没有刻本行世，诗文集稿都藏在家中。我有同一年科举出身的朋友在浙江做官，曾委托他们抄录文长的诗文，至今没有得到。我所见到的，只有《徐文长集》《阙编》两种罢了。可是徐文长终因不合于时，不能施展抱负，带着对世道的愤懑而死去了。

石公说：徐文长先生的命运多艰，坎坷不断，致使他激愤成狂疾，狂病不断发作，又导致他被抓进监狱，从古至今文人的牢骚怨愤和遭受到的困难苦痛，再没有能超过徐文长先生的了。尽管如此，仍有胡公这样不世出的豪杰、世宗这样英明的皇帝赏识他。徐文长在胡公帐下受到特殊的礼遇，这是胡公认识到了他的价值，他上奏的表文得到了皇帝的欢心，表明皇帝也认识到了他的价值，唯一缺少的，只是没能致身显贵而已。文长先生诗文的崛起，可以一扫近代文坛驳杂卑陋的风气，将来历史自会有公正的定论，又怎么能说他生不逢时，始

论，胡为不遇哉？梅客生尝寄予书曰："文长吾老友，病奇于人，人奇于诗。"余谓文长无之而不奇者也。无之而不奇，斯无之而不奇也。悲夫！

终不被承认呢？梅客生曾经写信给我说："徐文长是我的老朋友，他的病比他这个人还要奇怪，而他这个奇人又比他的诗更奇怪。"我则认为徐文长是一位无处不奇的人，正因为无处不奇，所以也就注定他一生命运坎坷。真是悲哀啊！

字词释义

❶ 数奇（jī）：命运坎坷。

❷ 辄蹶（jué）：总是失败。

❸ 膝语蛇行：跪着说话，爬着走路，形容非常恭敬惶恐。

❹ 曲蘖（niè）：酒母，酿酒的发酵物。本文指代酒。

❺ 韩、曾之流亚：韩，韩愈。曾，曾巩。流亚，相匹配的人物。

❻ 囹圄（líng yǔ）：监狱。这里指身陷牢狱。

❼ 间世：间隔几世。这里形容不常有的。

作者档案

袁宏道（1568—1610），字中郎，又字无学，号石公，又号六休，明代文学家。袁宏道与其兄袁宗道、弟袁中道并有才名，合称"公安三袁"。在文学上，他反对"文必秦汉，诗必盛唐"的风气，提出"独抒性灵，不拘格套"的性灵说。

趣味知识

徐渭

徐渭，浙江绍兴府山阴县（今浙江绍兴）人。字文长，号青藤老人。明代文学家、书画家、戏曲家。徐渭虽然屡次参加乡试，均不得中，但他多才多艺，在艺术上赢得了世人的敬仰，他与解缙、杨慎并称"明代三才子"，郑板桥自称是"青藤门下走狗"，现代大师齐白石也感慨："恨不生三百年前，为青藤磨墨理纸。"

五人墓碑记

〔明〕张溥

经典名句

以明死生之大，匹夫之有重于社稷也。

题解

明朝天启年间，阉党执政，朝政黑暗。地方官阿附魏忠贤，盘剥人民，激起市民强烈不满。天启六年（1626），魏忠贤派缇骑到苏州逮捕东林党人周顺昌。苏州城乡数万人为周顺昌免遭逮捕而不期群集。市民颜佩韦、杨念如、沈扬、马杰、周文元等五人为周顺昌喊冤，跪乞至午不起。缇骑大打出手，颜佩韦等五人为保护当地群众，挺身而出，自系入狱。临刑时大义凛然，英勇就义。当地人士感五人之义，将他们合葬于虎丘之侧，题称“五人之墓”。本篇就是复社领导成员张溥为纪念他们而作的。

古文诵读

五人者，盖当蓼洲周公[1]之被逮，激于义而死焉者也。至于今，郡之贤士大夫请于当道，即除魏阉废祠之址以葬之，且立石于其墓之门，以旌[2]其所为。呜呼，亦盛矣哉！

古文今译

这五人就是周蓼洲先生被捕的时候，为义气而死的。到了现在，本郡有名声的士大夫们向官府请求，清理已被废除的魏忠贤生祠旧址来安葬他们，并且在他们的坟墓前立碑，彰显他们的事迹。啊，也算是盛大的事情呀！

夫五人之死，去今之墓而葬焉，其为时止十有一月耳。夫十有一月之中，凡富贵之子，慷慨得志之徒，其疾病而死，死而湮没不足道者，亦已众矣。况草野之无闻者欤？独五人之皦皦[3]，何也？

这五人的死，离现在修墓安葬，只不过才十一个月罢了。在这期间，但凡富人家的子弟，或是意气风发、志得意满的人，因为疾病死去，死后埋没不值得称道的，也太多了。何况是乡间没有名声的人呢？唯独这五个人名声显赫，为什么呢？

予犹记周公之被逮，在丁卯三月之望。吾社之行为士先者，为之声义，敛资财以送其行，哭声震动天地。缇骑[4]按剑而前，问："谁为哀者？"众不能堪，抶而仆之[5]。是时以大中丞抚吴者，为魏之私人，周公之逮所由使也。吴之民方痛心焉，于是乘其厉声以呵，则噪而相逐。中丞匿于溷藩[6]以免。既而以吴民之乱请于朝，按诛五人，曰：颜佩韦、杨念如、马杰、沈扬、周文元，即今之傫然[7]在墓者也。

我仍然记得周公被捕的日子，那是在丁卯年农历三月十五。我们社里那些德行可以作为士人榜样的人，为他伸张正义，替他募集资金，送他起程，哭声震动天地。缇骑按剑上前，问："谁敢悲伤？"大家不能忍耐了，把他们打倒在地。当时巡抚吴地的大中丞是魏忠贤的心腹，周公被捕就是由他主使的；苏州的老百姓正痛恨他，因此趁着他声色俱厉地喝骂时，就一齐叫嚷着追赶他。大中丞躲在厕所里才幸免于难。不久，他以苏州百姓暴乱的罪名向朝廷报告，追查并诛杀五个人，他们是颜佩韦、杨念如、马杰、沈扬、周文元，就是现在埋葬在墓中的这五个人。

然五人之当刑也，意气扬扬，呼中丞之名而詈[8]之，谈笑以死。断头置城上，颜色不少变。有贤士大夫发五十金，买五人之脰而函之，卒与尸合。故今之墓中，全乎为五人也。

然而，五个人临刑的时候，意气昂扬，呼喝着中丞的名字斥骂他，谈笑自若地死去了。斩下的头放在城上，脸上的神色一点不曾改变。一位有名望的人拿出五十金，买下五个人的头并用棺材收敛，最终与尸体合葬。所以现在墓里是完整的五个人。

嗟夫！大阉之乱，缙绅而能不易其志者，四海之大，有几人欤？而五人生于编伍之间，素不闻《诗》《书》之训，激昂大义，蹈死不顾，亦曷故哉？且矫诏纷出，钩党之捕，遍于天下，卒以吾郡之发愤一击，不敢复有株治。大阉亦逡巡[9]畏义，非常之谋难于猝发。待圣人之出，而投缳道路，不可谓非五人之力也。

唉！大宦官作乱时，能够不改变自己气节的士大夫，在广阔的天下，能有几人呢？这五个人生于民间，从来没受过《诗》《书》的教诲，却能为大义所激发，义无反顾地奔赴死地，这又是什么原因呢？况且当时假托的皇帝诏书纷纷传出，受株连而被捕的东林党人遍布天下，终于因为我们郡百姓的发愤抗击，阉党不敢再将我们株连治罪。大宦官因畏惧正义而迟疑不决，篡位的阴谋不敢贸然实施。到了当今圣上继位，魏忠贤在路上畏罪自缢，不能不说是这五个人出的力啊。

由是观之，则今之高爵显位，一旦抵罪，或脱身以逃，不能容于远近；而又有剪发杜门，佯狂不知所之者。其辱人贱行，视五人之死，轻重固何如哉？是以蓼洲周公，忠义暴于朝廷，赠谥美显，荣于身后；而五人亦得以加其土封，列其姓名于大堤之上。凡四方之士无有不过而拜且泣者，斯固百世之遇也。不然，令五人者保其首领，以老于户牖⑩之下，则尽其天年，人皆得以隶使之，安能屈豪杰之流，扼腕墓道，发其志士之悲哉？故予与同社诸君子，哀斯墓之徒有其石也，而为之记，亦以明死生之大，匹夫之有重于社稷也。

贤士大夫者，冏卿因之吴公、太史文起文公、孟长姚公也。

由此看来，现在这些高官显贵，一旦因犯罪受到相应的惩罚，有的人脱身逃走，不能被远近的百姓接纳；也有的剪下头发关上门，假装疯狂不知逃到哪里的。他们那可耻的品格、卑贱的德行，比起这五个人的死来，轻重的差别到底有多大呢？因此，周蓼洲先生的忠义在朝廷彰显，赠给他的谥号美好而光荣，他在死后享受到了荣耀。而这五个人的坟墓也能被修缮，在大石碑之上刻下他们的姓名，但凡是四方有志气的人经过这里，没有不跪拜哭泣的，这实在是百代难得的机遇啊。不这样的话，假如这五个人保全性命，在屋子里一直生活到老，尽享天年，人人都能够像对待奴仆一样使唤他们，又怎么能使豪杰们躬身下拜，在墓道上扼腕叹息，抒发他们的志士悲慨呢？所以我和我们同社的诸位君子，为这墓前只有一块石碑可惜，就为它写了这篇碑记，来说明生死意义的重大，即使是一介平民对国家也有重大意义啊。

几位有名望的士大夫是：太仆卿吴因之先生，太史文起先生，姚孟长先生。

字词释义

❶蓼（liǎo）洲周公：周顺昌，字景文，号蓼洲，万历年间进士，曾任福州推官、吏部主事、文选员外郎等职，因不满朝政，辞职归家。东林党人魏大中被逮，途经吴县时，周顺昌不避株连，曾招待过他。后周顺昌被捕遇害。崇祯年间，谥忠介。

❷旌（jīng）：表扬，赞扬。

❸皦（jiǎo）皦：光洁，明亮。这里指显赫。

❹ 缇（tí）骑：身着橘红色服装的朝廷护卫马队。明清时期逮捕犯人也用缇骑，故后世用以称捕役。
❺ 抶（chì）而仆之：将其打倒在地。抶，击。
❻ 匿于溷（hùn）藩：藏在厕所。溷，厕所。藩，篱，墙。
❼ 傫（lěi）然：堆积的样子。
❽ 詈（lì）：骂。
❾ 逡（qūn）巡：迟疑不决的样子。
❿ 户牖（yǒu）：指家里。户，门。牖，窗。

作者档案

张溥（1602—1641），明代文学家。他自幼发愤读书，明史上记有他“七录七焚”的佳话。与同乡张采齐名，合称“娄东二张”。张溥曾与郡中名士结成复社，评议时政，是东林党与阉党斗争的延续。在文学方面，他推崇“前后七子”（以李梦阳、王世贞等为领袖的十四人，包括“前七子”“后七子”，提出“文必秦汉，诗必盛唐”的口号），主张复古，又提出“务为有用”的观点。张溥著作颇丰，编述三千余卷，涉及文、史、经学各个学科，著作有《七录斋集》。

趣味知识

古今异义词

1. 吾社之行为士先者。
古义：品行成为。
今义：受思想支配而表现出来的活动。
2. 是时以大中丞抚吴者，为魏之私人。
古义：党羽，爪牙。
今义：个人。
3. 断头置城上，颜色不少变。
古义：脸色。
今义：色彩。

星汉 编著

家 | 国 | 情 | 怀

中国出版集团
中译出版社

图书在版编目（CIP）数据

写给孩子的古文观止：全4册 / 星汉编著. —北京：中译出版社，2024.4

ISBN 978-7-5001-7789-0

Ⅰ.①写… Ⅱ.①星… Ⅲ.①文言文－小学－教学参考资料②文言文－初中－教学参考资料 Ⅳ.①G634.303

中国国家版本馆CIP数据核字（2024）第053089号

写给孩子的古文观止：全4册

XIE GEI HAIZI DE GUWENGUANZHI: QUAN SI CE

出版发行：中译出版社
地　　址：北京市西城区新街口外大街28号普天德胜大厦主楼4层
电　　话：010-68002876
邮　　编：100088
电子邮箱：book@ctph.com.cn
网　　址：www.ctph.com.cn

策 划 人：宿春礼
责任编辑：张　旭
文字编辑：陈　润
特约编辑：于海英　王艺锟　姜心琳　王昊
绘　　图：遇见小行星
封面设计：曹柏光

排　　版：北京华夏墨香文化传媒有限公司
印　　刷：三河市祥达印刷包装有限公司
经　　销：新华书店

规　　格：710mm×1000mm　1/16
印　　张：25
字　　数：410千字
版　　次：2024年4月第1版
印　　次：2024年4月第1次

ISBN 978-7-5001-7789-0　　　　定价：139.00元（全4册）

图书若有质量问题，请拨打以下电话进行调换。
电话：010-59625116

前言

文言文是中小学生学习语文的一个难点，即使是老师也觉得不好教。

但是，从近年的教育改革情况来看，无论是在中考还是高考中，文言文的分量都越来越重，甚至统编语文教材从小学三年级开始就增加了文言文的内容。“得语文者得天下，得古文者得语文。”重视文言文的学习，已经刻不容缓。

文言文和古典诗歌一样，博大精深，源远流长，更是我国传统文化的载体。不少学生对传统文化感兴趣，想要更多地阅读传统经典，可是文言文却成了阅读中最大的障碍。

中小学生学习文言文的重点，与其说是文学，不如说是语言。既然是语言，就要按照语言的规律去学习。学习文言文就是要依托一篇篇选文，而选文一定要有典型性、规范性、代表性，如此才有利于培养语感，顺利进入文言文学习的语境当中。《古文观止》就是这样一部选本。

《古文观止》是清代康熙年间吴楚材、吴调侯选编的一部历代古文总集。他们是浙江山阴（今绍兴）人，以教授私塾弟子为生，编选此书的目的是“正蒙养而裨后学”，即作为私塾教育的读本，

因此，《古文观止》正是一部为当时的少年提供的文言文入门读物。

《古文观止》初刻于清康熙三十四年（1695），按照从古到今的顺序排列，收录了自春秋战国到明末的名作222篇。“观止”一词典出《左传》的“季札观周乐”一节，吴国公子季札在鲁国观《箫韶》之后，赞叹道：“观止矣！若有他乐，吾不敢请已。”意指《箫韶》是音乐艺术的顶峰，欣赏过之后就不想去欣赏其他音乐了。也就是说《古文观止》所收录的文章都是古文中的精华，代表文言文的最高水平，学习文言文至此观止矣。《古文观止》自问世以来，盛行不衰，影响相当深远，与《唐诗三百首》并称为中国古诗文选本的“双璧”，鲁迅先生更是赞其与《昭明文选》并美。

我国现当代文学大家，如鲁迅、巴金、朱光潜、余光中、王蒙、贾平凹等，皆深受《古文观止》的影响。著名作家巴金说：“我仍然得感谢我那两位强迫我硬背《古文观止》的私塾老师。这两百多篇‘古文’可以说是我真正的启蒙先生。我后来写了20本散文，跟这个‘启蒙先生’很有关系。”

世易时移，应与时俱进，不当刻舟求剑者。我们结合当下语文学习的实际特点，从《古文观止》中精心挑选出102篇文章，书中原文采用通行的中华书局排印本，同时参考清朝乾隆年间的映雪堂刻本，编辑成这套《写给孩子的古文观止》。

如果说《古文观止》是清朝私塾学生学习文言文的指引，那么《写给孩子的古文观止》就是当下中小学生学习文言文的阶梯。全书内容选择、栏目设置以及形式编排的设计，无一不是针对语文的学习，让中小学生爱上文言文，学好文言文。

全书打乱原来单调的时间顺序，按照写人、记事、写景、游记、书信、议论等主题对文章进行归类，分设《群星闪耀》《历史风云》《亲近自然》《家国情怀》四卷，贴合当下语文学习的习惯。每篇文章设立以下栏目：

【经典名句】提取文中金句，便于在写作中运用。

【题解】通过写作背景、主旨，让读者对文章有整体的把握。

【古文诵读】因声求气，沉浸其中，涵泳诵读，以致熟读成诵，是学好文言文的基础。

【字词释义】对难懂的字词，加以注音和解释。

【古文今译】对原文进行白话翻译，在直译的基础上，力求信、达、雅，帮助读者加深对原文的理解，有助于下一步的背诵记忆。

【作者档案】知人论世，对作者的情况做基本的介绍，以便读者更好地理解原文。

【趣味知识】涉及文化常识、历史故事、成语积累等方面，作为文言文学习的必要补充。

每篇文章都配有相应的精美插图，写意优美，古韵十足，刺激视觉感官，营造轻松愉快的阅读氛围，更有利于加深读者对文章的理解。

著名文学家、翻译家金克木说：“读《古文观止》可以知历史，可以知哲学，可以知文体变迁，可以知人情世故，可以知中国的宗教精神与人文精神，几乎可以知道中国传统文化的一切。”

《古文观止》，篇篇是经典，一起来读吧！

扫码听音频

宋玉对楚王问

《楚辞》

经典名句

其曲弥高，其和弥寡。

题解

本篇是宋玉面对楚王责问时的辩护之词。这篇文章巧妙的地方在于，在整篇应对之词里，宋玉没有说一句直接为自己申辩的话，而是引譬设喻，借喻晓理，分别以音乐、动物、圣人为喻作比，说明了曲高和寡的道理，表现了他卓尔不群、孤傲清高的情怀。

古文诵读

楚襄王问于宋玉曰："先生其有遗行[1]与？何士民众庶不誉之甚也？"

宋玉对曰："唯，然。有之。愿大王宽其罪，使得毕其辞。客有歌于郢中者，其始曰《下里》《巴人》，国中属[2]而和者数千人。其为《阳阿》《薤露》[3]，国中属而和者数百人。其为《阳春》《白雪》，国中属

古文今译

楚襄王向宋玉问道："先生也许有品德有失的行为吧？为什么众多的士人百姓都不那么称赞你呢？"

宋玉回答说："嗯，是这样，有这种情况。期望大王宽恕我的罪过，让我能够说完我的话。有个在楚国都城里唱歌的人，最开始他唱《下里》《巴人》，都城里跟着他唱和的有几千人；后来他唱《阳阿》《薤露》，都城里跟着他唱和的有几百人；等到他唱《阳春》《白雪》的时候，都城里跟着他唱和的只有几十人；最后他以商声、羽声演唱，夹杂着徵声

而和者不过数十人。引商刻羽，杂以流徵，国中属而和者不过数人而已。是其曲弥高，其和弥寡。

“故鸟有凤而鱼有鲲。凤凰上击九千里，绝云霓，负苍天，足乱浮云，翱翔乎杳冥[4]之上。夫藩篱之鷃，岂能与之料天地之高哉！鲲鱼朝发昆仑之墟，暴鬐[5]于碣石，暮宿于孟诸。夫尺泽之鲵，岂能与之量江海之大哉！故非独鸟有凤而鱼有鲲也，士亦有之。夫圣人瑰意琦行，超然独处，世俗之民，又安知臣之所为哉！”

的时候，都城里跟着他唱和的就只剩几个人了。如此看来，曲调越是高雅，应和的人也就越少。

“所以鸟类中有凤凰，而鱼类中有鲲鱼。凤凰振翅能飞上九千里，穿越云霄霓虹，背负着苍天，足以搅乱浮云，翱翔在极高极远的天上。那篱笆旁边的鷃雀，怎么能够和凤凰一样了解天地的高大！鲲鱼早上从昆仑山的山脚下出发，中午在碣石晒脊背，夜晚在孟诸过夜。在那一尺来深的水塘里生活的小鲵鱼，怎么能够和鲲鱼一样了解江海的广阔！所以不光是鸟类中有凤凰，鱼类中有鲲鱼，士人之中也会有杰出人才。那圣人的高明思想和不平常美好的行为，是超出常人而独自存在，世俗的平民又怎能理解我的所作所为呢？”

字词释义

❶遗行：品行有缺点。

❷属（zhǔ）：接续。

❸《阳阿》《薤（xiè）露》：两种稍为高级的歌曲。《阳阿》，古歌曲名。《薤露》，相传为齐国东部（今山东东部）的挽歌，出殡时由挽柩人所唱。《薤露》是说人的生命十分短促，如薤叶上的露水，一瞬即干。

❹杳冥（yǎo míng）：极高或极远以致看不清的地方。

❺鬐（qí）：鱼脊鳍。

作者档案

宋玉（约前298—约前222），战国时期楚国的辞赋家。好辞赋，与唐勒、景差齐名。其作品有《九辨》《风赋》《高唐赋》《登徒子好色赋》等。

趣味知识

成语积累

下里巴人：原指战国时期楚国民间流行的一种歌曲。比喻通俗的文学艺术。

阳春白雪：战国时代楚国艺术性较高、有难度的歌曲。现比喻高深、高雅的文学艺术。与下里巴人为反义词。《阳春白雪》又名《阳春古曲》，始为春秋时期晋国的师旷所作。朱元璋之子朱权编写的《神奇秘谱》在解题中说："《阳春》取万物知春，风和淡荡之意；《白雪》取凛然清洁，雪竹琳琅之音。"

货殖列传序

《史记》

经典名句

天下熙熙，皆为利来；天下壤壤，皆为利往。

题解

本篇是《货殖列传》的开篇部分。货殖就是滋生资货财利，也就是经商的意思。诸子百家中，儒家反对言利，道家强调寡欲，法家则重农抑商，历代统治者对于商业并不重视，甚至还反对。但是太史公却富有眼光地提出了经济自由的思想，认为政府应该采取平和开放的心态，“善者因之，其次利道之，其次教诲之，其次整齐之，最下者与之争”，不与民争利，如此才能富国裕民。

古文诵读

《老子》曰：“至治之极，邻国相望，鸡狗之声相闻，民各甘其食，美其服，安其俗，乐其业，至老死不相往来。”必用此为务，輓[1]近世涂民耳目，则几无行矣。

太史公曰：夫神农以前，吾不知已。至若《诗》《书》所述虞夏以来，耳目欲极声色之好，口欲穷

古文今译

《老子》说：“太平之世达到极盛时期，邻近国家的百姓相互望得见，鸡狗的声音互相听得见，百姓各自以为自家的食物最可口，以为自己的衣服最漂亮，安于各自的习俗，喜爱自己的职业，以至于老死也不相互往来。”一定要按照这种方法生活，近代就等于堵塞百姓的耳目，那几乎行不通。

太史公说：神农以前的事，我不了解。至于《诗经》《尚书》所记载的虞舜、夏禹以来的情况，人们的耳目要尽情享

刍豢[2]之味，身安逸乐而心夸矜势能之荣。使俗之渐民久矣，虽户说以眇[3]论，终不能化。故善者因之，其次利道之，其次教诲之，其次整齐之，最下者与之争。

受音乐、美色的快乐，口要尝遍各种肉食美味。身体安于舒适快乐，心里炫耀权势、才能的光荣，让这种风气浸染百姓的思想很久了。即使用《老子》这样微妙的话挨家挨户劝导，也终究不能改变。所以，最好的做法是顺其自然，其次是因势利导，再次是教育他们，再次是用制度约束他们，最下策是与民争利。

夫山西饶材、竹、榖、𬙊、旄、玉石，山东多鱼、盐、漆、丝、声色，江南出楠、梓、姜、桂、金、锡、连、丹沙[4]、犀、瑇瑁[5]、珠玑、齿、革，龙门、碣石北多马、牛、羊、旃[6]、裘、筋、角，铜、铁则千里往往山出棋置。此其大较也。皆中国人民所喜好，谣俗被服饮食、奉生送死之具也。故待农而食之，虞[7]而出之，工而成之，商而通之。此宁有政教发征期会哉？人各任其能，竭其力，以得所欲。故物贱之征贵，贵之征贱，各劝其业，乐其事，若水之趋下，日夜无休时，不召而自来，不求而民出之。岂非道之所符，而自然之验邪？

太行山以西盛产木材、竹子、楮树、野麻、旄牛尾、玉石；太行山以东盛产鱼、盐、漆、丝、音乐、美色；江南出产楠树、梓树、姜、桂、金、锡、铅、丹砂、犀牛角、玳瑁、珠玉、象牙、皮革；龙门、碣石山以北盛产马、牛、羊、毡、毛皮、兽筋、兽角；铜、铁则分布在千里之内的大山之中，像棋子密布。这是物品分布的大概情形。这些都是中原百姓所喜爱的，通常用来做穿着饮食养生送死所需要的东西。所以人们都靠农民供给饮食，靠虞人开采山泽，靠工匠制作器具，靠商人流通货物。这难道需要发布政令，征调百姓定期集会吗？人们各自发挥能力，尽自己的力量，来获得所需要的东西。所以，东西贱就找贵的地方卖，东西贵就找贱的地方买。各自努力从事自己的职业，乐于做自己的工作，就如同水往低处流，日夜不停。不用召唤自己就会来，不用寻找，人们自己会生产。这难道不是符合规律自然发展的证明吗？

《周书》曰：“农不出则乏其食，工不出则乏其事，商不出则三宝绝，虞不出则财匮少。”财匮少而山泽不

《周书》说：“农民不种田，粮食就缺乏；工匠不制作，器物就缺乏；商人不贸易，粮食、器物、钱财就断绝；虞人不开发，财货就缺乏。”财货缺乏，山

辟[8]矣。此四者，民所衣食之原也。原大则饶，原小则鲜。上则富国，下则富家。贫富之道，莫之夺予，而巧者有余，拙者不足。故太公望封于营丘，地潟卤[9]，人民寡，于是太公劝其女功，极技巧，通鱼盐，则人物归之，繦[10]至而辐凑。故齐冠带衣履天下，海岱之间敛袂而往朝焉。其后齐中衰，管子修之，设轻重九府，则桓公以霸，九合诸侯，一匡天下；而管氏亦有三归，位在陪臣，富于列国之君。是以齐富强至于威、宣也。

故曰："仓廪实而知礼节，衣食足而知荣辱。"礼生于有而废于无。故君子富，好行其德；小人富，以适其力。渊深而鱼生之，山深而兽往之，人富而仁义附焉。富者得势益彰，失势则客无所之，以而不乐。谚曰："千金之子，不死于市。"此非空言也。故曰："天下熙熙，皆为利来；天下壤壤[11]，皆为利往。"夫千乘之王，万家之侯，百室之君，尚犹患贫，而况匹夫编户之民乎！

泽就得不到开发。这四种行业，是百姓穿衣吃饭的来源。来源广就富足，来源窄就贫困。上可以使国家富强，下可以使家庭富裕，贫富没有谁能给予或者剥夺，聪明的人财富有余，愚笨的人财富不足。因此，姜太公封在营丘，那里是盐碱地，人口稀少。于是姜太公鼓励妇女纺织，极力发展手工业，让鱼盐流通到外地。其他地方的人和货物都来到齐国，像钱串和车辐一样向这里聚集。所以齐国产的帽子、袋子、衣服、鞋子行销天下；东海和泰山之间的诸侯都拱手收敛来齐国朝见。后来，齐国中途衰落，管仲修整太公的政策，设立调节物价的九个官府。齐桓公借此称霸，多次会合诸侯，使天下得到匡正。管仲也建筑了三归台，他处在陪臣的位置，却比列国的君主还富有。从此，齐国的富强延续到齐威王、齐宣王时期。

所以说："粮仓充实，百姓才能懂得礼节；衣食丰足，百姓才能知道荣辱。"礼仪产生于富有，废弃在贫困。因此，君子富了，愿意做仁德的事；小人富了，把力量用在适当的地方。水深就会有鱼，山深野兽就会去那里，人富仁义就会归附。富人得势更加显赫，失势就会如同客居的人没有去处，因而不快乐。俗话说："千金之家的子弟，不会因犯法被处死在闹市中。"这不是空话。所以说："天下的人，熙熙攘攘，都是为利而来，为利而往。"兵车千辆的国君，万户封地的诸侯，百户封邑的大夫，尚且担心贫穷，何况编入户籍的平民呢！

字词释义

❶ 锓：同“晚”。
❷ 刍豢（huàn）：指牲畜的肉。用草饲养的牲畜叫刍，如牛、羊；用粮食饲养的牲畜叫豢，如猪、狗。
❸ 眇：通“妙”。
❹ 丹沙：同“丹砂”，矿物名，俗称朱砂。
❺ 瑇瑁：玳瑁，龟类，甲可做名贵的装饰品。
❻ 旃：通“毡”。
❼ 虞：掌管山林川泽出产的官。
❽ 辟：开辟。
❾ 潟卤（xì lǔ）：含盐碱过多的土地。
❿ 缰（qiǎng）：成串的铜钱。
⓫ 壤壤：通“攘攘”，拥挤、热闹的样子。

趣味知识

《货殖列传》富豪榜

排行	姓名	行业	地区	财富
1	范蠡	贸易、盐业	定陶	三致千金、巨万
2	子贡	贸易	曹、鲁之间	巨万
3	白圭	贸易	洛阳	巨万
4	猗顿	盐业	晋	与范蠡同
5	郭纵	冶铁	邯郸	与王者埒富
6	乌氏倮	畜牧业	秦国西部	谷量牛马、礼抗万乘
7	寡妇清	开丹穴	巴郡	礼抗万乘

报任安书

〔汉〕司马迁

经典名句

人固有一死，死或重于泰山，或轻于鸿毛，用之所趋异也。

题解

任安是司马迁的朋友，曾写信给任中书令的司马迁，叫他“推贤进士”。本篇是司马迁写给他的回信。全文融议论、抒情、叙事于一体，文情并茂，辞气沉雄，感情悲愤，见识深远，催人奋发。

古文诵读

太史公牛马走司马迁再拜言，少卿足下：

曩[1]者辱赐书，教以慎于接物，推贤进士为务，意气勤勤恳恳。若望[2]仆不相师，而用流俗人之言。仆非敢如此也。仆虽罢驽[3]，亦尝侧闻长者之遗风矣。顾自以为身残处秽，动而见尤，欲益反损，是以独

古文今译

像牛马一样替人奔走的太史公司马迁再拜陈言，少卿足下：

先前承蒙您给我写信，教我谨慎待人接物，以推举人才为己任，情意诚挚恳切，好像抱怨我没有听从您的意见，而采纳世俗之人的意见。我不敢这样做。我虽然才能平庸，也曾听到过前辈遗留下来的风尚。只是我自认为身体残缺，处于污秽之中，稍有行动便受到指责，想做好事反而遭到伤害，因此我独自忧闷而不知向谁诉说。俗话说：“为谁去做，

抑郁而谁与语。谚曰："谁为为之？孰令听之？"盖锺子期死，伯牙终身不复鼓琴。何则？士为知己者用，女为说己者容。若仆大质已亏缺矣，虽才怀随和，行若由夷，终不可以为荣，适足以发笑而自点[4]耳。书辞宜答，会东从上来，又迫贱事，相见日浅，卒卒[5]无须臾之间，得竭志意。今少卿抱不测之罪，涉旬月，迫季冬，仆又薄[6]从上雍，恐卒然不可为讳，是仆终已不得舒愤懑以晓左右，则长逝者魂魄私恨无穷。请略陈固陋。阙然久不报，幸勿为过。

仆闻之：修身者，智之符也；爱施者，仁之端也；取予者，义之表也；耻辱者，勇之决也；立名者，行之极也。士有此五者，然后可以托于世，列于君子之林矣。故祸莫憯于欲利，悲莫痛于伤心，行莫丑于辱先，诟莫大于宫刑。刑余之人，无所比数，非一世也，所从来远矣。昔卫灵公与雍渠同载，孔子适陈；商鞅因景监见，赵良寒心；同子参

让谁来听？"锺子期死了，伯牙便不再弹琴。这是为什么呢？因为士人为了解自己的人效力，女子为喜爱自己的人打扮。像我这样身躯已经残缺，即使才能像随侯珠、和氏璧那样可贵，品行像许由、伯夷那样高尚，终究不能当作光荣，只不过被人耻笑而自取污辱。来信应该及时答复，刚巧我随皇上东巡回来，又被烦琐之事缠身，能见面的机会很少，我忙忙碌碌没有片刻的闲暇详细表达心意。如今您蒙受意想不到的罪名，再过一月，接近冬末了，我随皇帝到雍县去的日期又迫近了，恐怕突然之间您会遭到不幸，使我终生不能向您诉说心中的愤懑，死者的灵魂也会遗憾无穷。请让我大概陈述浅陋之见。隔了这么长时间没有复信，请您不要责怪。

我听说：修身，是智慧的象征；乐于施舍，是行仁德的开始；取舍得当，是道义的标志；耻辱的态度，是勇敢的标准；树立名声，是德行的最高准则。士人有这五种品行，然后就可以立足于社会，进入君子行列了。所以，灾祸没有比贪图私利更惨的，悲哀没有比伤心更痛心的。行为没有比使先人受辱更丑恶的，耻辱没有比遭受宫刑更严重的。受过宫刑的人，地位是没法与正常人相比的，并非一时如此，这种情况已经很久了。从前卫灵公与宦官雍渠同坐一辆车，孔子感到耻辱，便离开卫国到陈国去了；商鞅通过景监谒见秦孝公，赵良为此担忧；赵谈陪坐在汉文帝的车上，袁丝脸

乘，袁丝变色：自古而耻之！夫以中材之人，事有关于宦竖，莫不伤气，而况于慷慨之士乎！如今朝廷虽乏人，奈何令刀锯之余，荐天下之豪俊哉！

仆赖先人绪业，得待罪辇毂下，二十余年矣。所以自惟：上之，不能纳忠效信，有奇策材力之誉，自结明主；次之，又不能拾遗补阙，招贤进能，显岩穴之士；外之，不能备行伍，攻城野战，有斩将搴[7]旗之功；下之，不能积日累劳，取尊官厚禄，以为宗族交游光宠。四者无一遂，苟合取容，无所短长之效，可见于此矣。向者，仆亦尝厕下大夫之列，陪奉外廷末议。不以此时引维纲[8]，尽思虑，今已亏形为扫除之隶，在阘茸[9]之中，乃欲仰首伸眉，论列是非，不亦轻朝廷、羞当世之士邪？嗟乎！嗟乎！如仆尚何言哉！尚何言哉！

且事本末未易明也。仆少负不羁之才，长无乡曲之誉，主上幸以先人之故，使得奉薄伎，出入周卫

色大变：自古人们就鄙视宦官。中等才智的人，一旦事情和宦官有关，没有不伤心丧气的，何况豪迈激昂的人呢？如今朝廷虽然缺乏人才，怎么会让受过宫刑的人推荐天下的豪杰俊才呢？

我靠着先人留下的事业，能够在京城任职，已经二十多年了。因此自己常常想：上不能进献忠言，获得有谋略有才能的称誉，取得皇帝的信任；其次，又不能给皇帝拾取遗漏，推举贤能，使隐居的贤士显贵；对外不能参加行伍之中，攻城野战，建立斩将夺旗的功劳；其次，又不能积累功劳，谋得高官厚禄，成为宗族和朋友的荣耀和宠幸。这四个方面没有一样成功，只能苟且附和，勉强保全自己。我没有细微的功劳，由此可见。以前，我也曾站在下大夫的行列，陪侍在外廷发表微不足道的议论。我没有利用这个机会伸张法度，竭尽思虑，如今已经身体残缺，成为打扫的奴隶，处在卑贱的行列当中，还想抬头扬眉，评论是非，不也是轻视朝廷、羞辱当世的士人吗？唉！唉！像我这样的人，还能说什么呢？还能说什么呢？

而且事情的本末是不容易弄明白的。我在少年的时候自恃卓越不羁的才华，成年以后也没有获得乡里的称誉，幸亏皇帝因为我父亲的关系，使我能够奉献微薄才能，出入宫禁之中。我认为头上顶着盆子怎么能望天，所以断绝与宾客

之中。仆以为戴盆何以望天，故绝宾客之知，忘室家之业，日夜思竭其不肖之才力，务一心营职，以求亲媚于主上。而事乃有大谬不然者！

夫仆与李陵俱居门下，素非能相善也。趋舍异路，未尝衔杯酒，接殷勤之余欢。然仆观其为人，自守奇士，事亲孝，与士信，临财廉，取与义，分别有让，恭俭下人，常思奋不顾身，以殉国家之急。其素所蓄积也，仆以为有国士之风。夫人臣出万死不顾一生之计，赴公家之难，斯已奇矣。今举事一不当，而全躯保妻子之臣，随而媒糵其短，仆诚私心痛之。且李陵提步卒不满五千，深践戎马之地，足历王庭[10]，垂饵虎口，横挑强胡，仰亿万之师，与单于连战十有余日，所杀过当。虏救死扶伤不给，旃裘之君长咸震怖，乃悉征其左右贤王，举引弓之人，一国共攻而围之。转斗千里，矢尽道穷，救兵不至，士卒死伤如积。然陵一呼劳军，士无不起，躬自流涕，沬血饮泣，更张空弮[11]，

往来，忘掉家务事，日夜都在想着竭尽自己的微不足道的才干和力量，专心供职，以求得到皇帝的信任和赏识。但是，事情完全不是这样。

我和李陵都在门下为官，向来并没有深交，好恶也不相同，不曾在一起饮酒表示过殷勤的情谊。但是我观察李陵的为人，是个有操守的奇人，侍奉父母孝顺，同朋友交往守信，遇到钱财廉洁，取舍合乎道义，能分别长幼尊卑、懂得谦让，恭敬谦卑甘于人下，总是考虑奋不顾身奔赴国家的急难。他长期养成的品德，我认为有国士的风度。臣子能够出于万死而不顾一生的考虑，奔赴国家的危难，这已经是很难得了。如今他做事一有不当，那些只顾保全自己和妻室儿女的臣子，便跟着夸大过错，我私下从内心感到痛心。况且李陵带领的步兵不足五千，深入敌人腹地，到达单于的王庭，好像在老虎嘴边垂挂的诱饵，挑战强大的胡兵，面对居高临下的亿万敌军，同单于连续作战十多天，杀敌人超过了自己军队的人数，使敌人救死扶伤都顾不上。匈奴君臣都震惊恐怖，就征调左、右贤王，出动所有能开弓放箭的人，以全国之人攻打包围他们。李陵转战千里，箭都射完了，进退无路，救兵不来，士兵死伤成堆。但是，当李陵振臂一呼，鼓舞士气，士兵没有不奋起的，流着泪，满脸是血，强忍悲泣，拉开空

冒白刃，北向争死敌者。陵未没时，使有来报，汉公卿王侯皆奉觞上寿。后数日，陵败书闻，主上为之食不甘味，听朝不怡。大臣忧惧，不知所出。仆窃不自料其卑贱，见主上惨怆怛悼，诚欲效其款款之愚，以为李陵素与士大夫绝甘分少，能得人之死力，虽古之名将，不能过也。身虽陷败，彼观其意，且欲得其当而报于汉。事已无可奈何，其所摧败，功亦足以暴于天下矣。仆怀欲陈之，而未有路，适会召问，即以此指，推言陵之功，欲以广主上之意，塞睚眦之辞。未能尽明，明主不晓，以为仆沮贰师，而为李陵游说，遂下于理。拳拳之忠，终不能自列。因为诬上，卒从吏议。家贫，货赂不足以自赎，交游莫救视，左右亲近不为一言。身非木石，独与法吏为伍，深幽囹圄⑫之中，谁可告诉者！此真少卿所亲见，仆行事岂不然乎？李陵既生降，颓其家声，而仆又佴之蚕室，重为天下观笑。悲夫！悲夫！事未易一二为俗人言也。

的弓弦，冒着刀锋，争先向北杀敌。李陵的军队没有覆没的时候，使者来报告，朝廷的公卿王侯都举杯为皇上庆贺。几天以后，李陵兵败，奏书传来，皇上为此饮食无味，处理朝政也不高兴。大臣们都忧虑害怕，不知该怎么办。我内心并未考虑自己的卑贱，见皇上悲伤痛苦，实在想献上恳切的愚见。我认为李陵向来与部下同甘共苦，能够换得部下拼死效命，即使古代名将也不如他。他虽然身陷匈奴战败投降，看他的意思，是想寻找机会报效汉朝。事情已经到了无可奈何的地步，但他打败敌军，功劳足以显示给天下人了。我打算向皇上陈述这些看法，没有途径，恰逢皇上召见询问，我就根据这些来论述李陵的功劳，想以此宽慰皇上的胸怀，堵塞那些怨恨李陵的言论。我没有完全表达明白，圣君没能深入了解，认为我诋毁贰师将军为李陵辩解，于是将我交给大理寺问罪。拳拳忠心，始终不能自我表白，被定了诬上的罪名，皇上最终听从狱吏的判决。我家境贫寒，钱财不够赎罪，朋友没有营救，皇上左右的亲近大臣又不肯替我说一句话。我本非木石，却与执法的官吏在一起，被关在牢狱之中，可以向谁诉说呢？这是你亲眼看见的，我做的难道不是这样吗？李陵投降以后，败坏了家族的名声，而我被关在蚕室，更被天下人耻笑，可悲啊！可悲！这些事情很难一一地向世俗之人解释。

仆之先人非有剖符、丹书之功，文史星历，近乎卜祝之间，固主上所戏弄，倡优所畜，流俗之所轻也。假令仆伏法受诛，若九牛亡一毛，与蝼蚁何以异？而世俗又不能与死节者次比，特以为智穷罪极，不能自免，卒就死耳。何也？素所自树立使然也。人固有一死，死或重于泰山，或轻于鸿毛，用之所趋异也。太上不辱先，其次不辱身，其次不辱理色，其次不辱辞令，其次诎体受辱，其次易服受辱，其次关木索、被棰楚受辱，其次剔毛发、婴金铁受辱，其次毁肌肤、断肢体受辱，最下腐刑极矣！传曰“刑不上大夫”，此言士节不可不勉励也。猛虎在深山，百兽震恐，及在槛阱之中，摇尾而求食，积威约之渐也。故士有画地为牢，势不可入；削木为吏，议不可对，定计于鲜也。今交手足，受木索，暴肌肤，受榜棰，幽于圜墙之中。当此之时，见狱吏则头抢地，视徒隶则心惕息。何者？积威约之势也。及以至是，言不辱

我的先人没有剖符、丹书的功勋，只是职掌文献、史籍、天文、历法，接近于卜官、祝官，本是皇上所戏弄的对象，像乐工、伶人一样被畜养，被世俗所轻视。假如我伏法被杀，好像是九头牛身上掉了一根毫毛，同蝼蚁有什么区别？世人又不会拿我与殉节的人相比，只会认为我是智谋无能、罪大恶极，不能为自己开脱，终于被杀罢了！为什么呢？这是向来自己从事的职业使人们这样看。人本来就有一死，有人的死比泰山还重，有人的死比鸿毛还轻，这是因为他们死的原因和目的不同啊！首先是不使祖先受辱，其次是不能使身体受辱，其次是不使颜面受辱，其次是不因为言语不当受辱，其次是被捆绑受辱，其次是穿上囚服受辱，其次是戴上木枷、受杖刑受辱，其次是被剃光头发、戴枷锁而受辱，其次是毁坏肌肤、截断肢体受辱，最下等的是宫刑，受辱到极致。古书说“刑不上大夫”，这是说士大夫不可不勉励气节啊。猛虎在深山，百兽震恐，等到它落入陷阱或笼子里，就摇着尾巴乞求食物，这是威势积累逐渐约束的原因。所以，画地为牢，士人不进去；用木头削成狱吏，士人不接受他的审讯，打算一旦获罪就自杀。如今我手脚被捆，戴着木枷、绳索，皮肉暴露在外，被棍打和鞭笞，关在牢狱之中。这种时候，看见狱吏就叩头触地，看见牢卒就恐惧不

者，所谓强颜耳，曷足贵乎！且西伯，伯也，拘于羑里；李斯，相也，具于五刑；淮阴，王也，受械于陈；彭越、张敖，南面称孤，系狱抵罪；绛侯诛诸吕，权倾五伯，囚于请室；魏其，大将也，衣赭衣，关三木；季布为朱家钳奴；灌夫受辱于居室。此人皆身至王侯将相，声闻邻国，及罪至罔加，不能引决自裁，在尘埃之中。古今一体，安在其不辱也？由此言之，勇怯，势也；强弱，形也。审矣，何足怪乎？夫人不能早自裁绳墨之外，以稍陵迟，至于鞭棰之间，乃欲引节，斯不亦远乎！古人所以重施刑于大夫者，殆为此也。

夫人情莫不贪生恶死，念父母，顾妻子，至激于义理者不然，乃有所不得已也。今仆不幸，早失父母，无兄弟之亲，独身孤立，少卿视仆于妻子何如哉？且勇者不必死节，怯夫慕义，何处不勉焉！仆虽怯懦，欲苟活，亦颇识去就之分矣，何至自沉溺缧绁[13]之辱哉！且夫臧获[14]婢

敢喘气。为什么呢？这是长期威逼约束造成的。已经到了这种地步，说不受污辱，就是所谓的厚脸皮了，有什么尊贵呢？况且，西伯是诸侯之长，被拘禁在羑里；李斯是丞相，遭受五刑；淮阴侯被封为王，在陈地戴上刑具；彭越、张敖南面称帝，被捕定罪；绛侯诛杀诸吕，权力大于春秋五霸，被囚在请室中；魏其侯是大将，穿上赭色囚衣，被套上三枷；季布卖身给朱家为奴隶；灌夫关在居室中受辱。这些人都是王侯将相，声名传到邻国，等到犯罪法网加身，不能自杀，处在尘埃之中。古今都一样，哪里能不受辱？因此说来，勇敢怯懦强大弱小，是形势造成的。明白了，还有什么值得奇怪呢？况且人不能在被法律制裁之前就自杀，逐渐受挫，到了遭受鞭打的时候，才想到自杀伸张名节，不是太晚了吗？古人之所以慎重地对大夫用刑，大概就是这个缘故。

人之常情，没有谁不贪生怕死，挂念父母，顾虑妻子儿女。那些激愤于正义公理的人不是这样，他们有迫不得已的情况。如今我不幸，双亲早亡，没有兄弟，独身在世上，你看我对妻子儿女怎样？况且勇敢的人不必为名节去死，怯懦的人如果仰慕大义，有什么不可以勉励自己呢？我虽然怯懦，想苟活，也懂得弃生就死的界限，哪会自甘沉溺于牢狱的屈辱呢？再说奴隶婢妾尚且能够自杀，何况像我不得已呢！我之所以暗自忍耐苟且活下来，陷在污浊的监狱之中不肯死，是遗憾内心的

妾，犹能引决，况仆之不得已乎？所以隐忍苟活，幽于粪土之中而不辞者，恨私心有所不尽，鄙陋没世，而文采不表于后世也。

古者富贵而名磨灭，不可胜记，唯倜傥非常之人称焉。盖文王拘而演《周易》；仲尼厄而作《春秋》；屈原放逐，乃赋《离骚》；左丘失明，厥有《国语》；孙子膑脚，兵法修列；不韦迁蜀，世传《吕览》；韩非囚秦，《说难》《孤愤》；《诗》三百篇，大抵贤圣发愤之所为作也。此人皆意有所郁结，不得通其道，故述往事，思来者。乃如左丘无目，孙子断足，终不可用，退而论书策，以舒其愤，思垂空文以自见。

仆窃不逊，近自托于无能之辞，网罗天下放失旧闻，略考其事，综其终始，稽其成败兴坏之纪，上计轩辕，下至于兹，为十表，本纪十二，书八章，世家三十，列传七十，凡百三十篇。亦欲以究天人之际，通古今之变，成一家之言。草创未就，会遭此祸，惜其不成，

心愿有没有完成，如果屈辱死去，文章就不能流传后世。

古时候富贵但名字埋没的人，多得数不清，只有卓异非凡的人才被称道。西伯被拘禁而推演《周易》；孔子处于困境而写成《春秋》；屈原被放逐，才创作《离骚》；左丘明失明，才有《国语》；孙膑被剜去膝盖骨，才撰写出《兵法》；吕不韦被贬到蜀地，《吕氏春秋》才流传后世；韩非被囚禁在秦国，才写出《说难》《孤愤》；《诗》三百篇，大都是圣贤们抒发愤懑写成的。这些人都是情感压抑郁结，没有宣泄的途径，所以记述过去的事迹，寄希望于将来的人。就像左丘明失去双眼，孙膑被砍断双脚，终生不能被重用，退隐著书立说，抒发心中的愤懑，希望留下文章来显现自己的思想。

我自不量力，近年来靠着拙劣的文辞，收集天下散失的传闻，粗略地考订事实，综述事实的本末，推究成败盛衰的道理，上自黄帝，下至于现在，写成十篇表，十二篇本纪，八篇书，三十篇世家，七十篇列传，一共一百三十篇，也是想探究自然和人之间的关系，贯通古往今来的变化，成为一家的言论。草稿没有完成，恰恰遇到这场灾祸，我痛惜书稿没有完成，因此受到酷刑也没有怨怒之色。假如我真的能完成这部书，让它藏在名山之中，传给了解我的人，

是以就极刑而无愠色。仆诚已著此书，藏之名山，传之其人，通邑大都，则仆偿前辱之责，虽万被戮，岂有悔哉！然此可为智者道，难为俗人言也！

且负下未易居，下流多谤议。仆以口语遇遭此祸，重为乡党所戮笑，以污辱先人，亦何面目复上父母之丘墓乎？虽累百世，垢弥甚耳！是以肠一日而九回，居则忽忽若有所亡，出则不知其所往。每念斯耻，汗未尝不发背沾衣也！身直为闺阁之臣，宁得自引深藏于岩穴邪？故且从俗浮沉，与时俯仰，以通其狂惑。今少卿乃教以推贤进士，无乃与仆私心剌谬乎？今虽欲自雕琢，曼辞以自饰，无益，于俗不信，适足取辱耳。要之，死日然后是非乃定。书不能悉意，略陈固陋。谨再拜。

散布天下。那么我便抵偿了以前受辱的旧债，即使被杀上万次，难道会后悔吗？然而，这些只能向有智慧的人诉说，难以向世俗之人说。

况且背负侮辱不容易安居，地位卑贱的人，往往被人诽谤和议论。我因为说话遭到这场大祸，更被乡里嘲笑，污辱了祖宗，又有什么面目再到父母的坟前呢？即使百代之后，这污辱会更加深重！因此每日愁肠千回百转，在家中恍恍惚惚，好像丢了什么；出门则不知道要去哪里。每当想到这耻辱，没有不大汗满背沾湿衣襟的。我只是一个宦官，怎么能够自己隐退深藏在山林岩穴之中呢？所以姑且随世俗浮沉，随着形势上下，以抒发心中的狂放和迷惑。如今你竟教我推荐贤士，恐怕与我内心的想法违背吧？现今我即使想自我雕饰，用美好的言辞为自己开脱，也没有用处，世俗之人不会相信，只会自讨侮辱。总的来说，死后是非才能论定。书信不能完全表达心意，所以只是略微陈述我的浅陋之见。再次恭敬地向您致意。

字词释义

❶曩（nǎng）：从前。
❷望：怨。
❸罢驽：比喻才能低下。罢，通“疲”。驽，劣马。
❹点：通“玷”，玷污。
❺卒卒：同“猝猝”，匆促。
❻薄：迫近。
❼搴（qiān）：拔取。
❽维纲：国家的法令。
❾阘（tà）茸：指地位卑微或品格卑鄙的人。
❿王庭：匈奴祭天之地，也是政治中心。
⓫誊（quān）：强硬的弓弩。
⓬囹圄（líng yǔ）：监狱。
⓭缧绁（léi xiè）：捆绑犯人的绳子。
⓮臧获：古代对奴婢的贱称。

趣味知识

五刑

秦汉时五种刑罚，《汉书·刑法志》记载：“当三族者，皆先黥劓，斩左右止，笞杀之，枭其首，菹（zū）其骨肉于市。”菹，剁成肉酱。

过秦论上

〔汉〕贾谊

经典名句

仁义不施而攻守之势异也。

题解

本篇是西汉文学家贾谊的著名作品。文章总结了秦朝兴起与灭亡的原因，以富有文学色彩的语言，描述了秦统一天下到灭亡的一段历史，最后鲜明地提出了本文的中心论点——秦国灭亡的原因在于“仁义不施而攻守之势异也”，表达了贾谊对汉文帝政治改革的建议。

古文诵读

秦孝公据崤、函之固，拥雍州之地，君臣固守，以窥周室，有席卷天下，包举宇内，囊括四海[1]之意，并吞八荒之心。当是时也，商君佐之，内立法度，务耕织，修守战之具；外连衡[2]而斗诸侯。于是秦人拱手[3]而取西河[4]之外。

孝公既没，惠文、武、昭蒙故业，因遗策，南取汉中，西举巴蜀，

古文今译

秦孝公占据着崤山和函谷关之间的险固地势，拥有雍州的土地，君臣牢固地守卫着这里并觊觎着周王室的权力，怀着统一天下的意图，兼并各地的野心。在这个时期，有商鞅辅佐他，对内树立法律制度，发展耕种纺织，修造防守和作战的工具；对外实行连横策略，而让诸侯自相争斗。于是，秦人双手合抱般轻而易举地夺取了黄河以西的土地。

秦孝公死了以后，惠文王、武王、昭襄王承继前人的基业，沿袭前代留下来的策略，向南取得汉中，向西攻占巴、蜀，

东割膏腴之地，收要害之郡。诸侯恐惧，会盟而谋弱秦，不爱珍器、重宝、肥饶之地，以致天下之士，合从缔交，相与为一。当此之时，齐有孟尝，赵有平原，楚有春申，魏有信陵。此四君者，皆明智而忠信，宽厚而爱人，尊贤而重士，约从离横，兼韩、魏、燕、赵、宋、卫、中山之众。于是六国之士，有宁越、徐尚、苏秦、杜赫之属为之谋，齐明、周最、陈轸、召滑、楼缓、翟景、苏厉、乐毅之徒通其意，吴起、孙膑、带佗、兒良、王廖、田忌、廉颇、赵奢之伦制其兵。尝以什倍之地，百万之众，叩[5]关而攻秦。秦人开关延敌，九国之师遁逃而不敢进。秦无亡矢遗镞之费[6]，而天下诸侯已困矣。于是从散约解，争割地而赂秦。秦有余力而制其弊，追亡逐北，伏尸百万，流血漂橹。因利乘便，宰割天下，分裂山河。强国请服，弱国入朝。施及孝文王、庄襄王，享国之日浅，国家无事。

及至始皇，奋六世之余烈，振长策而御宇内，吞二周而亡诸侯，

向东割取肥沃富饶的地区，向北占领非常重要的战略地区。其他诸侯非常恐慌，集会结盟来谋划削弱秦国，不吝惜奇珍贵重的宝物和肥沃富饶的土地，用来招揽天下优秀贤能的人，采用合纵的策略来缔结盟约，互相协助，成为一体。在这个时期，齐国有孟尝君，赵国有平原君，楚国有春申君，魏国有信陵君。这四位封君，都理智聪明，而且忠君有信用，宽大厚道且爱惜人民，尊重贤能的人才而重用优秀的士人，盟约合纵来击破秦的连横之策，联合韩、魏、燕、赵、宋、卫、中山的部队。在这时，六国的士人，有宁越、徐尚、苏秦、杜赫等人为他们谋划献策，齐明、周最、陈轸、召滑、楼缓、翟景、苏厉、乐毅等人沟通传达他们的意见，吴起、孙膑、带佗、兒良、王廖、田忌、廉颇、赵奢等人率领他们的军队。他们曾经用十倍于秦的土地，上百万的军队，攻打函谷关，进攻秦国。秦国人打开函谷关口迎战敌人，九国的军队有所顾虑徘徊不敢前进。秦人不费一箭一镞，其他诸侯就已经窘迫不堪了。因此，合纵的盟约失败解散了，各诸侯国争相割地来贿赂秦国。秦国有足够的力量趁他们困乏而制伏他们，追赶逃走的兵士，百万尸体倒在路上，流淌的血液可以让盾牌漂浮起来。秦国凭借这有利的条件，分割天下的土地，瓜分裂解山河的区域。强国主动表示向秦国臣服，弱国则入秦朝拜秦王。延续到孝文王、庄襄王，他们统治的时间很短，秦国并没有发生什么大事。

到秦始皇的时候，他发展前六世遗留下来的功业，挥舞长长的鞭子号令全

履至尊而制六合，执敲朴以鞭笞天下，威振四海。南取百越之地，以为桂林、象郡；百越之君俯首系颈，委命下吏。乃使蒙恬北筑长城而守藩篱，却匈奴七百余里。胡人不敢南下而牧马，士不敢弯弓而报怨。于是废先王之道，燔百家之言，以愚黔首。隳[7]名城，杀豪俊，收天下之兵聚之咸阳，销锋镝，铸以为金人十二，以弱天下之民。然后践华为城，因河为池，据亿丈之城，临不测之溪以为固。良将劲弩守要害之处，信臣精卒陈利兵而谁何。天下已定，始皇之心，自以为关中之固，金城千里，子孙帝王万世之业也。

始皇既没，余威震于殊俗。然而陈涉瓮牖绳枢之子，氓隶之人，而迁徙之徒也；材能不及中庸，非有仲尼、墨翟之贤，陶朱、猗顿之富，蹑足行伍之间，俛起阡陌之中，率罢弊之卒，将数百之众，转而攻秦，斩木为兵，揭竿为旗，天下云集而响应，赢粮而景从[8]。山东豪俊遂并起而亡秦族矣。

国，吞并西周、东周并灭亡各诸侯国，登上帝位来统治天下，使用严酷的刑罚来奴役天下的百姓，威名传到四海震慑天下。秦始皇向南攻下百越的土地，把它划分为桂林郡和象郡，百越的君主埋着头，颈上系着绳子，把性命交给秦朝的下级官吏。于是秦始皇又命令蒙恬在北方修筑长城，守卫边境，迫使匈奴撤退七百多里。胡人不敢到南边来放牧，勇士不敢拉弓射箭来报仇。于是秦始皇废除了古代帝王的治世之道，焚烧诸子百家的著作，来使百姓变得愚蠢；毁坏高大的城池，杀掉才能出众的人；收缴天下的兵器，聚集在咸阳，销熔锋刃和箭头，铸造成为十二个金人，以此削弱百姓的力量。然后他依靠华山为城墙，以黄河作为护城河，凭借着高耸的华山，靠着深不可测的黄河，认为这是足够险固的地方。好的将领手持强劲的弩箭，守卫着重要的地方；可靠的官员率领精锐的兵卒，拿着锋利的武器，盘问过往行人。天下已经平定，始皇心里自认为这关中的险固地势、方圆千里的坚固的城墙，是子子孙孙作为帝王直至万代的基业。

始皇去世之后，他的余威仍然震慑着边远地区。可是，陈涉不过是个破瓮做窗、绳做户轴的穷人家的人，是氓、隶一类的人，做了被迁谪戍边的人；才能不如普通人，并没有孔丘、墨翟那样的贤德，也不像陶朱、猗顿那样富有。（他）插足在戍卒的队伍中，从田野间突然奋起，率领着疲劳不堪的士兵，指挥着几百人的队伍，扭转地位进攻秦国，砍下树木当作武器，举起竹竿当作旗帜，天下豪杰像云聚集一样响应他，许多人都

且夫天下非小弱也，雍州之地，崤函之固，自若也。陈涉之位，不尊于齐、楚、燕、赵、韩、魏、宋、卫、中山之君也；锄耰[9]、棘矜，不铦[10]于钩戟长铩[11]也；谪戍之众，非抗于九国之师也；深谋远虑，行军用兵之道，非及曩时之士也。然而成败异变，功业相反，试使山东之国与陈涉度长絜大，比权量力，则不可同年而语矣。然秦以区区之地，致万乘之势，招八州而朝同列，百有余年矣；然后以六合为家，崤、函为宫；一夫作难而七庙隳，身死人手，为天下笑者，何也？仁义不施而攻守之势异也。

背着粮食，如影随形地跟着。崤山以东的英雄豪杰于是一齐起事，消灭了秦朝。

天下并没有缩小削弱，雍州的地势，崤山和函谷关的险要，都保持原来的样子。陈涉的地位，没有比齐、楚、燕、赵、韩、魏、宋、卫、中山的国君更加显赫；锄头木棍也比不上钩戟长矛的锋利；那迁谪戍边的士兵也不能和九国部队相提并论；深远谋虑、行军用兵的方法，也比不上先前九国的武将谋臣。可是胜败不一样，功业完全相反，为什么呢？假使拿崤山以东的诸侯国跟陈涉比较长短大小，衡量权势力量，就更不能相提并论了。然而秦凭借它很小的领地，发展到兵车万辆的国势，统御全国，使六国诸侯都来朝见，已经一百多年了；这之后把天下当作家业，把崤山、函谷关作为自己的宫殿；陈涉一人起义就导致国家灭亡了，秦王子婴也死在了别人手里，被天下人耻笑，这是为什么呢？就因为不施行仁政而使攻守的形势发生了改变啊。

字词释义

❶席卷天下，包举宇内，囊括四海：三句是同义铺排，都是指统一天下。

❷连衡：连横，战国时张仪游说六国一同事奉秦国称“连横”，与苏秦称六国联合抗秦为“合纵”相对。

❸拱手：双手合抱，形容轻松不费力。

❹西河：又称河西，今陕西东部黄河西岸地区。 ❺叩：击。

❻无亡矢遗镞（zú）之费：形容没有任何消耗、代价。亡矢遗镞，丢失弓箭和箭头。

❼隳（huī）：毁坏。 ❽景从：如影子般跟从。景，通“影”。

❾耰（yōu）：平整土地的农具。 ❿铦（xiān）：锋利。 ⓫铩（shā）：长矛。

作者档案

贾谊（前 200—前 168），西汉著名的思想家、文学家。贾谊文笔十分出众，十八岁即闻名于郡里而得到赞赏，被河南郡守吴公招至门下，成为郡守的门客。贾谊二十二岁时，汉文帝登基，擢升河南郡守吴公为廷尉，贾谊也因吴公推荐当了博士，是当时所聘用的博士当中最年轻的一位。贾谊每每有精辟见解，文帝很欣赏他。贾谊的辞赋可谓上承屈原、宋玉，下开枚乘、司马相如，是从楚辞发展到汉赋的重要桥梁。

趣味知识

燕雀安知鸿鹄之志

陈胜年轻的时候，曾给人当雇工。有一天，他对一起耕田的伙伴们说：“如果有朝一日我们谁富贵了，可不要忘记老朋友啊。”大伙听了都觉得好笑，说：“咱们只是个佣工，哪来的富贵？”陈胜叹息道：“唉，燕雀怎么知道鸿鹄的志向呢？”

论贵粟疏

〔汉〕晁错

经典名句

欲民务农，在于贵粟；贵粟之道，在于使民以粟为赏罚。

题解

汉文帝即位后实行“与民休息”的政策，促进了农业的发展和商业的繁荣，也因商业的兴起导致谷贱伤农。因此晁错上了这篇奏疏，论述“贵粟”对国家长治久安的重要作用。

古文诵读

古文今译

圣王在上而民不冻饥者，非能耕而食之，织而衣之也，为开其资财之道也。故尧禹有九年之水，汤有七年之旱，而国无捐瘠[1]者，以畜积多而备先具也。

圣明的君王在位，百姓不受冻挨饿，不是君王能种粮食给他们吃，织布给他们穿，而是由于他能给百姓开辟增加财富的道路。所以尽管唐尧、夏禹之时有九年的水灾，商汤之时有七年的旱灾，但国内没有饿死的人，这是因为储藏积蓄的粮食多，事先有准备。

今海内为一，土地人民之众不避[2]禹汤，加以亡天灾数年之水旱，而畜积未及者，何也？地有余利，民有余力，生谷之土未尽垦，山泽

现在全国统一，土地人口之多，不亚于禹、汤之时，又没有连年的水旱灾害，但国家的积蓄却不如禹汤之时，为什么呢？因为土地还有潜力，百姓还有余力，能长谷物的土地还没全部开垦，

之利未尽出也，游食之民未尽归农也。民贫则奸邪生。贫生于不足，不足生于不农，不农则不地着，不地着则离乡轻家。民如鸟兽，虽有高城深池，严法重刑，犹不能禁也。夫寒之于衣，不待轻暖；饥之于食，不待甘旨；饥寒至身，不顾廉耻。人情一日不再食则饥，终岁不制衣则寒。夫腹饥不得食，肤寒不得衣，虽慈母不能保其子，君安能以有其民哉？明主知其然也，故务民于农桑，薄赋敛，广畜积，以实仓廪，备水旱，故民可得而有也。

民者，在上所以牧之，趋利如水走下，四方无择也。夫珠玉金银，饥不可食，寒不可衣，然而众贵之者，以上用之故也。其为物轻微易藏，在于把握，可以周海内而亡饥寒之患。此令臣轻背其主，而民易去其乡，盗贼有所劝，亡逃者得轻资也。粟米布帛，生于地，长于时，聚于力，非可一日成也。数石之重，中人弗胜，不为奸邪所利，一日弗得而饥寒至。是故明君贵五谷而贱金玉。

山林湖沼的资源还没有完全开发，外出游荡求食之徒还没全都回乡务农。百姓贫困就会滋生邪恶。贫困是由于不富足，不富足是由于不务农，不务农就不能定居，不能定居就会离开乡土，轻视家园。百姓像鸟兽四处奔散，即使有高大的城墙，深险的护城河，严厉的法令，残酷的刑罚，也不能禁止他们。受冻对于衣服不要求轻暖，挨饿对于食物不要求香甜可口，饥寒交迫就顾不上廉耻。人之常情，一天不吃两顿饭就要挨饿，整年不做衣服就会受冻。肚子饿了没有吃的，身上冷了没有穿的，即使是慈母也不能保全她的儿子，国君又怎能保有他的百姓呢？贤明的君主明白这个道理，所以让百姓致力于农桑，减轻赋税，增加积蓄，充实粮仓，防备水旱灾害，因此能够得到并拥有百姓。

百姓，在于君主怎么管理他们，他们追逐利益就像水往低处流，不管东南西北。珠玉金银，饿了不能吃，冷了不能穿，然而人们还是看重它，是君主使用它们的缘故。这些物品，轻便微小容易收藏，拿在手里，可以周游全国而没有饥寒的威胁。这就会使臣子轻易背叛君主，百姓轻易离开家乡，盗贼受到鼓励，逃亡的人有了便于携带的财物。粟米和布帛，在地里生长出来，按季节成长，要人力收获，不能一天就可以成事。几石重的粮食，中等体力的人拿不动，奸邪的人也不贪图，可是一天得不到这些就要挨饿受冻。因此，贤明的君主重视五谷而轻视金玉。

今农夫五口之家，其服役者不下二人，其能耕者不过百亩，百亩之收不过百石。春耕，夏耘，秋获，冬藏，伐薪樵，治官府，给徭役。春不得避风尘，夏不得避暑热，秋不得避阴雨，冬不得避寒冻，四时之间，无日休息。又私自送往迎来，吊死问疾，养孤长[3]幼在其中。勤苦如此，尚复被水旱之灾，急政暴虐，赋敛不时，朝令而暮改。当具有者半贾[4]而卖，亡者取倍称之息。于是有卖田宅、鬻子孙以偿债者矣。而商贾[5]大者积贮倍息，小者坐列贩卖，操其奇赢，日游都市，乘上之急，所卖必倍。故其男不耕耘，女不蚕织，衣必文采，食必粱肉；亡农夫之苦，有阡陌[6]之得。因其富厚，交通王侯，力过吏势，以利相倾；千里游遨，冠盖相望，乘坚策肥，履丝曳缟。此商人所以兼并农人，农人所以流亡者也。今法律贱商人，商人已富贵矣；尊农夫，农夫已贫贱矣。故俗之所贵，主之所贱也；吏之所卑，法之所尊

现在五口之家的农户，去服役的至少两人，能耕作的田地不超过一百亩。一百亩地收获的粮食不超过一百石。他们春天耕种，夏天耘田，秋天收获，冬天储藏，还得砍柴采薪，修理官府的房舍，服劳役。春天不能避风尘，夏天不能避暑热，秋天不能避阴雨，冬天不能避寒冻，一年四季，没有一天休息。私人方面又要送往迎来，吊唁死者，慰问病人，抚养孤老，养育幼儿。如此辛苦，还遭受旱涝灾害，官府又要急征暴敛，赋税没有一定的时候，早上下的命令，晚上就改了。有粮食的人，半价贱卖交税；没有粮食的人，只好以加倍的利息借债。于是就出现卖田地房屋、卖子孙还债的事情。而商人中大的囤积放贷获取加倍的利息，小的摆摊贩卖，谋取暴利，每日在集市游逛，趁政府急需的机会，就成倍抬高所卖的价格。所以商人家中男的不耕地耘田，女的不养蚕织布，穿的必定是华美的衣服，吃的必定是精米和精肉；没有农夫的劳苦，却有田间的收获。凭借自己丰厚的财富，结交王侯，势力超过官吏，为了利益相互倾轧；他们在各地游荡，车乘不绝，乘坚固的车，骑肥壮的马，穿丝鞋，披绸衣。这就是商人兼并农民，农民流亡的原因。当今法律轻视商人，而商人已经富贵了；法律尊重农民，而农民已贫贱了。所以世俗人看重的，正是君主轻贱的；官吏鄙视的，正是法律尊重的。上下相反，

也。上下相反，好恶乖迕[7]，而欲国富法立，不可得也。

方今之务，莫若使民务农而已矣。欲民务农，在于贵粟；贵粟之道，在于使民以粟为赏罚。今募天下入粟县官[8]，得以拜爵，得以除罪。如此，富人有爵，农民有钱，粟有所渫[9]。夫能入粟以受爵，皆有余者也。取于有余，以供上用，则贫民之赋可损，所谓损有余、补不足，令出而民利者也。顺于民心，所补者三：一曰主用足，二曰民赋少，三曰劝农功。今令民有车骑马一匹者，复卒三人。车骑者，天下武备也，故为复卒。神农之教曰："有石城十仞，汤池百步，带甲百万，而亡粟，弗能守也。"以是观之，粟者，王者大用，政之本务。令民入粟受爵，至五大夫以上，乃复一人耳，此其与骑马之功相去远矣。爵者，上之所擅，出于口而无穷；粟者，民之所种，生于地而不乏。夫得高爵与免罪，人之所甚欲也。使天下人入粟于边，以受爵免罪，不过三岁，塞下之粟必多矣。

好恶相背，要想使国家富裕，法令实施，是不可能的。

现在要做的，没有比使百姓务农更重要的了。要想使百姓务农，关键在于抬高粮价。抬高粮价的办法，在于让百姓用粮食来求赏或免罚。现在号召天下百姓交粮给政府，可以封爵，可以赎罪。这样，富人得到爵位，农民得到钱财，粮食得到流通。能交粮食得到爵位的，都是有多余财产的人。从富有的人那里得到货物供政府使用，贫苦百姓所担负的赋税就可以减轻，这就叫作减损富有的去补不足的，法令一颁布，百姓就能受益。顺应百姓的心愿，有三个好处：一是君主的费用充足，二是百姓的赋税减少，三是鼓励务农。现在法令规定，民间能输送一匹战马的，就可以免除三个人的兵役。战马是国家战备物资，所以可以用来免除兵役。神农氏教导说："有十仞高的石头城墙，有百步宽的护城河，有百万士兵，然而没有粮食，是守不住的。"这样看来，粮食对君王有最重要的用途，是国家政务的根本。让百姓交粮换取爵位，封到五大夫以上，才免除一个人的兵役，这与一匹战马的功用相比差得太远。封爵，是皇上专有的权力，开口就可以不断封给别人；粮食，是百姓种出来的，生长在地里而不会缺乏。封爵与赎罪都是人们很想要的。如果让天下百姓都向边塞交粮，换取爵位、赎罪，那么不用三年，边塞的粮食必定会多起来。

字词释义

❶捐瘠（jí）：饥饿而死。捐，抛弃。 ❷不避：不让，不次于。
❸长（zhǎng）：养育。 ❹贾：通“价”。
❺贾（gǔ）：商人。 ❻阡陌（qiān mò）：田界，此代田地。
❼乖迕（wǔ）：违背。 ❽县官：汉代对官府的通称。
❾渫（xiè）：散出。

作者档案

晁错（前200—前154），颍川（今河南禹州）人，西汉政治家。汉文帝时，为太子家令。汉景帝时，任内史、御史大夫，向汉景帝建议削藩，刘濞等诸侯王以“清君侧”为名发动叛乱。汉景帝恐惧，杀了晁错。

趣味知识

疏

疏，是一种文体，是古代臣子向国君分条陈述自己对某事的意见。

疏还有一个意思，古人直接对古书的注解叫“注”，对注解进一步解释叫“疏”，二者合称“注疏”。

另外，僧道拜忏时所焚化的祝告文也叫“疏”。

扫码听音频

狱中上梁王书

〔汉〕邹阳

经典名句

忠无不报，信不见疑。

题解

邹阳“慷慨不苟合”，被诬陷入狱，险被处死。他在狱中上书梁孝王，没有哀求乞怜，而是列举了大量的史实，借古喻今，表白心迹。梁孝王见书大喜，将其释放，并尊为上客。

古文诵读

邹阳从梁孝王游。阳为人有智略，慷慨不苟合，介于羊胜、公孙诡之间。胜等疾阳，恶之孝王。孝王怒，下阳吏，将杀之。阳乃从狱中上书，曰：

臣闻忠无不报，信不见疑，臣常以为然，徒虚语耳。昔荆轲慕燕丹之义，白虹贯日，太子畏之；卫先生为秦画长平之事，太白食昴[1]，

古文今译

邹阳给梁孝王做门客。他为人智慧有谋略，慷慨，不苟且迎合，和羊胜、公孙诡这些人同为梁孝王门客。羊胜等人嫉妒邹阳，在孝王面前说他的坏话。孝王发怒，把邹阳交给狱吏，要杀他。邹阳就狱中上书说：

我听说忠心不会得不到报答，诚实不会被怀疑，我曾经以为是对的，现在看来不过是句空话而已。从前荆轲仰慕燕太子丹的义气，诚心使白虹横贯太阳，太子丹却担心他不去秦国；卫先生为秦国谋划长平之战的事务，忠心使太白星

昭王疑之。夫精变天地而信不谕两主，岂不哀哉！今臣尽忠竭诚，毕议愿知，左右不明，卒从[2]吏讯，为世所疑。是使荆轲、卫先生复起，而燕、秦不寤也。愿大王孰察之。

昔玉人献宝，楚王诛之；李斯竭忠，胡亥极刑。是以箕子阳狂，接舆避世，恐遭此患也。愿大王察玉人、李斯之意，而后楚王、胡亥之听，毋使臣为箕子、接舆所笑。臣闻比干剖心，子胥鸱夷[3]，臣始不信，乃今知之。愿大王孰察，少加怜焉。

语曰："有白头如新，倾盖如故。"何则？知与不知也。故樊於期逃秦之燕，藉荆轲首以奉丹事；王奢去齐之魏，临城自刭以却齐而存魏。夫王奢、樊於期非新于齐、秦而故于燕、魏也，所以去二国、死两君者，行合于志，慕义无穷也。是以苏秦不信于天下，为燕尾生；白圭战亡六城，为魏取中山。何则？诚有以相知也。苏秦相燕，人恶之燕王，燕王按剑而怒，食以駃騠[4]；白圭显于中山，人恶之于魏文侯，

进入昴宿，秦昭王却怀疑他。两人的精诚使天地变异，忠信得不到两位君主的信任，难道不可悲吗？现在我尽忠竭诚，说出全部意见希望你知晓，大王左右的人却不明白，最终听从狱吏的审讯，被世人怀疑。这让荆轲、卫先生重生，燕太子丹、秦昭王仍然不觉悟啊。希望大王仔细审察。

从前玉人进献宝玉，楚王砍掉他的脚；李斯尽忠，胡亥对他处以极刑。因此箕子装疯，接舆躲避尘世，是怕遭受这种祸患啊。希望大王审察玉人、李斯的心意，抛弃楚王、胡亥的偏听，不要让我被箕子、接舆嘲笑。我听说比干被挖心，伍子胥死后被装进皮袋扔进江里，我原本不信，今天才懂了。希望大王仔细审察，稍加怜悯。

俗话说："有的人相处到老还是陌生，有的人停车偶尔交谈一见如故。"为什么？由于理解和不理解啊。所以樊於期从秦国逃到燕国，把自己的头交给荆轲帮助太子丹的事业；王奢离开齐国投奔魏国，上城楼自杀使齐国退兵保存魏国。王奢、樊於期对齐、秦不是新交，对燕、魏不是旧交，他们离开齐、秦，为魏文侯和燕丹效死，是因为他们行为与志向相合，无限仰慕道义。所以苏秦不被天下信任，在燕国却是尾生一样守信；白圭作战连失六城，却能为魏国攻取中山国。他们为什么这样做？实在是因为君臣相知啊。苏秦做燕相时，有人向燕王说他坏话，燕王按剑发怒，把宝马的马

文侯赐以夜光之璧。何则？两主二臣，剖心析肝相信，岂移于浮辞哉！

肉赐给苏秦。白圭因攻取中山国而显贵，有人向魏文侯说他坏话，魏文侯反而赐给白圭夜光璧。为什么？两个君主和两个臣子，能敞开心扉、肝胆相照，互相信任，岂能被流言改变！

故女无美恶，入宫见妒；士无贤不肖，入朝见嫉。昔司马喜膑脚于宋，卒相中山；范雎拉胁折齿于魏，卒为应侯。此二人者，皆信必然之画，捐朋党之私，挟孤独之交，故不能自免于嫉妒之人也。是以申徒狄蹈雍之河，徐衍负石入海，不容于世，义不苟取比周于朝，以移主上之心。故百里奚乞食于道路，缪公委之以政；宁戚饭牛车下，桓公任之以国。此二人者，岂素宦于朝，借誉于左右，然后二主用之哉？感于心，合于行，坚如胶漆，昆弟不能离，岂惑于众口哉？

所以女子无论美丑，进宫就会被嫉妒；士无论贤或不贤，进入朝廷就会被嫉妒。从前司马喜在宋国受到膑刑，却做了中山国的丞相；范雎在魏国被打断肋骨打折了牙齿，却做了秦国的应侯。这两个人，都自信一定会成功的谋划，丢弃结党的私心，保留很少的交往，所以不可避免被嫉妒之人诋毁。因此申徒狄跳入雍水漂到黄河，徐衍背石头跳海，他们不被世俗所容，坚持道义而不肯苟且在朝廷结党，以蒙蔽君主的心。所以百里奚在路上乞讨，秦穆公把国政托付给他；宁戚在车下喂牛，齐桓公任用他治国。这两个人，难道向来在朝廷做官，靠左右亲信说好话，然后两位君主才用他们吗？心互相感应，行动互相契合，牢固得好像胶漆，兄弟不能离间，怎么会被众人迷惑呢？

故偏听生奸，独任成乱。昔鲁听季孙之说逐孔子，宋任子冉之计囚墨翟。夫以孔、墨之辩，不能自免于谗谀，而二国以危。何则？众口铄金，积毁销骨也。秦用戎人由余而伯中国，齐用越人子臧而强威、宣。此二国岂系于俗，牵于世，系奇偏之浮辞哉？公听并观，垂明当

所以偏听滋生奸邪，独断造成混乱。从前鲁国听信季孙的话赶走了孔子，宋国采用子冉的计策囚禁了墨翟。凭孔子、墨翟的论辩，不能免于谗言中伤，而使鲁、宋两国陷于危险。为什么？众人的口可以使金子熔化，积累的诽谤可以使骨骸销毁。秦国任用戎人由余而称霸中原，齐国任用越人子臧而威王、宣王强盛。这两个国家难道被世俗束缚，被世

世。故意合则胡越为兄弟，由余、子臧是矣；不合则骨肉为仇敌，朱、象、管、蔡是矣。今人主诚能用齐、秦之明，后宋、鲁之听，则五伯不足侔，而三王易为比。

是以圣王觉寤，捐子之之心，而不说田常之贤，封比干之后，修孕妇之墓，故功业覆于天下。何则？欲善亡厌也。夫晋文亲其仇，强伯诸侯；齐桓用其仇，而一匡天下。何则？慈仁殷勤，诚加于心，不可以虚辞借也。

至夫秦用商鞅之法，东弱韩、魏，立强天下，卒车裂之。越用大夫种之谋，禽劲吴而伯中国，遂诛其身。是以孙叔敖三去相而不悔，於陵子仲辞三公为人灌园。今人主诚能去骄傲之心，怀可报之意，披心腹，见情素，堕肝胆，施德厚，终与之穷达，无爱于士，则桀之犬可使吠尧，跖之客可使刺由，何况因万乘之权，假圣王之资乎！然则荆轲湛七族，要离燔妻子，岂足为大王道哉！

人牵制，被奇邪片面的流言所左右吗？公正听取，全面观察，成为当时的榜样。所以心意相合，胡人越人也可以成为兄弟，由余、子臧就是；心意不合亲骨肉也可以成为仇敌，丹朱、象、管叔、蔡叔就是例子。现在国君真能采取齐国、秦国的明智立场，抛弃宋国、鲁国的偏听偏信，那么五霸将难以相比，三王也容易做到啊。

因此圣明的君王省悟，抛弃子之的那种“忠心”，不喜欢田常那种“贤能”，而是封赏比干的后代，修建孕妇的坟墓，所以功业可以覆盖天下。为什么？向善从来不会满足。晋文公亲近他的仇人，称霸诸侯；齐桓公任用他的仇人，一匡天下。为什么？确实将慈善仁爱殷勤等放在心上，不是用虚假的言辞替代。

至于秦国采用商鞅的变法，向东削弱韩、魏，很快强盛天下，结果却把商鞅车裂了。越王采用大夫文种的谋略，征服强大的吴国而称霸中原，最后大夫文种自杀了。因此孙叔敖三次离开相位不后悔，於陵子仲推辞掉三公去为人浇灌菜园。现在的君主真能去掉骄傲之心，怀着让人愿意报效的诚意，坦露心胸，现出诚意，披肝沥胆，厚加恩德，始终与士人共患难、同富贵，待人不吝惜，那么夏桀的狗可冲着尧叫，盗跖的门客可以去刺杀许由，何况凭着君主的权势，借着圣王的地位呢！如此，荆轲被灭七族，要离烧死妻子儿女，难道还有必要对大王细说吗？

臣闻明月之珠，夜光之璧，以暗投人于道，众莫不按剑相眄[5]者。何则？无因而至前也。蟠木根柢，轮囷[6]离奇，而为万乘器者，以左右先为之容也。故无因而至前，虽出随珠、和璧，只怨结而不见德；有人先游，则枯木朽株，树功而不忘。今夫天下布衣穷居之士，身在贫羸，虽蒙尧、舜之术，挟伊、管之辩，

我听说明月珠、夜光璧，在夜里扔到路上，人们没有不握剑斜视的。为什么？是因为它们没有缘由地来到面前。弯曲的树木树根，盘绕屈曲，成为君主的玩物，是因为君主身边的人雕饰它。所以无缘无故来到面前，即使投出的是随侯珠、和氏璧，也只能结怨而不会让人感恩；假如有人事先游说，枯木朽枝也会立功而令人难忘。如今天下的布衣穷居之士，贫穷病弱，即使学到了尧舜的方略，拥有伊尹、管仲的辩才，怀着

怀龙逄、比干之意，而素无根柢之容，虽竭精神，欲开忠于当世之君，则人主必袭按剑相眄之迹矣。是使布衣之士不得为枯木朽株之资也。

是以圣王制世御俗，独化于陶钧之上，而不牵乎卑乱之语，不夺乎众多之口。故秦皇帝任中庶子蒙嘉之言，以信荆轲，而匕首窃发；周文王猎泾渭，载吕尚归，以王天下。秦信左右而亡，周用乌集而王。何则？以其能越挛拘之语，驰域外之议，独观乎昭旷之道也。今人主沉谄谀之辞，牵帷廧之制，使不羁之士与牛骥同皁，此鲍焦所以愤于世也。

臣闻盛饰入朝者不以私污义，底厉[7]名号者不以利伤行。故里名胜母，曾子不入；邑号朝歌，墨子回车。今欲使天下寥廓之士笼于威重之权，胁于位势之贵，回面污行，以事谄谀之人，而求亲近于左右，则士有伏死堀穴岩薮之中耳，安有尽忠信而趋阙下者哉！

关龙逄、比干的忠心，可是没有像老树桩那样经过雕饰，虽然竭尽精力，愿意向当今的君主表达忠心，但是君主一定会以按剑斜视的老办法对他们。这就使平民出身的士人都起不到枯木朽株的作用。

因此圣王治理天下，要陶工转钧一样，独自操作，而不被愚昧的言辞牵制，不因众多议论而改变。所以秦始皇听信中庶子蒙嘉的话而相信荆轲，发生了暗藏匕首行刺的事；周文王在泾水、渭水间打猎，载着吕尚回来，称王天下。秦轻信左右而灭亡，周任用素不相识的人而称王。为什么？因为文王能跨越固执的言辞，听取不受任何局限的议论，独自看到了光明宽广的大道。当今君主陷在阿谀奉承之中，受到近臣妃妾的牵制，使不受拘束的士人与牛马同槽，这就是鲍焦所以愤世嫉俗的原因。

我听说穿戴庄重上朝的人，不因私心玷污道义，修养品德的人不因私利去损伤德行。所以里闾名为胜母，曾子不肯进入；都邑名为朝歌，墨子掉转车头。现在要使天下有远大志向的士人，被权势者控制、被显贵者胁迫，转过脸玷污品行，去侍奉阿谀奉承的小人，而求得亲近君主，那么，士人只能隐居老死在山洞草泽之中了，哪会有竭尽忠信投奔朝廷的人呢！

字词释义

❶太白：金星。古时认为是战争的征兆。昴（mǎo）：二十八宿之一。古人认为昴宿在赵国分野。太白食昴，即赵国将遭到军事打击。

❷从：听凭。 ❸鸱（chī）夷：皮袋子。

❹驮騠（jué tí）：良马。 ❺眄（miǎn）：斜视。

❻轮囷（qūn）：屈曲的样子。

❼底厉：通“砥砺”，磨刀石。这里作动词，意为磨炼修养。

作者档案

邹阳（约前 206—前 129），临淄（今山东淄博）人，西汉文学家。汉文帝时，是吴王刘濞门客，以文辩著名于世。吴王阴谋叛乱，邹阳谏止，吴王不听，因此离吴去梁，为梁孝王门客。

趣味知识

梁孝王

梁孝王刘武，汉文帝次子，汉景帝之弟，其母为窦太后。梁孝王爱才，他营造了历史上有名的梁园，《汉书》载：“梁孝王筑东苑，方三百余里。”梁孝王在此招揽天下人才，豪俊之士麇集。其中最有名气的，当数辞赋家枚乘、邹阳、庄忌和司马相如等。鲁迅称：“天下文学之盛，当时盖未有如梁者也。”指的就是这一时期。

马援诫兄子严敦书

〔汉〕马援

经典名句

画虎不成反类狗。

题解

本篇选自《后汉书·马援传》。马援的侄子马严、马敦平时好讥讽评论、结交侠客，马援对此十分担忧，虽远在交趾，还是写信教诲他们，通过自己身边的事例，告诉他们为人处世的原则，对侄子的深切关怀和殷殷期待，溢于言表。

古文诵读

援兄子严、敦，并喜讥议，而通[1]轻侠客。援前在交趾[2]，还书诫之曰：

吾欲汝曹[3]闻人过失，如闻父母之名：耳可得闻，口不可得言也。好议论人长短，妄是非正法，此吾所大恶也：宁死，不愿闻子孙有此行也。汝曹知吾恶之甚矣，所以复言者，施衿结缡，申父母之戒，欲使汝曹不忘之耳！

古文今译

我兄长的儿子马严和马敦，都喜欢讥讽议论别人，而且结交轻浮的侠客。我在交趾的时候，写信告诫他们：

我希望你们听到别人的过失，像听到父母的名字：耳朵可以听，嘴巴不能议论。喜欢议论别人的长短，胡乱褒贬国家的法度，这都是我最厌恶的。我宁可死，也不希望子孙有这种行为。你们知道我非常厌恶这种行为。之所以又说起来的原因，就像女儿出嫁，父母给她结上佩带，系上佩巾，重申到夫家不可出差错的训诫一样，希望你们不要忘记啊。

龙伯高敦厚周慎，口无择言，谦约节俭，廉公有威。吾爱之重之，愿汝曹效之。杜季良豪侠好义，忧人之忧，乐人之乐，清浊无所失。父丧致客，数郡毕至。吾爱之重之，不愿汝曹效也。效伯高不得，犹为谨敕之士，所谓“刻鹄不成尚类鹜”者也。效季良不得，陷为天下轻薄子，所谓“画虎不成反类狗”者也。讫今季良尚未可知，郡将下车[4]辄切齿，州郡以为言，吾常为寒心，是以不愿子孙效也。

龙伯高为人敦厚，办事周密谨慎，不说恶言，谦约节俭，清廉公正有威严。我敬爱他，尊重他，希望你们向他学习。杜季良是豪侠，讲义气，为他人的忧愁而忧虑，以他人的快乐为乐，无论贵贱都结交。他的父亲去世时，招待客人，几个郡的人都到了。我敬爱他，尊重他，但不希望你们向他学习。学习龙伯高不成，还可以成为谨慎严肃的人，正所谓雕刻鹄不成可以像鹜。学习杜季良不成，就堕落成天下的轻浮子弟，正所谓“画虎不像反像狗”了。至今，不知道杜季良以后会怎么样，新来的郡守对他咬牙切齿，州郡官员把这些告诉我。我时常替他寒心，所以不希望子孙学习他。

字词释义

❶通：交往。
❷交趾：汉郡，在今越南北部。
❸汝曹：你等，尔辈。
❹下车：指官员初到任。

作者档案

马援（前14—49），字文渊，扶风郡茂陵县（今陕西兴平）人，东汉开国功臣。为刘秀统一天下立下赫赫战功，西破陇羌，南征交趾，北击乌桓，官至伏波将军，封新息侯，世称“马伏波”。

趣味知识

马伏波射潮

廉州的海中经常有海浪三波连珠而起，声响如打雷一般，名为三口浪。相传旧时有浪九口，马援射灭六口。清代诗人屈大均作有《射潮歌》云：“后羿射日落其九，伏波射潮减六口。海水至今不敢骄，三口连珠若雷吼。”

扫码听音频

前出师表

〔三国〕诸葛亮

经典名句

受任于败军之际，奉命于危难之间。

题解

本篇是三国时期蜀汉丞相诸葛亮在北伐中原之前呈给后主刘禅的表文。诸葛亮以恳切委婉的言辞，劝勉后主要广开言路、严明赏罚、亲贤远佞，以此兴复汉室。表文阐述了北伐中原这一军事行动的必要性，同时蕴含着诸葛亮希望后主刘禅能励精图治的殷切期望。

古文诵读

臣亮言：先帝创业未半而中道崩殂。今天下三分，益州疲敝，此诚危急存亡之秋也。然侍卫之臣不懈于内，忠志之士忘身于外者，盖追先帝之殊遇，欲报之于陛下也。诚宜开张圣听，以光先帝遗德，恢宏志士之气，不宜妄自菲薄，引喻失义，以塞忠谏之路也。

古文今译

微臣诸葛亮进言：先帝开创一统天下的大业还没有完成一半就中途去世。如今天下分为三部分，益州地区国力困乏、民生凋敝，这实在是国家危急存亡的关键时期啊。然而朝廷官员对内毫不懈怠，忠诚有志的将士在战场上奋不顾身，这都是追念先帝对他们的知遇之恩，想要报答在陛下您身上。陛下实在应该扩大圣明的听闻，来光耀先帝遗留下来的美德，发扬有远大志向之人的志气，不应当随便看轻自己、说不恰当的话，以致堵塞臣子忠心进谏的道路。

宫中府中，俱为一体；陟罚臧否[1]，不宜异同。若有作奸犯科及为忠善者，宜付有司论其刑赏，以昭陛下平明之治，不宜偏私，使内外异法也。

侍中、侍郎郭攸之、费祎、董允等，此皆良实，志虑忠纯，是以先帝简拔以遗陛下。愚以为宫中之事，事无大小，悉以咨之，然后施行，必能裨补阙漏，有所广益。

将军向宠，性行淑均，晓畅军事，试用于昔日，先帝称之曰能，是以众议举宠以为督。愚以为营中之事，事无大小，悉以咨之，必能使行阵和穆，优劣得所也。

亲贤臣，远小人，此先汉所以兴隆也；亲小人，远贤臣，此后汉所以倾颓也。先帝在时，每与臣论此事，未尝不叹息痛恨于桓、灵也。侍中、尚书、长史、参军，此悉贞亮死节之臣也，愿陛下亲之信之，则汉室之隆，可计日而待也。

臣本布衣，躬耕于南阳，苟全

皇宫中和丞相府里的大臣，都是一个整体；惩罚或提拔，赏罚褒贬，不应该有所不同。如果有干违法乱纪之事的人，或尽忠心做善事的人，都应该交给主管的官员去评定他们的受赏或受罚，来昭示陛下公平明正的治理，而不应当偏袒，使朝廷内外奖惩的法度不同。

侍中、侍郎郭攸之、费祎、董允等人，都是忠良信实的人，他们的志向和心思都忠诚纯洁，所以先帝把他们选拔出来辅佐陛下。我认为宫廷中的事情，无论事情大小，都拿来跟他们商量，然后再实施，就一定能够弥补不足和疏漏之处，可以获得更多的好处。

将军向宠，性格善良、品行公正，精通军事，在从前被任用的时候，先帝称赞他有能力，因此大家评议推举他做都督。我认为军营里的事情，都拿来跟他商量，就一定能够使军队团结和谐，每个人都能找到他们的位置。

亲近贤臣，疏远小人，这是汉朝早年能够兴隆昌盛的原因；亲近小人，疏远贤臣，这是汉朝末年衰败的原因。先帝在世时，每次和我谈论这些事情，没有一次不对桓、灵二帝的做法感到痛心、遗憾的。侍中郭攸之、费祎，尚书陈震，长史张裔，参军蒋琬，这些人都是忠贞良实、能够以死报国的忠臣，希望陛下青睐他们，信任他们，那么汉室的兴隆就指日可待了。

我本来是个平民，亲自在南阳务农耕种，只希望在乱世里苟且保全性命，

性命于乱世，不求闻达于诸侯。先帝不以臣卑鄙，猥自枉屈，三顾臣于草庐之中，谘臣以当世之事，由是感激，遂许先帝以驱驰。后值倾覆[2]，受任于败军之际，奉命于危难之间，尔来二十有一年矣。

先帝知臣谨慎，故临崩寄臣以大事也。受命以来，夙夜忧叹[3]，恐托付不效，以伤先帝之明；故五月渡泸，深入不毛。今南方已定，兵甲已足，当奖帅三军，北定中原，庶竭驽钝，攘除奸凶，兴复汉室，还于旧都。此臣之所以报先帝而忠陛下之职分也。至于斟酌损益[4]，进尽忠言，则攸之、祎、允之任也。

愿陛下托臣以讨贼兴复之效，不效，则治臣之罪，以告先帝之灵。若无兴德之言，则责攸之、祎、允之咎[5]，以彰其慢。陛下亦宜自谋，以咨诹[6]善道，察纳雅言，深追先帝遗诏。臣不胜受恩感激。

今当远离，临表涕泣，不知所云。

不奢望在诸侯中获得显贵的名声。先帝不介意我身份低微，见识短浅，而降低身份，委屈自己，三次来到草庐拜访我，询问我对时局的看法，我因此十分感动，就答应为先帝奔走效劳。后来又遇上兵败，在兵败的时候我接受了重任，在危机患难的关头接受命令，从那时以来已经有二十一年了。

先帝知道我做事小心谨慎，所以临终的时候，把国家大事托付于我。我接受委命以来，早晚担忧叹息，担心托付给我的大任不能实现，而有损于先帝的知人之明，所以我五月率兵渡过泸水，深入人烟稀少的荒凉地方。现在南方已经稳定，士兵装备已经充足，应该激励并率领全军向北方进军，平定中原。我希望竭尽自己平庸的才能，去铲除那些奸邪凶恶的敌人，恢复汉朝的基业，回到旧日的国都。这是我用来报答先帝并且忠于陛下的职责所在。至于处理事务衡情酌理，有所兴革，毫无保留地进忠言，那是郭攸之、费祎、董允等人的责任。

希望陛下把讨伐曹魏兴复汉室的任务托付给我，如果没有成功，就请惩治我的罪过，从而告慰先帝在天之灵。如果没有振兴圣德的建议，就应当责罚郭攸之、费祎、董允等人的过失，来彰显他们的怠慢。陛下也应该自行计划，征求询问治国的良策，明察、采纳正确的建议，深切追念先帝临终留下的教诲。我就感恩戴德感激不尽了。

今天我将要告别陛下远征，面对这份奏表流下眼泪，激动得不知道说了些什么。

❶陟（zhì）罚臧否（pǐ）：陟，提升，奖励。罚，惩罚。臧否，善恶，这里用作动词，意思是评论人物好坏。
❷倾覆：指兵败。
❸夙夜忧叹：早晚叹息。
❹斟酌损益：衡情酌理，有所兴办。比喻做事要掌握分寸。
❺咎：过失。
❻咨诹（zōu）：咨询。

作者档案

诸葛亮（181—234），字孔明，三国时期蜀汉丞相。诸葛亮青年时躬耕于南阳郡，被时人称为卧龙。受刘备三顾茅庐邀请出仕，帮助刘备完成了鼎足三分的大业。刘备死后，诸葛亮辅佐刘禅，多次率军北伐曹魏。他的一生堪称“鞠躬尽瘁，死而后已”，是中国传统文化里忠与智的杰出代表。

趣味知识

乐不思蜀

蜀汉灭亡，刘禅和蜀中旧臣被迁至洛阳。一天，司马昭宴请刘禅，中间演奏蜀中乐曲助兴，蜀中旧臣都想起亡国之痛，纷纷掩面低头，流露悲伤之情。只有刘禅嬉笑自若。司马昭问刘禅：“你思念蜀国吗？”刘禅答道：“此间乐，不思蜀也。”

陈情表

〔晋〕李密

经典名句

外无期功强近之亲，内无应门五尺之童，茕茕孑立，形影相吊。

题解

《陈情表》是西晋李密写给晋武帝司马炎的奏章。当时三国的局面刚刚结束，司马炎希望身为蜀地人的李密出来做官。但李密对年迈的祖母十分孝顺，再加上有忠臣不事二主的思想，因此写了这篇文章。李密先是叙述祖母抚育自己的大恩，以及自己应该报养祖母的大义，然后感谢了晋武帝的知遇之恩，最后倾诉自己不能从命的苦衷，可谓委婉畅达，一腔真情溢于言表。

古文诵读

臣密言：臣以险衅，夙遭闵凶[1]。生孩六月，慈父见背；行年四岁，舅夺母志。祖母刘，愍臣孤弱，躬亲抚养。臣少多疾病，九岁不行，零丁孤苦，至于成立。既无叔伯，终鲜兄弟，门衰祚薄，晚有儿息。外无期功强近之亲，内无应门五尺之童，茕茕孑立[2]，形影相吊。而

古文今译

微臣李密上奏：我因艰难祸患，很小就遭遇了不幸，刚出生六个月，我慈爱的父亲就不幸逝世了。我四岁的时候，舅父强迫母亲改变守节的志向而让母亲改嫁。我的祖母刘氏，怜悯我孤苦弱小，便亲自抚养我。我小的时候常常生病，九岁时还不会行走，孤独没有依靠，一直到成年。既没有叔叔伯伯，又没有兄弟，门庭衰微、福分浅薄，很晚才有儿子。在外面没有关系比较亲近的亲戚，在家里又没有照管门户的童仆。生活孤单毫无依靠，只有自己的身体和影子相

刘夙婴疾病，常在床蓐，臣侍汤药，未尝废离。

逮奉圣朝，沐浴清化。前太守臣逵察臣孝廉；后刺史臣荣举臣秀才。臣以供养无主，辞不赴命。诏书特下，拜臣郎中，寻蒙国恩，除臣洗马[3]。猥以微贱，当侍东宫，非臣陨首所能上报。臣具以表闻，辞不就职。诏书切峻，责臣逋慢；郡县逼迫，催臣上道；州司临门，急于星火。臣欲奉诏奔驰，则以刘病日笃，欲苟顺私情，则告诉不许。臣之进退，实为狼狈。

互慰藉。但祖母刘氏又很早就疾病缠身，常年卧床不起，我侍奉她吃饭喝药，从来就没有离开她。

到了当今圣明的朝代，我接受了清明的政治教化。先前有叫逵的太守，考察后推举我为孝廉，后来刺史荣又推举臣下为秀才。我因为供奉赡养祖母的事无人主持，所以辞谢不前往接受任命。朝廷又特地发下诏书，任命我为郎中，不久又承蒙国家恩惠，任命我为太子洗马。我以卑微低贱的身份，担当侍奉太子的职务，这实在不是我杀身捐躯就能向上报答朝廷的。我将这些苦恼上表报告，辞谢不去就职。但是诏书严正急切，责备我怠慢。郡县长官对我逼迫，催促我迅速上路；州官登门催促，比流星还急促。我很想奉旨为皇上奔走效劳，但祖母刘氏的病一天比一天严重；想要姑且顺从自己的私情，但虽经上诉苦衷不被允许。我的处境进退两难，实在是狼狈。

伏惟圣朝以孝治天下，凡在故老，犹蒙矜育，况臣孤苦，特为尤甚。且臣少事伪朝，历职郎署，本图宦达，不矜名节。今臣亡国贱俘，至微至陋，过蒙拔擢，宠命优渥，岂敢盘桓，有所希冀？但以刘日薄西山，气息奄奄，人命危浅，朝不虑夕。臣无祖母，无以至今日，祖母无臣，无以终余年。母孙二人，更相为命，是以区区不能废远。

臣密今年四十有四，祖母刘今年九十有六，是臣尽节于陛下之日长，报养刘之日短也。乌鸟私情，愿乞终养。臣之辛苦，非独蜀之人士及二州牧伯所见明知，皇天后土，实所共鉴。愿陛下矜愍④愚诚，听臣微志，庶刘侥幸，卒保余年。臣生当陨首，死当结草。臣不胜犬马怖惧之情，谨拜表以闻。

圣明的朝代是凭借孝道来治理天下的，凡是故旧老人，尚且还受到怜惜抚育，况且我的孤单苦难程度比他们更为严重呢。而且我年轻的时候曾经出仕蜀汉，担任过郎署，本来就希望能够通过做官显达，并不顾惜声名节操。现在我是一个亡国后卑贱的俘虏，十分卑微粗劣，受到过分的承蒙和提拔，恩命十分优厚，怎敢犹豫不决再有更多希求呢？只是因为祖母刘氏的寿命即将到头，气息非常微弱，生命垂危，早上不能考虑晚上会怎样。我如果没有祖母，就无法走到今天；祖母如果没有我的照料，也无法安稳地度过她的余生。我们祖孙二人，互相依靠过着日子，因此我的内心情感使我不能废止奉养，远离祖母。

我今年有四十四岁了，祖母今年有九十六岁了，我对陛下尽忠尽节的日子还很长，而报答赡养祖母刘氏的日子已经不多了。我以乌鸦反哺的私情，愿乞求能够让我奉养祖母刘氏以终其天年。我的辛酸苦楚，并不仅仅被蜀地的百姓及益州、梁州两个州牧明白了解，连天地神明也实在能够明察。希望陛下能怜悯我的愚拙和至诚，满足我微不足道的心愿，使我的祖母刘氏能够侥幸地保全她的余生。我活着理应杀身报效朝廷，死了也要结草衔环来报答陛下的恩情。臣下我怀着犬马一样不胜恐惧的心情，恭敬地呈上此表来让陛下知道这件事。

字词释义

①夙遭闵凶：夙，早时，这里指年幼的时候。闵，通“悯”，指可忧患的事，多指疾病死丧。凶，这里指他家中不幸的事。

②茕（qióng）茕孑（jié）立：形容孤苦伶仃，无依无靠。茕茕，孤单的样子。孑，孤单。

③洗（xiǎn）马：太子洗马，太子的侍从官。

④矜愍：怜悯。

作者档案

李密（224—287），字令伯，三国末期蜀国人。他幼年丧父，母何氏改嫁，由祖母抚养成人。后来李密因对祖母的孝敬名扬乡里。李密的师父是当时蜀国著名的学者谯周。蜀汉亡后，晋武帝召李密为太子洗马，李密以祖母年老多病、无人供养的缘由力辞，祖母去世后才出来做官。

趣味知识

结草衔环

春秋时，晋大夫魏武子有爱妾，武子病重，嘱咐儿子魏颗说，自己死后，让爱妾改嫁。到了病危时，又说令妾殉葬。武子死后，魏颗把父妾嫁出，说是遵守父亲神志清醒时的遗命。传说后来魏颗和秦将杜回作战，看到一老人结草绊倒了杜回，夜间魏颗梦见老人说自己是魏武子妾的父亲，之所以帮助他，是因为要报答他不令女儿殉葬的恩德。现表示死后也将如结草老人一样来报答恩情，有成语“结草衔环”。

扫码听音频

谏太宗十思疏

〔唐〕魏徵

经典名句

求木之长者，必固其根本；欲流之远者，必浚其泉源；思国之安者，必积其德义。

题解

本篇是初唐时期著名的诤臣魏徵的名作。唐太宗即位初期，由于有隋炀帝因无道而亡国的前车之鉴，因此需要励精图治。但是随着社会稳定，唐太宗就逐渐放松了对自己的要求。魏徵以此为忧，于是上疏劝谏。本文围绕“思国之安者，必积其德义”的主旨，规劝唐太宗在政治上要慎始敬终，虚心纳下，赏罚公正；用人时要知人善任；生活上要崇尚节俭，不滥用民力。

古文诵读

臣闻求木之长者，必固其根本；欲流之远者，必浚其泉源；思国之安者，必积其德义。源不深而望流之远，根不固而求木之长，德不厚而思国之安，臣虽下愚，知其不可，而况于明哲乎！人君当神器之重[1]，居域中之大，不念居安思危，戒奢

古文今译

我听说想要树木长得高大，一定要牢固它的根基；想要泉水流得长远，一定要挖深它的源头；想要让国家能够安定，一定要厚积仁义道德。源头不深却希望泉水流得长远，根基不牢固却想要树木长得高大，仁义道德不深厚却想要国家安定，我虽然愚笨，也知道这是不可能的，更何况陛下这样明智的人呢！国君担负着帝王的重要任务，处于天地间最高的地位，如果不在安逸的环境中想到可能发生的危难，用节俭来戒除奢侈，这就如同挖断树根来求得树木高大，

以俭，斯亦伐根以求木茂，塞源而欲流长也。

凡昔元首，承天景命，善始者实繁，克终者盖寡。岂取之易守之难乎？盖在殷忧必竭诚以待下，既得志则纵情以傲物[2]。竭诚则胡越为一体，傲物则骨肉为行路。虽董之以严刑，振之以威怒，终苟免而不怀仁，貌恭而不心服。怨不在大，可畏惟人。载舟覆舟，所宜深慎。

诚能见可欲则思知足以自戒，将有作则思知止以安人，念高危则思谦冲而自牧，惧满盈则思江海下百川，乐盘游则思三驱以为度，忧懈怠则思慎始而敬终，虑壅蔽[3]则思虚心以纳下，惧谗邪则思正身以黜恶，恩所加则思无因喜以谬赏，罚所及则思无以怒而滥刑。总此十思，宏兹九得，简能而任之，择善而从之，则智者尽其谋，勇者竭其力，仁者播其惠，信者效其忠。文武并用，垂拱而治。何必劳神苦思，代百司[4]之职役哉！

堵塞源泉而想要泉水流得长远啊。

古代所有的帝王，都担负着上天赋予的重大使命。国君开头做得好的人确实很多，能够坚持到底的却很少，难道是夺取天下容易而守住天下困难吗？凡是处在深重的忧虑之中的国君必定能竭尽诚心来对待臣民，一旦成功，就放纵自己的性情，傲慢地对待一切。竭尽诚心，即使是胡越这样敌对的国家，也能结成一体；傲慢地对待别人，就算是骨肉亲属也会成为陌路。即使用严酷的刑罚来监督他们，用声威震慑他们，但结果大家只图苟且免于刑罚而不感激国君的仁德，表面上恭顺而内心却不诚心服从。臣民对国君的怨恨不在大小，可怕的只是人民。他们像水一样能够负载大船，也能颠覆大船，这是应当深切谨慎对待的。

国君如果真的能够做到一见到自己喜好的东西，就想到用知足来警惕自己；将要兴建宫室土木，就想到适可而止来使百姓安宁；想到帝位高且危，就想到要谦虚谨慎并加强自我修养；害怕骄傲自满，就想到要像江海那样能够处于众多河流的下游；快乐地打猎的时候，就想到一年三次田猎为限度；担心自己意志松懈，就想到做事自始至终都要谨慎敬畏；怕自己的耳目被堵塞，就想到虚心接受臣下的意见；担心有谗佞奸邪的人在自己身边，就想到使自身端正才能罢黜奸邪；施加恩泽，就要考虑到不因为一时高兴而奖赏不当；动用刑罚，就要想到不因为一时发怒而滥用刑罚。总括这十件应该深思的事，弘扬这九种德行修养，选拔有能力的人而任用他，选择好的意见而采纳它，那么有智慧的人就能充分施展他们的才谋，勇敢的人就会竭尽他们的力量，仁爱的人就能散播他们的恩惠，诚信的人就能报效他们的忠诚。文臣武将都能够人尽其才，皇上垂着衣服双手合抱就能很轻松地治理好天下。何必劳神费思，代替臣下做他们的职事呢。

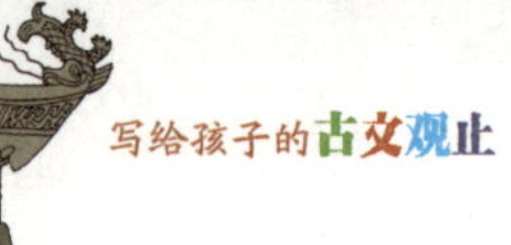

字词释义

❶ 神器之重：处于皇帝的重要位置。神器，指帝位。古时认为“君权神授”，所以称帝位为“神器”。

❷ 傲物：傲视别人。物，这里指人。

❸ 虑壅（yōng）蔽：担心（言路）不通而受蒙蔽。壅，堵塞。

❹ 百司：百官。

作者档案

魏徵（580—643），字玄成。唐朝政治家。曾任谏议大夫、左光禄大夫，以直谏敢言著称，是中国历史上最负盛名的谏臣。他不畏权贵，刚直不阿，敢于冒死进献忠言，被唐太宗比作一面可以纠正自己错误的明镜。

趣味知识

《贞观政要》

《贞观政要》是一部政论性史书，唐代史学家吴兢纂辑。以记言为主，分君道、政体、任贤、纳谏、君臣鉴戒等篇目，分类编辑了贞观年间唐太宗与魏徵、房玄龄等人的政论、奏疏以及重大施政措施等，强调统治者的自身修养，“为政之要，唯在得人”。

为徐敬业讨武曌檄

〔唐〕骆宾王

经典名句

一抔之土未干，六尺之孤何托？

题解

684 年，武则天废中宗，临朝称制，大肆杀戮李唐子孙。被贬为柳州司马的徐敬业在扬州起兵，骆宾王为之写下了这篇传至千古的檄文。据《唐才子传》记载，武则天读到“一抔之土未干，六尺之孤何托”时，惊问是谁写的，继而感叹：“有才如此，而使之沦落不偶，宰相之过也！”

古文诵读

伪[1]临朝武氏者，性非和顺，地实寒微。昔充太宗下陈，曾以更衣入侍。洎[2]乎晚节，秽乱春宫[3]。潜隐先帝之私，阴图后房之嬖[4]。入门见嫉，蛾眉不肯让人；掩袖工谗，狐媚偏能惑主。践元后于翚翟，陷吾君于聚麀[5]。加以虺[6]蜴为心，豺狼成性，近狎邪僻，残害忠良，杀姊屠兄，弑君鸩[7]母。人神之所同

古文今译

非法把持朝政的武氏，本性不和顺，出身低微。当初充当太宗的才人，曾因更衣的机会得以侍奉左右。到后来，淫乱东宫。隐瞒先帝的宠幸，暗地里图谋在后宫的专宠地位。入宫的妃嫔都被她嫉妒，依仗美貌，不肯让人；她像郑袖一样善于进谗言，像狐狸精一样妖媚迷惑君主。终于穿上华丽的礼服，登上皇后的宝座，使我们的君王陷入败坏人伦的境地。加上毒蛇般的心肠，豺狼般的性格，亲近奸佞，残害忠良，杀害兄姊，

嫉，天地之所不容。犹复包藏祸心，窥窃神器。君之爱子，幽之于别宫；贼之宗盟，委之以重任。呜呼！霍子孟之不作，朱虚侯之已亡。燕啄皇孙，知汉祚⑧之将尽；龙漦⑨帝后，识夏庭之遽衰。

敬业皇唐旧臣，公侯冢子。奉先君之成业，荷本朝之厚恩。宋微子之兴悲，良有以也；袁君山之流涕，岂徒然哉！是用气愤风云，志安社稷。因天下之失望，顺宇内之推心，爰举义旗，以清妖孽。南连百越，北尽三河，铁骑成群，玉轴相接。海陵红粟，仓储之积靡穷；江浦黄旗，匡复之功何远？班声动而北风起，剑气冲而南斗平。喑呜则山岳崩颓，叱咤则风云变色。以此制敌，何敌不摧；以此图功，何功不克！

公等或居汉地，或叶周亲，或膺⑩重寄于话言，或受顾命于宣室。言犹在耳，忠岂忘心？一抔之土未干，六尺之孤何托？倘能转祸为福，送往事居，共立勤王之勋，无废旧君之命，凡诸爵赏，同指山河。若

谋杀君王，毒死母亲。这种人，人神共恨，天地不容。她还包藏祸心，阴谋夺取帝位。国君的爱子被幽禁在别宫，贼人的亲属党羽委派以重任。唉！霍子孟没有兴起，朱虚侯也已亡故了。“燕啄皇孙”预示汉朝将要灭亡了；孽龙的口水出现在后宫，标志着夏王朝快要衰亡了。

我徐敬业是大唐的旧臣，公侯的长子，继承先辈的事业，承受本朝的厚恩。宋微子心生悲哀，确实是有原因的；袁君山流泪，难道是毫无道理的吗！所以由于气愤而激荡风云，是为了安定国家。趁着天下百姓对武氏的失望情绪，顺应海内的人心归向，于是高举义旗，消除妖孽。南至百越，北到三河，铁骑成群，战车相接。海陵的红粟，仓库的积蓄无穷无尽；江岸黄旗飘扬，匡复的功业还会遥远吗？战马嘶鸣，北风呼啸，宝剑之气冲天，与南斗齐平。战士的怒气使山岳崩塌，呐喊使云天变色。以此来对付敌人，什么样的敌人不能摧毁；以此来建立功业，什么样的功业不能成就！

诸位有的蒙受国家的封爵，有的是皇室的至亲，有的负有重要委托，有的接受先帝遗命。先帝的话音好像还在耳边，忠诚怎能忘却？先帝坟上的土还没有干透，遗孤该依托谁！如果能转变祸难成为福祉，送别先帝，辅立当今的皇上，共同建立勤王的功勋，不废弃先皇的遗命，所有封爵赏赐，都可以指泰山

其眷恋穷城，徘徊歧路，坐昧先几之兆，必贻[11]后至之诛。请看今日之域中，竟是谁家之天下！

黄河为誓。如果留恋孤立的城池，在歧路徘徊观望，徒然错过事先的征兆，必然会因为迟迟不动而遭受惩罚。请看今日之国中，到底是谁家的天下！

字词释义

❶伪：指非法的，不为正统所承认。
❷洎（jì）：及，到。
❸春宫：亦称东宫，是太子居住的地方。
❹嬖（bì）：卑贱的人获得宠爱。
❺麀（yōu）：母鹿。
❻虺（huǐ）：毒蛇。
❼鸩：鸟名，据说用其羽毛浸酒能毒死人。
❽祚：指皇位，国统。
❾漦（chí）：涎沫。
❿膺：承受。
⓫贻：遗下，留下。

作者档案

骆宾王（约 640—684），字观光，婺州义乌人。唐代诗人，7 岁能诗，有神童之誉。与王勃、杨炯、卢照邻合称“初唐四杰”。684 年，徐敬业起兵反抗武则天，骆宾王为徐敬业起草檄文，朝野震动。十一月，兵败后被杀，有人说他投江而死，也有人说他落发为僧。

趣味知识

鲁迅评《讨武曌檄》

骆宾王作《讨武曌檄》，那“入宫见嫉，蛾眉不肯让人；掩袖工谗，狐媚偏能惑主”这几句，恐怕是很费点心机的了，但相传武后看到这里，不过微微一笑。是的，如此而已，又怎么样呢？声罪致讨的明文，那力量往往远不如交头接耳的密语，因为一是分明，一是莫测的。我想假使当时骆宾王站在大众之前，只是攒眉摇头，连称“坏极坏极”，却不说出其所谓坏的实例，恐怕那效力会在文章之上的罢。

扫码听音频

师说

〔唐〕韩愈

经典名句

师者，所以传道、受业、解惑也。

题解

本篇讲述了韩愈对于学习的理解。文章以绵密谨慎的论证，表明了不应因地位贵贱或年龄的差别，就不肯向别人虚心学习；又点出无论在当下还是古时候，尊师重道都是读书人应该奉行的信念，批判了当时社会上“耻学于师”的陋习。

古文诵读

古之学者必有师。师者，所以传道、受[1]业、解惑也。人非生而知之者，孰能无惑？惑而不从师，其为惑也，终不解矣。生乎吾前，其闻道也固先乎吾，吾从而师之；生乎吾后，其闻道也亦先乎吾，吾从而师之。吾师道也，夫庸知其年之先后生于吾乎？是故无贵无贱，无长无少，道之所存，师之所存也。

古文今译

古时候求学的人必定有老师。老师，是传授道理、教授学业、解答疑难问题的人。人不是生下来就懂得知识道理的，谁能没有疑惑？有了困惑却不跟从老师学习，那些成为疑难问题的，就一直不能解决了。在我前面出生的人，他懂得道理本来就比我早，我应该跟从他把他当作老师；在我后面出生的人，如他懂得的道理也早于我，我也应该跟从他把他当作老师。我是向他学习道理啊，哪里需要知道他的年龄是比我大还是比我小呢？因此，无论地位高低贵贱，无论年纪大小，知识道理存在的地方，就有老师存在。

嗟乎！师道之不传也久矣！欲人之无惑也难矣！古之圣人，其出人也远矣，犹且从师而问焉；今之众人，其下圣人也亦远矣，而耻学于师。是故圣益圣，愚益愚。圣人之所以为圣，愚人之所以为愚，其皆出于此乎？爱其子，择师而教之；于其身也，则耻师焉，惑矣。彼童子之师，授之书而习其句读[2]者也，非吾所谓传其道、解其惑者也。句读之不知，惑之不解，或师焉，或不焉，小学而大遗[3]，吾未见其明也。巫医、乐师、百工之人，不耻相师。士大夫之族，曰师、曰弟子云者，则群聚而笑之。问之，则曰："彼与彼年相若也，道相似也。位卑则足羞，官盛则近谀。"呜呼！师道之不复，可知矣。巫医、乐师、百工之人，君子不齿，今其智乃反不能及，其可怪也欤！

圣人无常师。孔子师郯子[4]、苌弘、师襄、老聃。郯子之徒，其贤不及孔子。孔子曰："三人行，则必有我师。"是故弟子不必不如师，师

唉，古代从师求学的传统不流传已经很久了，想要人没有疑惑难啊！古代的圣人，他们的才智远远超出一般人，尚且跟从老师请教询问道理；现在的一般人，他们的才智比起圣人相差很远，却耻于向老师学习。因此圣人就更加圣明，愚人就更加愚昧。圣人之所以能成为圣人，愚人之所以成为愚人，大概就是因为这个吧？人们爱自己的孩子，就选择老师来教育他，对于自己呢，却耻于找老师学习，真是错误啊！那些小孩子的老师，教他们读书、断句，同我所说的能传授道理、解决疑惑的老师是两回事。不会断句愿意去找老师请教，不能解决疑惑却不肯找老师请教，这是学习了小的知识，反而放弃了大的方面，我真看不出那种人是聪明的。巫医、乐师和各种工匠这些人，并不以互相学习为耻辱。士大夫这类人，说起老师、弟子的时候，就成群地聚在一起讥笑他。问那些嘲笑者何以如此，就说："那个人和他年龄相近，修养和学业也差不多，以地位低的人为师，就足以感到羞耻；以官职高的人为师，就近乎谄媚了。"唉！这就是古代那种跟从老师学习的传统不能恢复的原因。巫医、乐师和各种工匠这些人，是士大夫们所看不起的，现在他们的见识竟然反而赶不上这些人，真是令人奇怪啊！

圣人没有固定的老师。孔子曾以郯子、苌弘、师襄、老聃等人为师。郯子这些人，他们的贤能都不如孔子。孔子说："几个人同行，其中一定有人可以当我的老师。"因此学生不一定不如老师，老师也不一定比学生贤能，学习道理有

不必贤于弟子，闻道有先后，术业有专攻，如是而已。

李氏子蟠，年十七，好古文，六艺经传皆通习之，不拘于时，学于余。余嘉其能行古道，作《师说》以贻⑤之。

早有晚，学问技艺各有专精的研究，只是如此罢了。

李氏有个孩子叫李蟠，十七岁，喜好古文，六经的经文和传文都普遍地学习过了，他不受时代的限制，向我学习。我赞许他能够履行古人的大道，于是写这篇《师说》来赠送给他。

字词释义

❶受：通“授”。

❷句读（dòu）：文章的断句。

❸小学而大遗：小的方面（句读之不知）倒要学习，大的方面（惑之不解）却放弃了。遗，丢弃，放弃。

❹郯（tán）子：春秋时郯国国君。

❺贻：赠。

作者档案

韩愈（768—824），字退之，世称韩昌黎。韩愈是唐代古文运动的发起者，他主张“文以载道”，用简洁质朴的语言代替六朝以来骈俪的文风，他的诗文备受后人称颂，被誉为“唐宋八大家”之首。

趣味知识

下雨天留客天留人不留

有位书生到亲戚家做客，不巧外面下起雨来，这时天色已晚，他回不去了，只能留宿。但亲戚不乐意，却又不好明说，就在纸上写了一句话：下雨天留客天留人不留。

书生明白亲戚的意思，就一不做二不休，提笔加了几处标点：下雨天，留客天，留人不？留！

亲戚一看，无话可说，只能安排书生住下。

杂说四

〔唐〕韩愈

经典名句

千里马常有，而伯乐不常有。

题解

唐德宗贞元年间，韩愈初登仕途，很不得志。曾经三次上书宰相以求擢用，但结果都吃了闭门羹。在这种郁郁不得志的处境下，韩愈感叹自己如同千里马一样，虽然才华横溢，志存高远，却没有伯乐赏识，这篇杂说由此而成。

古文诵读

世有伯乐，然后有千里马。千里马常有，而伯乐不常有。故虽有名马，只辱于奴隶人之手，骈死于槽枥之间[1]，不以千里称也。

马之千里者，一食或尽粟一石。食马者不知其能千里而食也。是马也，虽有千里之能，食不饱，力不足，才美不外见，且欲与常马等不可得，安求其能千里也？

古文今译

世上有了伯乐，然后才会有千里马被发现。千里马经常有，但是伯乐不常见。所以即使有名马，也只会在奴仆手中遭到欺辱，跟普通的马一样死在马厩中，并不能作为千里马传世。

那些能够日行千里的马，一顿可能要吃掉一石米。喂马的人不知道它能够日行千里，而像对待普通的马一样喂养它。这匹千里马虽然有日行千里的能力，却因为吃不饱，力气不够，内在的才能和美德不能表现出来。即使想和普通的马一样也不能做到，又怎能要求它日行千里呢？

策之不以其道，食之不能尽其材，鸣之而不能通其意，执策而临之曰："天下无马。"呜呼！其真无马邪？其真不知马也！

驾驭千里马却不按照驾驭千里马的方法，喂养千里马却不能满足它的需要，充分发挥它的才能；千里马嘶鸣的时候，又不能懂得它的心意，反而拿着鞭子对着它说："天下没有千里马！"唉，难道真的没有千里马吗？而是人们原本就不会识别千里马啊！

字词释义

❶骈（pián）死于槽（cáo）枥（lì）之间：和普通的马一同死在马厩里。骈，两马并驾。骈死，并列而死。于，在。槽枥，喂牲口用的食器，引申为马厩。

趣味知识

伯乐之子相马

伯乐擅长相马，写了一部《相马经》，传授相马的经验，介绍千里马特征的一句话叫："隆颡跌日，蹄如累曲。"伯乐的儿子熟读《相马经》。一天，他双手捧着一只癞蛤蟆兴冲冲地回家告诉伯乐："我找到千里马了！我找到千里马了！"伯乐赶忙问儿子："千里马在哪里？"

儿子指着癞蛤蟆说："这不是《相马经》中写的'隆颡跌日'吗？只是和'蹄如累曲'稍有不同！"

进学解

〔唐〕韩愈

经典名句

业精于勤，荒于嬉；行成于思，毁于随。

题解

本篇应当创作于元和八年（813）韩愈任国子学博士之时。文章以问答的形式，假托先生劝学、诸生质问，勉励诸生，实际上是感叹自己的不遇，自抒愤懑。全文文采飞扬，“贪多务得”“细大不捐”“含英咀华”“佶屈聱牙”等词语，今天已成为常用成语。“业精于勤，荒于嬉；行成于思，毁于随”，更为激励人心的格言，发人深思。

古文诵读

国子先生晨入太学，招诸生立馆下，诲之曰：“业精于勤，荒于嬉；行成于思，毁于随。方今圣贤相逢，治具毕张。拔去凶邪，登崇俊良。占小善者率[1]以录，名一艺者无不庸。爬罗剔抉[2]，刮垢磨光。盖有幸而获选，孰云多而不扬？诸生业患不能精，无患有司之不明；行患不能成，无患有司之不公。”

古文今译

国子先生早上走进太学，召集学生们站立在学舍前，教导他们说：“学业由于勤奋而精进，由于玩乐而荒废；德行由于思考而有所成，由于因循而败坏。当今圣君与贤臣相遇合，法律完备。铲除凶恶奸邪之人，提拔推崇优秀人才。稍有优点的人全被录取，拥有点儿本事的人也无不被任用。搜罗选拔，打磨培养。只有侥幸获得选拔的，哪里会有德行和才能突出却不被提举的。诸位只需担心学业不能精进，不要担心主管官不英明；只要担心德行不能有所成，不要担心主管官不公正。”

言未既，有笑于列者曰："先生欺余哉！弟子事先生，于兹有年矣。先生口不绝吟于六艺之文，手不停披于百家之编。纪事者必提其要，纂言者必钩其玄。贪多务得，细大不捐。焚膏油以继晷[3]，恒兀兀[4]以穷年。先生之业，可谓勤矣。觝排异端，攘斥佛老。补苴罅[5]漏，张皇幽眇。寻坠绪之茫茫，独旁搜而远绍。障百川而东之，回狂澜于既倒。先生之于儒，可谓劳矣。沉浸醲郁，含英咀华，作为文章，其书满家。上规姚姒，浑浑无涯；周诰、殷《盘》，佶屈聱牙；《春秋》谨严，《左氏》浮

话没有说完，在行列里有人笑道："先生在骗我们吧？我跟着先生学习，到现在很多年了。先生嘴里不断诵读'六经'，两手不停地翻阅着百家的著作。对记事的书必定总结它的纲要，对言论的书必定探寻其深奥的道理。广泛学习，务求有所得，不论大小都不舍弃。夜以继日，终年劳碌。先生对于学业可以说勤奋了。抵制异端，排斥佛教与道家学说，弥补儒学的缺漏不足，阐发精深微妙的义理。探寻久已失传的儒家学说，独自广泛搜寻继承。堵住奔流的成百上千的河流，引导它们东流大海，挽回被泛滥的狂澜压倒的正气。先生对于儒家学说，可以说是有功劳了。沉浸在典籍浓厚的书香里，品尝咀嚼精华，写起文章来，书卷堆满房屋。向上效法虞夏的典章，深远博大，无边无际；周代的诰书和殷代的《盘庚》，艰涩拗口难读；《春秋》严谨，《左传》铺张；《易经》奇妙有法可循，《诗经》思想端正辞藻华

夸；《易》奇而法，《诗》正而葩；下逮《庄》《骚》，太史所录；子云、相如，同工异曲。先生之于文，可谓闳其中而肆其外矣。

“少始知学，勇于敢为；长通于方，左右具宜。先生之于为人，可谓成矣。然而公不见信于人，私不见助于友。跋前踬后，动辄得咎。暂为御史，遂窜南夷。三年博士，冗不见治。命与仇谋，取败几时。冬暖而儿号寒，年丰而妻啼饥。头童齿豁，竟死何裨。不知虑此，反教人为？”

美；往下直到《庄子》《离骚》《史记》，扬雄、司马相如的著作，同样巧妙但曲调各不相同。先生的文章可以说是内容宏大而文采奔放。

“先生少年时开始知道学习，有勇气，敢于作为。长大后通晓规矩，举止得体。先生的为人，可以说是老成了。可是于公不被人信任，于私得不到朋友的帮助。进退两难，动不动就要受到指责。刚当上御史，就被贬到边远南方。做了三年博士，闲散官职无法表现政绩。命运与仇敌共谋，不时遭受挫败。冬天气候还算暖和，儿女哭着喊冷；年成丰收而妻子却喊叫饥饿。您头顶秃了，牙齿掉了，到死又有什么好处呢？不想想这些，反而来教导别人？”

先生曰："吁，子来前！夫大木为宗⑥，细木为桷⑦，欂栌、侏儒，椳、闑⑧、扂、楔，各得其宜，施以成室者，匠氏之工也。玉札、丹砂，赤箭、青芝，牛溲、马勃，败鼓之皮，俱收并蓄，待用无遗者，医师之良也。登明选公，杂进巧拙，纡余为妍，卓荦为杰，校短量长，惟器是适者，宰相之方也。昔者孟轲好辩，孔道以明，辙环天下，卒老于行。荀卿守正，大论是弘，逃谗于楚，废死兰陵。是二儒者，吐辞为经，举足为法，绝类离伦，优入圣域，其遇于世何如也？今先生学虽勤而不由其统，言虽多而不要其中，文虽奇而不济于用，行虽修而不显于众。犹且月费俸钱，岁縻廪粟；子不知耕，妇不知织；乘马从徒，安坐而食。踵常途之役役，窥陈编以盗窃。然而圣主不加诛，宰臣不见斥，非其幸欤？动而得谤，名亦随之。投闲置散，乃分之宜。若夫商财贿之有亡，计班资之崇庳⑨，忘己量之所称，指前人之瑕

国子先生说："唉，你到前面来！大的木材做屋梁，小的木材做瓦椽，做壁柱、斗拱、短椽，做门臼、门橛、门闩、门柱，各有各的用处，让它们建成房屋，这是工匠的技巧。地榆、朱砂，天麻、龙芝，车前草、马屁菌，坏鼓的皮，全都收集储藏，等到需要用的时候没有遗缺，这是医师的高明啊。提拔人才贤明，选用人才公正。灵巧和愚笨的都引进，谦和为美好，豪放为杰出，衡量各人的长短，按照才能分配适当，这是宰相用人的原则！从前孟轲喜好辩论，孔子之道得以阐明发扬，车迹周遍天下，最后在奔走中老去。荀况坚守正道，光大理论，逃避谗言到了楚国，被废黜死在兰陵。这两位大儒，说的话成为经典，行动成为准则，远远超出常人，达到圣人的行列，可是他们在世上的遭遇怎样呢？现在我学习虽然勤劳却不能继承道统，言论虽然多却不能抓住主旨，文章虽然出奇却不实用，行为虽然有修养却没有出众的表现，尚且每月得到俸钱，每年消耗仓库的粮食；儿子不懂得耕地，妻子不懂得织布；乘马后面跟着随从，安坐吃饭。谨慎地按常规行事，在古书里剽窃一些东西。然而圣主不加处罚，宰相大臣不训斥，难道不幸运吗？动不动就遭到毁谤，名誉也跟着被毁。被安置在闲散职位上，是理所应当的。至于讨论俸禄的多少，计较品级的高低，忘了

疵，是所谓诘匠氏之不以杙⑩为楹，而訾⑪医师以昌阳引年，欲进其豨苓⑫也。”

自己的才能和什么相称，批评上司的缺点，这就是所谓的责问工匠为什么不用小木桩做柱子，批评医师用菖蒲延年益寿，却想让人用猪苓啊！”

字词释义

❶率：大都。
❷爬罗剔抉：仔细搜罗人才。
❸膏油：油脂，指灯烛。晷（guǐ）：日影。
❹兀（wù）兀：劳苦。
❺罅（xià）：裂缝。
❻宋（máng）：屋梁。
❼桷（jué）：屋椽。
❽闑（niè）：门中央所竖的短木。
❾庳：通“卑”，低。
❿杙（yì）：小木桩。
⓫訾（zǐ）：毁谤非议。
⓬豨（xī）苓：又名猪苓，菌类植物。

趣味知识

国子监

国子监是我国古代最高学府和教育管理机构。西汉称为太学，晋武帝司马炎始设国子学，隋炀帝时，改称国子监。唐宋时，国子监作为国家教育管理机构，统辖其下设的国子学、太学、四门学等，分别设立博士、祭酒，负责教学与管理。

扫码听音频

与陈给事书

〔唐〕韩愈

经典名句

温乎其容，若加其新也；属乎其言，若闵其穷也。

题解

本篇是韩愈写给陈京的信，希望恢复曾经疏远的交情，文辞婉转动情，表现力高超。陈给事名京，字庆复。给事，官名，即给事中。吴楚材、吴调侯评说："通篇以'见'字作主，上半篇从'见'说到'不见'，下半篇从'不见'说到要'见'。一路顿挫跌宕，波澜层叠，姿态横生，笔笔入妙也。"

古文诵读

愈再拜：

愈之获见于阁下有年矣。始者亦尝辱一言之誉。贫贱也，衣食于奔走，不得朝夕继见。其后阁下位益尊，伺候于门墙者日益进。夫位益尊，则贱者日隔；伺候于门墙者日益进，则爱博而情不专。愈也道不加修，而文日益有名。夫道不加

古文今译

韩愈再拜：

我同阁下结识已经好多年了。开始时也曾受到您的一些称赞。由于我贫贱，为生计而奔波，不能早晚经常拜见。此后，您的地位越来越尊贵，依附在您门下的人越来越多。地位越尊贵，跟贫贱的人就越疏远；伺候在您门下的人越多，您喜欢的人多了，对于旧友的情意就不专一了。我在品德修养方面没有提高，文章却一天比一天有名。品德修养没有

修，则贤者不与；文日益有名，则同进者忌。始之以日隔之疏，加之以不专之望，以不与者之心，而听忌者之说。由是阁下之庭，无愈之迹矣。

去年春，亦尝一进谒[1]于左右矣。温乎其容，若加其新也；属乎其言，若闵其穷也。退而喜也，以告于人。其后，如东京取妻子，又不得朝夕继见。及其还也，亦尝一进谒于左右矣。邈乎其容，若不察其愚也；悄乎其言，若不接其情也。退而惧也，不敢复进。

今则释然悟，翻然悔曰：其邈也，乃所以怒其来之不继也；其悄也，乃所以示其意也。不敏之诛[2]，无所逃避。不敢遂进，辄自疏[3]其所以，并献近所为《复志赋》以下十首，为一卷，卷有标轴。《送孟郊序》一首，生纸写，不加装饰。皆有揩[4]字注字处，急于自解而谢，不能俟[5]更写。阁下取其意而略其礼可也。愈恐惧再拜。

提高，那么贤德的人就不会称赞；文章越来越有名，那么一起求进的人就会妒忌。起初，您我由于经常不见面而疏远，后来加上我对您感情不专一的抱怨，加上您不再称赞的情绪，并且听信妒忌者的闲话，因此，阁下的门庭就没有我的足迹了。

去年春天，我也曾经拜见过您一次。您神态温和，好像是接待新结交的朋友；言辞热情，好像怜悯我的穷困。告辞回来，我非常高兴，把这些情况告诉了别人。此后，我到东京接妻子儿女，又不能朝夕与您相见。等我回来，又曾经拜访过您一次。您表情冷漠，好像不体察我的苦衷；沉默寡言，好像是不领会我的情意。告辞回来，心中惶恐，不敢再拜见。

现在我恍然大悟，非常懊悔，心想：您表情冷漠，是生气我不常去拜见；沉默寡言，就是表示这种意思。对我愚钝的责怪，我无法逃避。我不敢马上拜见您，就写信陈述事情的缘由，并且献上近日写的《复志赋》等十篇文章，作为一卷，卷轴上作有标记。《送孟郊序》一文，用生纸写成，没有装饰，都有涂改加字的地方，因为急于向您解释、道歉，来不及重新誊写。希望阁下接受我的情意，不计较我的礼节上的不周。韩愈恐惧，再拜。

字词释义

❶进谒（yè）：前去拜见。
❷诛：责备。
❸疏：分条陈述。
❹揩（kāi）：涂抹。
❺俟：等待。

趣味知识

不平则鸣

韩愈的《送孟东野序》中有一段名言："大凡物不得其平则鸣。草木之无声，风挠之鸣。水之无声，风荡之鸣……人之于言也亦然，有不得已者而后言。其歌也有思，其哭也有怀，凡出乎口而为声者，其皆有弗平者乎！"成语"不平则鸣"即出于此，指遇到不平的事就要发出不满的呼声，形容对不平之事表示愤慨。

应科目时与人书

〔唐〕韩愈

经典名句

其哀之，命也；其不哀之，命也；知其在命，而且鸣号之者，亦命也。

题解

本篇是韩愈参加博学宏词科考试时写的自荐信。全篇托物喻志，譬喻到底，篇中所谓“摇尾乞怜”，讥讽应试者卑屈求人，“熟视无睹”则讥讽此前的主考官，混淆黑白，只最后一句点出自己。虽然有求于人，言辞之间却是不卑不亢，恳切而含蓄。

古文诵读

月日，愈再拜：天池之滨，大江之溃[1]，曰有怪物焉，盖非常鳞凡介之品汇匹俦[2]也。其得水，变化风雨，上下于天不难也。其不及水，盖寻常尺寸之间耳，无高山大陵旷途绝险为之关隔也，然其穷涸，不能自致乎水，为猵獭[3]之笑者，盖十八九矣。如有力者，哀其穷而运转之，盖一举手一投足之劳也。然

古文今译

某月某日，韩愈再拜：天池的水边，大江的岸边，传说有怪物出没，大概不是平常鳞甲等动物可以相比的。它得到水，就能呼风唤雨，上天下地都很容易。如果得不到水，就只能在很小范围里活动，就算没有高山、土丘、远路、险阻成为它的障碍，然而它在困窘干涸的地方，不能自己得到水，大概十次有八九次会被水獭嘲笑。如果有力量的人，同情它的困境而把它们转到有水的地方，不过是举手抬脚的功夫。但是这个怪物，依仗自己与众不同，说：“烂死在沙泥里，我也高兴。如果低着头、卑躬屈膝地效

是物也，负其异于众也，且曰：“烂死于沙泥，吾宁乐之；若俯首帖耳，摇尾而乞怜者，非我之志也。”是以有力者遇之，熟视之若无睹也。其死其生，固不可知也。

今又有有力者当其前矣，聊试仰首一鸣号焉，庸讵❹知有力者不哀其穷而忘一举手、一投足之劳，而转之清波乎？其哀之，命也；其不哀之，命也；知其在命，而且鸣号之者，亦命也。愈今者，实有类于是，是以忘其疏愚之罪，而有是说焉。阁下其亦怜察之。

力于他人，以乞求恩赐，不是我的志向。”因此有力量的人遇到它，熟视无睹。它的死活，我们无从知晓。

如今又有一个有力量的人出现它的面前，姑且试着抬头鸣叫一声，哪里知道有力量的人不同情它的困窘，忘了举手抬脚的功夫，就可以把它转到水中？有力量的人可怜它，是命运。不可怜它，也是命运。知道命中注定，还鸣号的，也是命运。我目前确实和它有类似之处，所以不顾自己的疏忽愚笨，写下这些话，希望阁下垂怜体察我！

字词释义

❶濆（fén）：水边。
❷匹俦：比得上。
❸猵（biān）獭：水獭。
❹庸讵（jù）：哪里，岂。

趣味知识

成语积累

举手投足：一抬手，一动脚。形容轻而易举，毫不费力。
俯首帖耳：形容非常卑屈驯服。

送李愿归盘谷序

〔唐〕韩愈

经典名句

大丈夫不遇于时者之所为也，我则行之。

题解

这篇序文写于唐德宗贞元十七年（801），当时韩愈三十四岁，刚离开徐州幕府到京城谋职。可是，自从贞元八年（792）中进士以来，在将近十年的时间里，韩愈一直为仕进奔走，却始终没有得到重用，他的心情十分抑郁。因此，借送友人李愿归盘谷隐居之机，韩愈写下这篇赠序，抒发了他自己怀才不遇的不平之气。

古文诵读

太行之阳有盘谷。盘谷之间，泉甘而土肥，草木藂茂，居民鲜少。或曰："谓其环两山之间，故曰'盘'。"或曰："是谷也，宅幽而势阻，隐者之所盘旋。"友人李愿居之。

愿之言曰："人之称大丈夫者，我知之矣。利泽施于人，名声昭于时，坐于庙朝，进退百官，而佐天

古文今译

太行山的南面有个盘谷。盘谷之中，泉水甘甜，土地肥沃，草木茂盛，人烟稀少。有人说："因为这座山谷在两座山环绕之中，所以叫作'盘'。"也有人说："这个山谷，位置幽静而山势险阻，是隐者盘旋遨游的地方。"我的朋友李愿就隐居在这里。

李愿的话是这样说的："人们称为大丈夫的人，我是最了解的。他们把利益和恩惠赠给了别人，让名望和声誉传播于当世，他们在朝廷上参与政事，任免文武官员，并辅佐皇上发布命令。到了

子出令。其在外，则树旗旄[1]，罗弓矢，武夫前呵，从者塞途，供给之人，各执其物，夹道而疾驰。喜有赏，怒有刑。才俊满前，道古今而誉盛德，入耳而不烦。曲眉丰颊，清声而便体，秀外而惠中，飘轻裾，翳长袖，粉白黛绿者，列屋而闲居，妒宠而负恃，争妍而取怜。大丈夫之遇知于天子，用力于当世者之所为也。吾非恶此而逃之，是有命焉，不可幸而致也。

外地，便树起大旗，张开弓箭，武人在前面呼喝开路，侍从占满了道路，供给服侍的仆役，各自拿着物品，在道路两侧飞快奔跑。他们高兴时就赏赐，发怒时就责罚。很多才华出众的人聚集在他们身边，谈古论今地赞扬他们的盛大美德，这些话听起来十分入耳，不会让人感到厌烦。那些美人儿眉毛弯弯，脸庞丰满，声音清脆，体态轻盈，容貌秀丽，天资聪慧，裙裾飘扬，长袖善舞，略施粉黛。她们清闲地在一排排后房中住着，依靠着自己的美丽容貌，妒忌着别的受宠的姬妾，争着比美来求得主人的爱怜。这就是那些受到皇上的赏识，掌握了大权的所谓大丈夫的做法啊！我并非因为厌恶这些而故意躲开，只是这些不是我能侥幸得到的。

“穷居而野处，升高而望远，坐茂树以终日，濯清泉以自洁。采于山，美可茹；钓于水，鲜可食。起居无时，惟适之安。与其有誉于前，孰若无毁于其后；与其有乐于身，孰若无忧于其心。车服不维，刀锯不加，理乱不知，黜陟不闻。大丈夫不遇于时者之所为也，我则行之。

“我穷困地居住在山野中，登高远望，在那茂盛的树下终日闲坐，在清澈的泉水里洗涤身子，保持着我的清洁。从山上采来的果子鲜美可口，从水中钓来的鱼虾鲜嫩好吃。日常的作息没有固定的时候，只要舒服就行了。与其被人当面赞誉，不如在背后不受诋毁；与其身体享受快乐，不如心中没有忧虑。既不受车马礼服的约束，也不受刀斧刑罚的惩处；既不问天下是治是乱，也不管官职是升是降。这些都是不得志之人的所作所为，我效法如此作为。

“伺候于公卿之门，奔走于形势之途，足将进而趑趄[2]，口将言而嗫嚅[3]，处污秽而不羞，触刑辟而诛戮，徼幸于万一，老死而后止者，其于为人贤不肖何如也？”

“在达官显贵门下侍候的人，在通往权位的道路上往来奔走，想要抬脚进门却举棋不定，想要开口说话却支支吾吾。处于卑微污浊中却不知羞耻，触犯了刑法而将要受诛。期望侥幸得到万分之一的机会，老死了之后才知道罢休。这些人在为人方面究竟是好啊还是不好啊？”

昌黎韩愈，闻其言而壮之，与之酒而为之歌曰："盘之中，维子之宫；盘之土，可以稼；盘之泉，可濯可沿；盘之阻，谁争子所？窈而深，廓其有容；缭而曲，如往而复。嗟盘之乐兮，乐且无央；虎豹远迹兮，蛟龙遁藏；鬼神守护兮，呵禁不祥。饮且食兮寿而康，无不足兮奚所望！膏吾车兮秣吾马，从子于盘兮，终吾生以徜徉。"

韩愈韩昌黎，听了李愿的话认为十分豪迈，给他斟上酒作歌道："盘谷之中，有您的居所；盘谷的土地，可以种庄稼；盘谷的泉水，可以洗涤身心也可以沿着游览；盘谷这样险阻，有谁来与你争夺住所？盘谷幽静深远，广阔而有包容；山谷回环曲折，像是走了过去又绕了回来。哎呀！盘谷中的乐趣啊，快乐而无穷无尽。虎豹远离这儿啊，蛟龙也逃遁躲藏。鬼神守卫着啊，呵斥着禁止不祥的东西靠近。吃的喝的都很好，令人长寿又健康，没有不满足的啊，还有什么奢望？给我的车轴涂好油，给我的马匹喂饱饭，我要追随您到盘谷啊，终生在那里遨游。"

字词释义

❶ 旗旄（máo）：旗帜。旄，旗杆上用牦牛尾装饰的旗帜。

❷ 趑趄（zī jū）：踌躇不前。

❸ 嗫嚅（niè rú）：欲言又止的样子。

趣味知识

唐宋八大家

唐宋八大家，又称为"唐宋散文八大家"，是唐代和宋代八位散文家的合称，分别为唐代的韩愈、柳宗元和宋代的欧阳修、苏洵、苏轼、苏辙、王安石、曾巩八位。

明代文学家茅坤提倡学习唐宋古文，选辑的《唐宋八大家文钞》，在当时和后世有很大影响，"唐宋八大家"之名也随之流行开来。

送董邵南序

〔唐〕韩愈

经典名句

燕赵古称多感慨悲歌之士。

题解

本篇是韩愈写给董邵南的赠别序。董邵南到长安应进士举，屡试不第，郁郁不得志，准备到河北的藩镇寻找出路。韩愈对其遭遇有所同情，虽怀疑燕赵的风俗可能变了，又不能直接阻止他，还是要送他去，其实内心是不希望他去。不知董邵南是否听出韩愈的言外之意。

古文诵读

燕赵[1]古称多感慨悲歌之士。董生举进士，连不得志于有司[2]，怀抱利器，郁郁适兹土。吾知其必有合[3]也。董生勉乎哉！

夫以子之不遇时，苟慕义强仁者[4]，皆爱惜焉。矧[5]燕赵之士出乎其性者哉！然吾尝闻风俗与化移易，吾恶知其今不异于古所云邪？聊以吾子之行卜之也。董生勉乎哉！

古文今译

燕赵一带自古就传说多有慷慨重义、悲壮高歌的豪杰。董生参加进士考试，一直未被主考官录取，怀抱着卓越的才能，心情忧郁，打算到燕赵地区。我料知他此去一定会有所遇合。董生努力吧！

像你这样怀才不遇，只要是仰慕道义、力行仁德的人都会同情你，更何况燕赵一带的豪杰本性就是如此呢！然而我曾听说风俗是随着教化而改变的，我怎么知道那里的风俗跟古时说的没有差异呢？姑且通过你这次前往验证吧。董生努力吧！

吾因子有所感矣。为我吊望诸君之墓，而观于其市，复有昔时屠狗者乎？为我谢曰："明天子在上，可以出而仕矣。"

我因此有所感想。请替我凭吊望诸君的墓，到那里的集市上看看，还有从前的屠狗者一样的豪杰吗？替我向他们致意说："圣明天子当政，可以出来做官了！"

字词释义

❶燕赵：借指河北一带。
❷有司：主管考试的官员。
❸有合：有所遇合，指受到赏识和重用。
❹慕义强（qiǎng）仁者：仰慕正义、力行仁道的人。
❺矧（shěn）：何况。

趣味知识

乐毅

乐毅，中山灵寿人，魏将乐羊后裔，官拜燕国上将军，受封昌国君，辅佐燕昭王振兴燕国。公元前284年，他统帅燕国等五国联军击破齐国，先后攻下七十余城。晚年在燕国郁郁不得志，投奔赵国，被封于观津（今河北武邑东南），号为望诸君。

捕蛇者说

〔唐〕柳宗元

经典名句

今虽死乎此，比吾乡邻之死则已后矣，又安敢毒耶？

题解

本篇是一则短小精辟的政治议论。唐顺宗时期，唐朝国势日衰，柳宗元胸怀济世之抱负，参与了以王叔文为首的永贞革新运动，但遭到失败，柳宗元也因此被贬为永州司马。在永州的十年间，他积极了解人民的疾苦。《捕蛇者说》即写于永州。文章通过揭露永州百姓在封建官吏的横征暴敛下家破人亡的悲惨遭遇，有力地控诉了社会吏治的腐败，曲折地反映了柳宗元坚持改革的愿望。

古文诵读

永州之野产异蛇，黑质而白章[1]，触草木尽死，以啮人，无御之者。然得而腊[2]之以为饵，可以已大风、挛踠、瘘、疠[3]，去死肌，杀三虫。其始，太医以王命聚之，岁赋其二，募有能捕之者，当其租入，永之人争奔走焉。

有蒋氏者，专其利三世矣。问

古文今译

永州的郊外出产一种奇怪的蛇，有黑色的身子、白色的花纹；如果这种蛇碰到草木，草木全都会死去；如果它用牙齿咬人，没有能够解救的办法。然而捉到蛇后晒干，把它制成药饵，可以用来治愈大风、挛踠、瘘、疠等疾病，可以去除坏死的肌肉，杀死人体内的寄生虫。最开始，太医奉皇帝的命令征集这种蛇，每年收取两次，招募能捕捉它的人，可以抵消应缴纳的税收。永州百姓都争着去做这件事。

有一户姓蒋的人家，独占这个差事，

之，则曰："吾祖死于是，吾父死于是，今吾嗣为之十二年，几死者数矣。"言之，貌若甚戚者。

余悲之，且曰："若毒之乎？余将告于莅事者，更若役，复若赋，则何如？"

蒋氏大戚，汪然出涕曰："君将哀而生之乎？则吾斯役之不幸，未若复吾赋不幸之甚也。向吾不为斯役，则久已病矣。自吾氏三世居是乡，积于今六十岁矣。而乡邻之生日蹙，殚其地之出，竭其庐之入。号呼而转徙，饥渴而顿踣[1]。触风雨，犯寒暑，呼嘘毒疠，往往而死者相藉也。曩与吾祖居者，今其室十无一焉。与吾父居者，今其室十无二三焉。与吾居十二年者，今其室十无四五焉。非死即徙尔，而吾以捕蛇独存。悍吏之来吾乡，叫嚣乎东西，隳突乎南北；哗然而骇者，虽鸡狗不得宁焉。吾恂恂而起，视其缶，而吾蛇尚存，则弛然而卧。谨食之，时而献焉。退而甘食其土之有，以尽吾齿。盖一岁之

享受利益已经三代了。我问他，他说："我的祖父死在这事上，我父亲也死在这事上，现在我继承祖业干这差事也已十二年了，好几次都险些丧命。"他说这番话时，显露出忧伤的神色。

我为他难过，并且说："你怨恨这差事吗？我打算告诉管事的地方官，让他更换你的差事，恢复你的赋税，你看怎么样？"

蒋氏听了更加悲伤，含着泪说："您是可怜我，想让我活下去吗？然而恢复我的赋税，比让我干这差事更不幸呀。如果以前我不当这个差，那早就穷困潦倒了。自从我家三代住到这个地方，到现在已有六十年了，可乡里邻居们的生活日益窘迫，就算把他们的土地生产出来的粮食都拿去，把他们家里的收入也全部拿去还不够赋税，他们只得号啕痛哭辗转漂泊，饥饿交加，倒在地上。顶着狂风暴雨，冒着严寒酷暑，呼吸着毒瘴，接二连三地死去，尸体堆积在一起。和我祖父同住在这里的，十户当中剩不下一户了；和我父亲同时居住的，十户当中只有不到两三户了；和我一起住了十二年的人家，十户之中也只有不到四五户了。他们不是死了就是搬走了，我凭借捕蛇这个差事才独自活了下来。凶暴的官吏来到我们村，到处吆喝叫嚣，到处骚扰毁坏；那种喧闹叫嚷着惊吓乡民的气势，闹得连鸡犬都不得安宁啊！我小心翼翼地从床上爬起来，看看我的瓦罐，见我捕捉的蛇还在，就放心地躺下了。平日里我精心养蛇，到规定的日子把它献上去，回家后甘甜地吃着我家田地里生产的谷物，来度过我余生。一年中大概冒着生命危险的情况也只有两

犯死者二焉，其余则熙熙而乐，岂若吾乡邻之旦旦有是哉！今虽死乎此，比吾乡邻之死则已后矣，又安敢毒耶？”

余闻而愈悲，孔子曰：“苛政猛于虎⑤也！”吾尝疑乎是，今以蒋氏观之，犹信。呜呼！孰知赋敛之毒，有甚是蛇者乎！故为之说，以俟夫观人风者得焉。

次，其余时间我都可以开心快乐地过日子。哪像我的乡邻们那样天天都面临着生存的危险呢！现在我即使死在这差事上，与我的乡邻相比，也已经死在他们后面了，又怎么敢怨恨呢？”

我听了蒋氏的话更加悲伤。孔子说：“苛刻的政令比老虎还要凶猛啊！”我曾经怀疑过这句话，现在根据蒋氏的事来看，这句话还真是可信。唉！有谁知道向百姓征收苛税的危害比这种毒蛇更厉害呢！所以我写了这篇文章，希望那些考察民风民俗的官吏能参考。

字词释义

①黑质而白章：质，质地。章，花纹。

②腊：干肉，这里指把蛇肉晒干。

③大风、挛踠（wǎn）、瘘（lòu）、疠（lì）：皆疾病名。

④顿踣（bó）：（劳累地）跌倒在地上。

⑤苛政猛于虎：当权者苛刻的政令、繁重的赋税比老虎的危害还大，让百姓苦不堪言。

趣味知识

苛政猛于虎

孔子路过泰山脚下，一个妇人在墓前哭得很悲伤。孔子听到后，让子路前去问怎么回事。妇人说：“之前我的公公被老虎咬死了，后来我的丈夫也被老虎咬死了，现在我的儿子又被老虎咬死了！”孔子问：“那为什么不离开这里？”妇人回答说：“这里没有苛捐杂税。”孔子说：“记住这件事，苛刻的政令，比老虎还要凶猛可怕！”

朋党论

〔宋〕欧阳修

经典名句

小人无朋，惟君子则有之。

题解

本篇是欧阳修向宋仁宗所上的奏疏。开篇即落笔不凡，开门见山地承认，朋党自古就有，但是君子有党，小人无党。用事实从正反两方面论证了当政者用小人之朋，则国家乱亡；用君子之朋，则国家兴盛，希望当政者“退小人之伪朋，用君子之真朋”。

古文诵读

臣闻朋党之说，自古有之，惟幸[1]人君辨其君子小人而已。大凡君子与君子以同道为朋，小人与小人以同利为朋，此自然之理也。

然臣谓小人无朋，惟君子则有之。其故何哉？小人所好者利禄也，所贪者货财也。当其同利之时，暂相党引[2]以为朋者，伪也；及其见利而争先，或利尽而交疏，则反相

古文今译

我听说关于朋党的言论，自古就有，只希望君主能分清君子还是小人就好了。大概君子与君子根据一致的志趣结为朋党，小人与小人根据相同的利益结为朋党，这是自然的道理。

但是我以为，小人没有朋党，只有君子才有。什么原因呢？小人喜好的是私利俸禄，贪图的是财物。当他们有共同的利益的时候，暂时互相勾结成为朋党，这是虚假的；等到他们发现利益则争先恐后，利益已尽交情疏远时，就反

贼害[3]，虽其兄弟亲戚，不能自保。故臣谓小人无朋，其暂为朋者，伪也。君子则不然。所守者道义，所行者忠信，所惜者名节。以之修身，则同道而相益；以之事国，则同心而共济；终始如一，此君子之朋也。

过来互相伤害，即使是兄弟亲戚，也不会互相保全。所以说小人没有朋党，他们暂时结为朋党，是虚假的。君子不是这样：他们坚持的是道义，实行的是忠信，爱惜的是名誉气节。用这些修身，就能志趣一致相互帮助；用这些为国家做事，就能同心共济；始终如一，这就是君子的朋党。

故为人君者，但当退小人之伪朋，用君子之真朋，则天下治矣。

所以作为君主，只要斥退小人的假朋党，任用君子的真朋党，天下就可以安定了。

尧之时，小人共工、驩兜等四人为一朋，君子八元、八恺十六人为一朋。舜佐尧，退四凶小人之朋，而进元、恺君子之朋，尧之天下大治。及舜自为天子，而皋、夔、稷、契等二十二人并列于朝，更相称美，更相推让，凡二十二人为一朋，而舜皆用之，天下亦大治。《书》曰："纣有臣亿万，惟亿万心；周有臣三千，惟一心。"纣之时，亿万人各异心，可谓不为朋矣，然纣以亡国。周武王之臣，三千人为一大朋，而周用以兴。后汉献帝时，尽取天下名士囚禁之，目为党人。及黄巾贼起，汉室大乱，后方悔悟，尽解[4]党人而释之，然已无救矣。唐之晚

尧的时候，小人共工、驩兜等四人结为一党，君子八元、八恺等十六人结为一党。舜辅佐尧，斥退四凶小人的朋党，而进用元、恺君子的朋党，尧的天下大治。等到虞舜自己做天子，皋陶、夔、后稷、契等二十二人同时列于朝廷。他们互相称赞，互相谦让，一共二十二人结为一党。但是舜全都任用他们，天下也大治。《尚书》上说："纣有臣无数，是无数条心；周有臣三千，是一条心。"纣的时候，亿万人各怀异心，可以说不是朋党，纣却因此亡国。周武王的臣下，三千人结为一个大朋党，周朝因此兴盛。后汉献帝的时候，把天下名士全都抓捕囚禁起来，把他们视作党人。等到黄巾贼起义，汉王朝大乱，然后才悔悟，全部释放党人，可是已经无法挽救了。唐朝的末年，逐渐发生朋党的议论，到昭

年，渐起朋党之论。及昭宗时，尽杀朝之名士，或投之黄河，曰："此辈清流，可投浊流。"而唐遂亡矣。

夫前世之主，能使人人异心不为朋，莫如纣；能禁绝善人为朋，莫如汉献帝；能诛戮清流之朋，莫如唐昭宗之世；然皆乱亡其国。更相称美、推让而不自疑，莫如舜之二十二臣，舜亦不疑而皆用之；然而后世不诮[5]舜为二十二人朋党所欺，而称舜为聪明之圣者，以能辨君子与小人也。周武之世，举其国

宗时，把朝中的名士都杀了，有的被投入黄河，说："这些人自命为清流，应当投到浊流去。"唐朝就灭亡了。

前代的君主，能使人人异心不结为朋党的，没有谁能比得上纣；能禁绝好人结为朋党的，没有谁能比得上汉献帝；能杀害清流朋党的，没有哪个朝代比得上唐昭宗之时；但是都动乱灭亡了。互相称赞、谦让不猜疑的，没有谁比得上舜的二十二位大臣，舜也不猜疑地任用他们。但是后世不讥笑舜被二十二人的朋党所蒙蔽，却赞美舜是聪明的圣主，因为他能区别君子和小人。周武王的时候，全国的大臣三千人结成一个朋党，

之臣三千人共为一朋，自古为朋之多且大，莫如周；然周用此以兴者，善人虽多而不厌⑥也。

嗟呼！兴亡治乱之迹⑦，为人君者，可以鉴矣。

自古结为朋党的，人数之多和规模之大没有哪个朝代比得上周朝；然而周朝因此兴盛，原因在于贤良再多也不满足。

唉！前代治乱兴亡的事迹，做君主的可以作为借鉴。

字词释义

❶幸：希望。
❷党引：勾结。
❸贼害：残害。
❹解：解除，赦免。
❺诮（qiào）：责备。
❻厌：通“餍”，满足。
❼迹：事迹。

趣味知识

党锢之祸

东汉桓帝时，宦官专权，李膺等名士二百多人反对宦官，被加上“诽讪朝廷”的罪名，逮捕囚禁。到灵帝时，李膺等一百多人被杀，六七百人受到株连，史称“党锢之祸”。

纵囚论

〔宋〕欧阳修

经典名句

信义行于君子，而刑戮施于小人。

题解

唐太宗纵囚历来被传为美谈，但是本篇却对此事质疑，认为这不过是沽名钓誉而已，不足为训，明确提出“三王之治，必本于人情，不立异以为高，不逆情以干誉”的论点。

古文诵读

信义行于君子，而刑戮施于小人。刑入于死者，乃罪大恶极，此又小人之尤甚者也。宁以义死，不苟幸生，而视死如归，此又君子之尤难者也。方唐太宗之六年，录大辟[1]囚三百余人，纵使还家，约其自归以就死。是以君子之难能，期小人之尤者以必能也。其囚及期，而卒自归无后者。是君子之所难，而小人之所易也。此岂近于人情哉？

古文今译

诚信和礼义对君子施行，刑罚诛戮对小人施行。判入死刑的人，是罪大恶极的，又是小人中特别恶劣的。宁愿为正义而死，不愿意苟且偷生，而视死如归，这是君子中也很难做到的。在唐太宗第六年，选取死刑犯人三百余人，放他们回家，约定他们自己回来接受死刑。这是君子难以做到的，而希望小人中恶劣的一定能做到。到了规定的时间，那些囚犯自动回来而没有延误。这是君子难以做到的，小人却容易做到了。这难道近于人之常情吗？

或曰：罪大恶极，诚小人矣；及施恩德以临之，可使变而为君子。盖恩德入人之深，而移人之速，有如是者矣。曰：太宗之为此，所以求此名也。然安知夫纵之去也，不意其必来以冀免，所以纵之乎？又安知夫被纵而去也，不意其自归而必获免，所以复来乎？夫意其必来而纵之，是上贼下之情也；意[2]其必免而复来，是下贼上之心也。吾见上下交相贼[3]以成此名也，乌有所谓施恩德与夫知信义者哉？不然，太宗施德于天下，于兹六年矣，不能使小人不为极恶大罪，而一日之

有人说：罪大恶极，确实是小人了；对他们施加恩德感化，就可以使他们变为君子。恩德越深入人心，人的转变就越快，竟能达到这种程度。我说：唐太宗之所以这样做，是为了得到这种名声。可是怎么知道他放囚犯回去时，没有料到他们一定会回来希望赦免，所以才放他们回去呢？又怎么会知道他们被放回去，不会料到他们自动回来就一定会被赦免，才又回来呢？料想到他们一定会回来才放他们回家，这是在上者窥测到在下者的内心想法；料想一定会被赦免才回来，这是在下者窥测在上者的内心想法。我从中看到上下互相窥测对方才形成了这种名声，哪里还有施加恩德和遵守信义的事呢？不然的话，唐太宗在全国施行恩德，到这时已经六年了，不能让小人不犯极恶大罪，只凭一天的恩

恩，能使视死如归，而存信义。此又不通之论也！

德，就能使囚犯视死如归，坚守信义。这是说不通的道理啊！

然则何为而可？曰：纵而来归，杀之无赦。而又纵之，而又来，则可知为恩德之致尔。然此必无之事也。若夫纵而来归而赦之，可偶一为之尔。若屡为之，则杀人者皆不死。是可为天下之常法乎？不可为常者，其圣人之法乎？是以尧、舜、三王[4]之治，必本于人情，不立异以为高，不逆情以干誉。

那么怎样做才可以呢？我说：对放回家又回来的囚犯，杀了他们不赦免。再放回去一些囚犯，他们又回来了，就知道是被恩德感化回来的。然而这必定是不可能的事。如果放回去的囚犯回来后就赦免，可以偶尔做一次。如果总是这样做，那么杀人犯都不处死。这可以作为天下的常法吗？不能作为常法，难道能说是圣人之法吗？所以说，尧、舜、三王治理国家，必定根据人情，不标新立异表示高明，不违背情理求取名誉。

字词释义

❶大辟：死刑。
❷意：估计。
❸贼：窃，引申为窥测。
❹三王：指夏禹、商汤、周文王和周武王。

趣味知识

贞观之治

唐太宗是我国历史上有一定作为的皇帝。他在位年间，留心吏治，选贤任能，初期任用魏徵为谏臣，延揽房玄龄、杜如晦，人称“房谋杜断”，后期任用长孙无忌、褚遂良等，都是忠直廉洁之士，国势强大，社会较安定，因其时年号为“贞观”，史称“贞观之治”。

扫码听音频

五代史伶官传序

〔宋〕欧阳修

经典名句

忧劳可以兴国，逸豫可以亡身。

题解

本篇摘自欧阳修所编的《新五代史·伶官传》，题目为后人所加。全文紧紧围绕盛衰，融叙事、议论、抒情为一体，总结出“忧劳可以兴国，逸豫可以亡身”的结论，希望当政者能居安思危，防微杜渐。清代沈德潜赞誉此文为“抑扬顿挫，得《史记》神髓，《五代史》中第一篇文字”。

古文诵读

呜呼！盛衰之理，虽曰天命，岂非人事哉！原[1]庄宗之所以得天下，与其所以失之者，可以知之矣。

世言晋王之将终也，以三矢赐庄宗而告之曰：“梁，吾仇也；燕王，吾所立；契丹与吾约为兄弟；而皆背晋以归梁。此三者，吾遗恨也。与尔三矢，尔其无忘乃父之志！”庄宗受而藏之于庙。其后用兵，则

古文今译

唉！盛衰的道理，虽说是天命，难道说不是人为的吗？推究庄宗得到天下的原因，与他失去天下的原因，就可以明白这个道理。

世人传说晋王临死的时候，赐给庄宗三支箭，告诉他说：“梁国是我的仇敌，燕王是我扶立的，契丹与我约为兄弟，可是都背叛我投靠了梁国。这三件事是我的遗恨。交给你三支箭，你不要忘记你父亲的心愿。”庄宗接受了箭，把它收藏在宗庙里。以后庄宗带兵打仗，就派随从用猪羊去祭告宗庙，请出三支箭，

遣从事以一少牢告庙，请其矢，盛以锦囊，负而前驱，及凯旋而纳之。

方其系燕父子以组，函[2]梁君臣之首，入于太庙，还矢先王，而告以成功，其意气之盛，可谓壮哉！及仇雠[3]已灭，天下已定，一夫夜呼，乱者四应，仓皇东出，未见贼而士卒离散，君臣相顾，不知所归。至于誓天断发，泣下沾襟，何其衰也！岂得之难而失之易欤？抑本其成败之迹，而皆自于人欤？《书》曰："满招损，谦得益。"忧劳可以兴国，逸豫[4]可以亡身，自然之理也。

用锦囊装着，背着走在前面，等到凯旋时再把箭藏入宗庙。

当他用绳子绑住燕王父子，用木匣装着梁国君臣的首级，走进宗庙，把箭交还到晋王灵前，告诉他成功的消息，他那意气之慷慨，可以说豪壮了！等到仇敌已经消灭，天下已经安定，一个普通人在夜间发难，叛乱的人四面响应，他慌张地出兵向东逃走，还没见到叛贼，士兵就逃散了，君臣互相看着，不知道去哪里；以至于割下头发，对天发誓，眼泪沾湿衣襟，多么衰颓啊！难道取得天下难而失去天下容易吗？还是推究他成功失败的事迹，都是由于人为的呢？《尚书》上说："自满招来损害，谦虚得到益处。"忧劳可以使国家兴盛，安乐可以使自身灭亡，这是自然的道理。

故方其盛也，举天下之豪杰，莫能与之争；及其衰也，数十伶人困之，而身死国灭，为天下笑。夫祸患常积于忽微，而智勇多困于所溺，岂独伶人也哉？

因此，当他兴盛的时候，全天下的豪杰没有谁能和他抗争；到他衰败的时候，几十个伶人就能围困他，最后身死国亡，被天下人讥笑。祸患常常是从极小的事积累起来的，聪明勇敢的人又常常被自己溺爱的人所累，这是普遍规律，难道只有伶人吗？

字词释义

❶原：推究，考查。
❷函：木匣。用作动词，盛以木匣。
❸仇雠（chóu）：仇敌。
❹逸豫：安逸舒适。

趣味知识

六一居士

欧阳修将退休于颍水之上时，号六一居士。有人问："六一是什么意思？"欧阳修回答说："我藏书一万卷，集录三代以来的金石一千卷，有琴一张，有棋一局，而常置酒一壶。"那人不解道："这是五一了，怎么说是六一呢？"欧阳修："我这老翁，终老在这五物之间，不就是六一吗？"

六国论

〔宋〕苏辙

经典名句

贪疆埸尺寸之利，背盟败约，以自相屠灭，秦兵未出，而天下诸侯已自困矣。

题解

在中国历史上，战国是群雄割据的时代。《六国论》中的“六国”，就是指战国七雄中秦国以外的齐、楚、燕、韩、赵、魏六个国家。本篇借古讽今，通过讲述六国被秦所灭的原因，在于不互助反而背盟败约，互相残杀，对北宋统治者提出警示。

古文诵读

尝读六国《世家》，窃[1]怪天下之诸侯，以五倍之地，十倍之众，发愤西向，以攻山西千里之秦，而不免于死亡。常为之深思远虑，以为必有可以自安之计，盖未尝不咎[2]其当时之士，虑患之疏，而见利之浅，且不知天下之势也。

古文今译

我曾经读过《史记》的六国世家，私下里奇怪天下的诸侯，凭着比秦国大五倍的土地，多十倍的人口，下定决心向西攻打崤山以西方圆千里的秦国，却免不了被灭亡。我常常深思这件事，认为一定有可以用来自我保全的计策；我总是责怪当时六国的谋臣，考虑忧患时疏忽大意，图谋利益时又目光短浅，而且不懂天下形势！

夫秦之所与诸侯争天下者，不在齐、楚、燕、赵也，而在韩、魏之郊；诸侯之所与秦争天下者，不在齐、楚、燕、赵也，而在韩、魏之野。秦之有韩、魏，譬如人之有腹心之疾也。韩、魏塞秦之冲[3]，而蔽山东之诸侯，故夫天下之所重者，莫如韩、魏也。昔者范雎用于秦而收韩，商鞅用于秦而收魏，昭王未得韩、魏之心，而出兵以攻齐之刚、寿，而范雎以为忧。然则秦之所忌者可见矣。

秦之用兵于燕、赵，秦之危事也。越韩过魏，而攻人之国都，燕、赵拒之于前，而韩、魏乘之于后，此危道也。而秦之攻燕、赵，未尝有韩、魏之忧，则韩、魏之附秦故也。夫韩、魏诸侯之障，而使秦人得出入于其间，此岂知天下之势耶！委[4]区区之韩、魏，以当强虎狼之秦，彼安得不折而入于秦哉？韩、魏折而入于秦，然后秦人得通其兵于东诸侯，而使天下遍受其祸。

夫韩、魏不能独当秦，而天下之诸侯，藉之以蔽其西，故莫如厚

秦国要和诸侯争夺天下的重要地区，不在齐、楚、燕、赵，而在韩、魏周边；诸侯要和秦国争夺天下的重要地区，也不在齐、楚、燕、赵，而在韩、魏周边。对秦国来说，韩、魏的存在，就好比人有心腹之患一样；韩、魏两国阻塞了秦国的要道，却掩护着崤山以东的诸侯国，所以天下最重要的地区，没有比得上韩、魏两国的。从前范雎被秦国重用，就征服了韩国，商鞅被秦国重用，就征服了魏国。秦昭王没让韩、魏归服，就出兵攻打齐国的刚、寿，范雎因此担忧。这样秦国所忌惮的就可以看出来了。

秦国对燕、赵用兵，对秦国是危险的事情；越过韩、魏去攻打别人的国都，前有燕、赵抵挡，后有韩、魏偷袭，这是危险的做法啊。可是秦国攻打燕、赵时，却没有韩、魏从后面偷袭的顾虑，就是因为韩、魏归附了秦国。韩、魏是各诸侯国的屏障，却让秦国人进出自如，这难道是懂得天下的形势吗？任由小小的韩、魏，去抵挡像虎狼一样的秦国，它们怎能不屈服秦国呢？韩、魏屈服而归顺了秦国，这以后秦国就可以出动军队直达东边各国，而让天下到处都遭受它所带来的祸害。

韩、魏不能单独抵挡秦国，可是天下的诸侯却要靠着他们抵挡西边的秦国，所以不如亲近韩、魏来抵御秦国。秦国人不敢跨越韩、魏图谋齐、楚、燕、赵，

韩亲魏以摈[5]秦。秦人不敢逾韩、魏以窥齐、楚、燕、赵之国，而齐、楚、燕、赵之国，因得以自完于其间矣。以四无事之国，佐当寇之韩、魏，使韩、魏无东顾之忧，而为天下出身以当秦兵；以二国委秦，而四国休息于内，以阴助其急，若此，可以应夫无穷，彼秦者将何为哉！不知出此，而乃贪疆埸[6]尺寸之利，背盟败约，以自相屠灭，秦兵未出，而天下诸侯已自困矣。至于秦人得伺其隙以取其国，可不悲哉！

然后齐、楚、燕、赵也就可以在这中间保全自己了。凭着四个没有战事的国家，支持面临敌寇的韩、魏，让韩、魏没有东边的忧虑，替天下挺身而出抵挡秦军；用韩、魏对付秦国，四国在后方休养生息，暗中帮助它们解决急难，像这样就可以永远地应付，秦国还能怎么样呢？诸侯不知道采行这种策略，却只贪图边境上的尺寸微利，违背盟约，互相残杀，秦国的军队还没出动，天下的诸侯就已经疲惫不堪了，致使秦国人能够乘虚而入攻取他们的国家，能不令人悲哀吗？

字词释义

❶窃：私下，表示个人意见的谦辞。
❷咎：怪罪。
❸冲：要冲，军事要道。
❹委：委屈，应付。
❺摈（bìn）：排除。
❻疆埸（yì）：疆界。

作者档案

苏辙（1039—1112），字子由，“唐宋八大家”之一，与父洵、兄轼合称“三苏”。嘉祐二年（1057）与兄长苏轼同登进士科。后来因反对王安石变法，被贬为河南推官。后又因事触怒了哲宗及元丰诸臣，再度被贬官。苏辙生平学问深受其父兄影响，以儒学为主，最倾慕孟子而又遍观百家。他擅长政论和史论，在政论中纵谈天下大事。他的散文风格汪洋淡泊，成就很大。

趣味知识

远交近攻

范雎向秦昭襄王阐述一统天下的战略，认为不如结交远方的国家，进攻邻近的国家，“得寸则王之寸也，得尺亦王之尺也”，这就是“远交近攻”。这一策略不仅巩固了秦国攻占的土地，也破坏了东方诸侯国的“合纵联盟”，加快了秦国统一的步伐。

上枢密韩太尉书

〔宋〕苏辙

经典名句

文者气之所形，然文不可以学而能，气可以养而致。

题解

宋仁宗嘉祐元年（1056），苏轼、苏辙兄弟随父亲去京师，在京城得到当时文坛盟主欧阳修的赏识。第二年，苏轼、苏辙兄弟高中进士，“三苏”之名就此享誉天下。苏辙在高中进士后给当时的枢密使韩琦写了一封信，这就是《上枢密韩太尉书》。

古文诵读

太尉执事[1]：辙生好为文，思之至深。以为文者气之所形，然文不可以学而能，气可以养而致。孟子曰：“我善养吾浩然之气。”今观其文章，宽厚宏博，充乎天地之间，称其气之小大。太史公行天下，周览四海名山大川，与燕、赵间豪俊交游，故其文疏荡[2]，颇有奇气。此二子者，岂尝[3]执笔学为如此之文

古文今译

太尉执事：我生性喜好写文章，对这些思考得很深。我认为文章是气的外延，而文章不是仅凭学习就能写好的，气却可以通过培养而达到。孟子说：“我善于培养自己的浩然之气。”现在看他的文章，宽大厚重，宏伟博大，像是充满了天地之间，同他气的大小相符合。司马迁走遍天下，广览四海的名山大川，与燕、赵之间的英豪俊杰交往遨游，所以他的文章放达不羁，颇有奇伟之气。这两个人，难道曾经用笔特意学写过这种文章吗？这是因为他们的气充盈着内心而表露在外，反映在言辞里，表现出

哉？其气充乎其中而溢乎其貌，动乎其言[4]而见乎其文，而不自知也。

辙生十有九年矣。其居家所与游者，不过其邻里乡党之人；所见不过数百里之间，无高山大野可登览以自广；百氏之书，虽无所不读，然皆古人之陈迹，不足以激发其志气。恐遂汩没[5]，故决然舍去，求天下奇闻壮观，以知天地之广大。过秦、汉之故都，恣观终南、嵩、华之高，北顾黄河之奔流，慨然想见古之豪杰。至京师，仰观天子宫阙之壮，与仓廪[6]府库、城池苑囿[7]之富且大也，而后知天下之巨丽。见翰林欧阳公，听其议论之宏辩，观其容貌之秀伟，与其门人贤士大夫游，而后知天下之文章聚乎此也。太尉以才略冠天下，天下之所恃以无忧，四夷之所惮以不敢发，入则周公、召公，出则方叔、召虎。而辙也未之见焉。

且夫人之学也，不志其大，虽多而何为？辙之来也，于山见终南、嵩、华之高，于水见黄河之大且深，于人见欧阳公，而犹以为未见太尉

来就成了文章，而他们自己却并没有觉察到。

我出生已经十九年了。我住在家里时，交往的不过是邻居同乡这一类人，所看到的，不过是几百里之内的景物，没有开阔的原野和高山可以登临游览，来开阔自己的心胸。诸子百家的书，虽然都读了，但那都是古人的东西，不能激发我求知的志气。我担心就此被埋没，所以毅然离开家乡，去寻访天下的奇闻壮景，以便了解天地的广大。我经过秦朝、汉朝的故都，尽情游览终南山、嵩山、华山的高峻，向北眺望黄河奔腾的流水，深有感触地回忆起古代的英雄豪杰。到了京城，我抬头看到天子宫殿的壮丽，以及粮仓、府库、城池、苑囿的庞大和富庶，这才知道天下的广阔富丽。我见到翰林学士欧阳公，听到他宏大雄辩的议论，看到他秀美奇伟的容貌，同他的学生贤士大夫交往遨游，这才知道天下的文章精粹都汇聚在这里。太尉因雄才大略冠绝天下，全国人无忧无虑地依靠着您，四方异族国家惧怕您而不敢侵犯，在朝廷之内，您像周公、召公一样辅君有方，领兵出征，您像方叔、召虎一样御敌立功。可是我至今还未见到您啊。

况且在一个人的学习方面，如果没有树立远大志向，即使学了很多又能做什么？苏辙这次前来，对于山，看到了终南山、嵩山、华山的高耸险峻；对于水，看到了黄河的深度和宽阔；对于人，看到了欧阳公，可是没有拜见您仍然是一件憾事。所以我希望能够一睹贤人的

也。故愿得观贤人之光耀，闻一言以自壮，然后可以尽天下之大观而无憾者矣。

辙年少，未能通习吏事。向之来，非有取于斗升之禄，偶然得之，非其所乐。然幸得赐归待选，使得优游数年之间，将以益治其文，且学为政。太尉苟以为可教而辱教之[8]，又幸矣！

风采，就算听到您的一句话，也足够来激发我的壮志雄心，这样就算看遍了天下的壮景而不会再有什么遗憾了。

苏辙年纪很轻，还没能够通晓做官的道理。先前来京应试，并不是为了求取微薄的薪水，偶然得到了，也不是我所喜欢的。然而有幸得到恩赐还乡，等待吏部的选用，使我能够有几年空暇的时间，我将用它来更好地研究文章，并且学习从政的方法。太尉假如认为我还可以教诲而肯屈尊教导我的话，那我就更感到荣幸了！

字词释义

❶ 执事：侍从。
❷ 疏荡：洒脱而不拘束。
❸ 岂尝：难道，曾经。
❹ 动乎其言：反映在他们的言辞里。
❺ 汩没：沉没。
❻ 仓廪：粮仓。
❼ 苑囿：园林。
❽ 辱教之：屈尊教导我。

趣味知识

苏辙名字的由来

苏洵在《名二子说》中解释说："天下之车，莫不由辙，而言车之功，辙不与焉。虽然，车仆马毙，而患亦不及辙。是辙者，善处乎祸福之间也。"意思是说：天下的车没有不顺着辙走的，论功劳，没有车辙的，但如果车翻马毙，也怪不到辙的头上。辙虽然不易来福，至少不会招灾。因此，苏洵为次子取名为"辙"。

寄欧阳舍人书

〔宋〕曾巩

经典名句

史之于善恶无所不书，而铭者，盖古之人有功德、材行、志义之美者，惧后世之不知，则必铭而见之。

题解

本篇是曾巩写给欧阳修的一封感谢信，因为欧阳修为曾巩的祖父写了一篇墓碑铭。全文没有空泛的客套话语，而是通过分析墓志铭的作用及其承载的社会意义，阐发“文以载道”的主张，表达对欧阳修的谢意与敬仰。

古文诵读

去秋人还，蒙赐书及所撰先大父墓碑铭。反复观诵，感与惭并。

夫铭志之著于世，义近于史，而亦有与史异者。盖史之于善恶无所不书，而铭者，盖古之人有功德、材行、志义之美者，惧后世之不知，则必铭而见之。或纳于庙，或存于墓，一也。苟其人之恶，则于铭乎

古文今译

去年秋天，我派去的人回来，承蒙您赐予书信并为先祖父撰写墓碑铭。我反复阅览、诵读，感激与惭愧交加。

铭志著称后世，是因为它的意义接近史传，也有与史传不同的地方。因为史传对善恶没有不记载的，而碑铭，大概是古代有功德、有操行、有志义的人，担心后人不知道，一定要刻铭显扬自己，有的放在家庙，有的放在墓中，用意是一样的。如果那是恶人，那么铭文有什么可刻的呢？这就是碑铭与史传的不同。

何有？此其所以与史异也。其辞之作，所以使死者无有所憾，生者得致其严。而善人喜于见传，则勇于自立；恶人无有所纪，则以愧而惧。至于通材达识、义烈节士，嘉言善状，皆见于篇，则足为后法。警劝之道，非近乎史，其将安近？

及世之衰，人之子孙者，一欲褒扬其亲而不本乎理。故虽恶人，皆务勒[1]铭以夸后世。立言者，既莫之拒而不为，又以其子孙之请也，书其恶焉，则人情之所不得，于是乎铭始不实。后之作铭者，当观其人。苟托之非人，则书之非公与是，则不足以行世而传后。故千百年来，公卿大夫至于里巷之士，莫不有铭，而传者盖少。其故非他，托之非人，书之非公与是故也。

然则孰为其人，而能尽公与是欤？非畜道德而能文章者，无以为也。盖有道德者之于恶人，则不受而铭之，于众人则能辨焉。而人之行，有情善而迹非，有意奸而外淑，有善恶相悬而不可以实指，有实大

铭文的撰写，是为了使死者没有遗憾，生者得以表达自己的尊敬。行善之人喜欢善行流传，勇于立功；恶人没有可记的，就会惭愧和恐惧。至于博学多才、见识通达的人，忠义英烈、节操高尚的人，美善言行，都表现在碑铭里，足以为后人效法。警世劝诫的作用，不与史传相近，又与什么相近呢！

到世道衰微的时候，为人子孙的，一味要褒扬他们的亲人而不顾事理。所以即使是恶人，都一定要刻碑铭来向后人夸耀。写铭文的人既不能推辞不作，又因为死者子孙的请求，如果写下死者的恶行，人情上过不去，于是铭文就开始不真实。后代要作碑铭，应当考察作者的为人。如果请托的人不适当，那么他写的铭文就会不公正、不正确，就不能流行于世，传之后代。所以千百年来，尽管上自公卿大夫下至里巷之人都有碑铭，但流传的很少。这没有别的原因，正是请托了不适当的人，撰写的铭文不公正、不正确的原因。

既然如此，什么样的人才能公正做到完全与正确呢？大概不是有道德善写文章的人做不到。因为有道德的人对于恶人就不会接受给他们写铭文，对于一般人也能辨别。而人们的品行，有内心善良而事迹不好的，有内心奸恶而外表善良的，有善行恶行相差悬殊而很难明确的，有实际大于名声的，有名声大过

于名，有名侈于实。犹之用人，非畜[2]道德者，恶能辨之不惑，议之不徇？不惑不徇，则公且是矣。而其辞之不工，则世犹不传，于是又在其文章兼胜焉。故曰，非畜道德而能文章者，无以为也，岂非然哉！

然畜道德而能文章者，虽或并世而有，亦或数十年或一二百年而有之。其传之难如此，其遇之难又如此。若先生之道德文章，固所谓数百年而有者也。先祖之言行卓卓[3]，幸遇而得铭，其公与是，其传世行后无疑也。而世之学者，每观传记所书古人之事，至其所可感，则往往衋然[4]不知涕之流落也，况其子孙也哉？况巩也哉？其追睎祖德而思所以传之之由，则知先生推一赐于巩而及其三世。其感与报，宜若何而图之？

抑又思若巩之浅薄滞拙，而先生进之，先祖之屯蹶[5]否塞以死，而先生显之，则世之魁闳[6]豪杰不世出之士，其谁不愿进于门？潜遁幽抑之士，其谁不有望于世？善谁不为，而恶谁不愧以惧？为人之父

实际的。好比用人，如果不是有道德的人怎能明辨而不被迷惑，议论不徇私情？能不被迷惑，不徇私情，就是公正和正确了。但是如果文辞不精美，那么依然不能传世，因此就要他的文章也好。所以说不是有道德又擅长文章的人做不到，难道不是如此吗？

但是有道德又善写文章的人，虽然有时会同时出现，有时也几十年甚至一二百年才出现。因此铭文的流传很难，遇上适合写的人也难。像先生这样的道德文章，确实是几百年才有的。我先祖的言行高尚，有幸遇上先生撰写铭文，公正而正确，它将流传于世是无疑的。世上的学者，每当阅读传记所载古人的事迹，看到感人之处，往往伤感流泪，何况是死者的子孙呢？何况是我呢？我追怀先祖的德行，考虑碑铭之所以传世的原因，就知道先生赐我一篇碑铭将会使恩泽推及三代。这感激与报答之情，我应该如何表达呢？

我又想到，像我这样浅薄愚笨的人，先生还提拔我，我先祖这样穷困潦倒而死的人，先生还颂扬他，那么世上的俊伟豪杰、世上少有的奇才，谁不愿意来到您的门下？避世隐居、郁郁不得志之士，谁不希望名声流传于世？好事谁不做，而恶事谁不感到羞愧恐惧？做父亲、祖父的，谁不想教育好自己子孙？做子孙的，谁不想使自己的父亲、祖父荣耀？

祖者，孰不欲教其子孙？为人之子孙者，孰不欲宠荣其父祖？此数美者，一归于先生。

既拜赐之辱，且敢进其所以然。所论世族之次，敢不承教而加详焉？愧甚，不宣。

这种种美德，应当归功于先生。

我荣幸地得到您的恩赐，并且冒昧向您陈述自己感激的原因。您所论及的我的家族世系，怎敢不听从您的教诲而加以详细考究呢？惭愧之至，书不尽意。

字词释义

❶ 勒：刻。
❷ 畜：积聚。
❸ 卓卓：卓著，杰出。
❹ 戯（xì）然：痛苦的样子。
❺ 蹶（jué）：跌倒。
❻ 魁闳（hóng）：超群的才能。

作者档案

曾巩（1019—1083），字子固，世称南丰先生。建昌南丰（今属江西）人。“唐宋八大家”之一。他的文章平实质朴，温厚典雅，王安石说：“曾子文章众无有，水之江汉星之斗。”苏轼认为：“曾子独超轶，孤芳陋群妍。”

趣味知识

南丰七曾

两宋期间，在南丰先后涌现出了七位曾姓才子，人们将其合称“南丰七曾”，他们分别是曾巩、曾布、曾肇、曾纡、曾纮、曾协、曾敦七人。其中，曾巩、曾布、曾肇是三兄弟，后面五位是他们的子孙。

读孟尝君传

〔宋〕王安石

经典名句

孟尝君特鸡鸣狗盗之雄耳，岂足以言得士？

题解

《读孟尝君传》是中国最早的驳论文。这篇文章不到一百字，却以强劲峭拔的气势、跌宕变化的层次、雄健有力的笔调，有力地揭露了孟尝君其实没有得到真正的贤士的主题。

古文诵读

世皆称孟尝君能得士，士以故归[1]之，而卒[2]赖其力以脱于虎豹之秦。嗟乎！孟尝君特[3]鸡鸣狗盗之雄耳，岂足以言得士？不然，擅齐之强[4]，得一士焉，宜可以南面而制秦，尚何取鸡鸣狗盗之力哉？鸡鸣狗盗之出其门，此士之所以不至也。

古文今译

世人都说孟尝君能得到贤士的心，贤士也因此投奔他，孟尝君也终于依赖他们的力量，从虎豹一样的秦国逃脱出来。唉！孟尝君仅仅是一群鸡鸣狗盗之徒的首领啊，怎能说得上是得到了贤士的心？如果不是这样，孟尝君拥有齐国强大的国力，只要得到一个真正的贤士，就可以凭借国力面向南方称王而压制秦国，哪里还要借助鸡鸣狗盗之徒的力量呢？而鸡鸣狗盗之人出入于他的门下，正是真正的贤士不到他门下的原因。

字词释义

❶归：投奔。

❷卒：终于。

❸特：只，仅仅。

❹擅齐之强：拥有齐国的强大国力。擅，拥有。

趣味知识

鸡鸣狗盗

战国时，孟尝君被秦昭襄王扣留在秦国。他的一个门客装狗夜入秦宫，盗出已经献给秦王的狐裘，送给秦王宠爱的妃子。秦王听从妃子的劝说，同意放孟尝君回国。孟尝君被释放后，担心秦王反悔，便星夜兼程出关。赶到函谷关时，已是半夜了。根据出关的规定，只有鸡叫了才能打开关门。这时，有一个门客便学鸡叫，引得附近的鸡都叫起来，因此骗开关门，孟尝君逃回齐国。

扫码听音频

报刘一丈书

〔明〕宗臣

经典名句

人生有命，吾惟守分而已。

题解

刘一丈与宗臣的父亲是至交，本篇是宗臣写给他的一封书信。他在信中描绘了当时官场上下钻营的丑态，推心置腹地表达了自己对此的厌恶与愤慨，表明自己绝不同流合污的态度，从中可以看出宗臣愤世嫉俗的品格。

古文诵读

数千里外，得长者时赐一书，以慰长想，即亦甚幸矣；何至更辱馈遗，则不才益将何以报焉？书中情意甚殷，即长者之不忘老父，知老父之念长者深也。

至以“上下相孚[1]，才德称位”语不才，则不才有深感焉。夫才德不称，固自知之矣；至于不孚之病，则尤不才为甚。

古文今译

在几千里之外，时常收到您老人家的来信，慰藉我长久的想念，这已经很幸运了。竟然蒙您赠送礼物，那么我要用什么来报答呢？您信中的情意非常恳切，这是您没有忘记我的父亲，知道父亲深切想念您的原因。

至于信中以“上下互相信任，才能品德与职位相称”教导我，我深有感触。我的才能品德与职位不相称，我本来就知道。至于上下相互不信任的弊病，在我的身上表现得更严重。

且今之所谓孚者，何哉？日夕策马，候权者之门。门者故不入，则甘言媚词作妇人状，袖金以私之。即门者持刺入，而主人又不即出见；立厩中仆马之间，恶气袭衣袖，即饥寒毒热不可忍，不去也。抵暮，则前所受赠金者出，报客曰：“相公倦，谢客矣！客请明日来！”即明日，又不敢不来。夜披衣坐，闻鸡鸣，即起盥栉[2]，走马推门。门者怒曰：“为谁？”则曰：“昨日之客来。”则又怒曰：“何客之勤也？岂有相公此时出见客乎？”客心耻之，强忍而与言曰：“亡奈何矣，姑容我入！”门者又得所赠金，则起而入之。又立向所立厩中。幸主者出，南面召见，则惊走匍匐阶下。主者曰：“进！”则再拜，故迟不起；起则上所上寿金。主者故不受，则固请。主者故固不受，则又固请，然后命吏纳之。则又再拜，又故迟不起；起则五六揖始出。出揖门者曰：“官人幸顾我，他日来，幸无阻我也！”门者答揖[3]。大喜奔出，马上遇所交识，即扬鞭语曰：“适自相公

况且现在所说的上下之间互相信任是怎么回事呢？从早到晚骑马去权贵家的门口恭候，守门的人故意不肯让他进去，他就用甜言媚语做出妇人的姿态，把袖里的金钱塞给守门人。守门人拿着名帖进去，而主人又不立即出来接见，他就站在马棚里，在仆人和马匹中间，臭气熏着衣服，即使饥饿寒冷闷热无法忍受，也不肯离去。一直到傍晚，先前曾经接受金钱的守门人出来对他说：“相公累了，谢绝会客，客人明天再来吧。”到了第二天，他又不敢不来。夜里披衣坐等，听到鸡叫就起来梳洗，骑着马跑去敲门，守门人发怒说：“是谁？”他便回答说：“昨天的客人又来了。”守门人又生气地说：“客人为什么这样勤快！难道相公会在这个时候出来会客吗？”客人心里以此为耻，勉强忍耐着对守门人说：“没有办法啊！姑且让我进去吧。”守门人又得到他送的钱，才起身放他进去。他又站在原来站过的马棚里。幸好主人出来了，朝南坐着召见他，他就慌张跑上去拜伏在台阶下。主人说：“进来！”他便拜了又拜，故意迟迟不起，起身后就献上进见的礼金。主人故意不接受，他就一再请求；主人故意坚决不肯接受，他又再三请求。然后主人叫下人把东西收下。他便拜了又拜，又故意迟迟不起，起身后又作了五六个揖才出来。出来就对守门人作揖说：“请您多关照我！下次来，希望不要阻拦我。”守门人向他回礼，他很高兴地跑出来。他骑在马上遇到熟

家来，相公厚我，厚我！”且虚言状。即所交识，亦心畏相公厚之矣。相公又稍稍语人曰：“某也贤！某也贤！”闻者亦心计交赞之。此世所谓上下相孚也。长者谓仆能之乎？

前所谓权门者，自岁时伏腊一刺之外，即经年不往也。间道经其门，则亦掩耳闭目，跃马疾走过之，若有所追逐者。斯则仆之褊衷[4]，以此长不见悦于长吏，仆则愈益不顾也。每大言曰：“人生有命，吾惟守分而已。”长者闻之，得无厌其为迂乎？

识的人，就扬起马鞭得意地对人说：“我刚从相府出来，相公非常看重我，非常看重我！”并且夸张地描述受接待的情况。即便与他熟识的人，也从心里敬畏他能得到相公的厚待。相公又偶尔对别人说：“某人不错，某人不错。”听说人也都在心里盘算着交相称赞他。这就是世人所说的上下信任，您说我能这样做吗？

对于前面所说的权贵之家，我除了过节投一个名帖外，就整年不去。偶尔经过他的门前，就捂着耳朵，闭上眼睛，催马飞快地跑过去，就像后面有人追赶。这就是我狭隘的心胸，因此经常不受长官欢迎，我就更加不顾了。我常常夸口：“人生在世，自有天命，我只有守本分而已！”您听了我的话，不会嫌我迂阔吧！

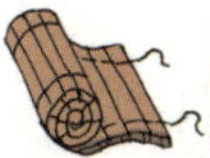

字词释义

❶孚：信任。
❷盥（guàn）栉：洗脸和梳头。
❸揖：作揖。
❹褊（biǎn）衷：狭隘的心胸。

作者档案

宗臣（1525—1560），字子相，号方城山人，兴化（今属江苏）人，明代诗人，“后七子”之一。嘉靖年间进士，性格耿介，不附权贵。

趣味知识

后七子

后七子，又称“嘉靖七子”，是明代嘉靖、隆庆年间文学家李攀龙、王世贞、谢榛、宗臣、梁有誉、徐中行、吴国伦七人的合称。他们受之前以李梦阳、何景明等人为代表的“前七子”的影响，提倡“文必秦汉，诗必盛唐”，以汉魏、盛唐为楷模。

蔺相如完璧归赵论

〔明〕王世贞

经典名句

今奈何使舍人怀而逃之，而归直于秦？

题解

蔺相如完璧归赵的事迹历来为人们所称赞，本篇开门见山，旗帜鲜明地提出自己的观点："予未敢以为信也。"全篇通过两种假设，得出蔺相如之所以能够完璧归赵，只不过是一时的侥幸而已，而非大智大勇的结果。

古文诵读

蔺相如之完璧，人皆称之。予未敢以为信也。

夫秦以十五城之空名，诈赵而胁其璧。是时言取璧者，情[1]也，非欲以窥赵也。赵得其情则弗予，不得其情则予；得其情而畏之则予，得其情而弗畏之则弗予。此两言决耳，奈之何既畏而复挑其怒也！

古文今译

蔺相如完璧归赵，人人都称赞他。我不敢苟同。

秦国用十五座城的空名，欺骗赵国并胁迫勒索它献出和氏璧。这时说秦国要骗取和氏璧是真实情况，但不是借此窥视赵国的江山。赵国如果知道这个实情就不给，不知道这个实情就给它。知道这个实情，害怕秦国就给；知道这个实情，不害怕秦国就不给。这只要两句话就能解决，为什么既害怕秦国又去激怒它呢？

且夫秦欲璧，赵弗予璧，两无所曲直也。入璧而秦弗予城，曲在秦；秦出城而璧归，曲在赵。欲使曲在秦，则莫如弃璧；畏弃璧，则莫如弗予。夫秦王既按图以予城，又设九宾，斋而受璧，其势不得不予城。璧入而城弗予，相如则前请曰："臣固知大王之弗予城也。夫璧非赵璧乎？而十五城秦宝也。今使大王以璧故，而亡其十五城，十五城之子弟，皆厚怨大王以弃我如草芥也。大王弗予城，而绐[2]赵璧，以一璧故，而失信于天下，臣请就死于国，以明大王之失信！"秦王未必不返璧也。今奈何使舍人怀而逃之，而归直于秦？

是时秦意未欲与赵绝耳。令[3]秦王怒而僇[4]相如于市，武安君十万众压邯郸，而责璧与信，一胜而相如族[5]，再胜而璧终入秦矣。

吾故曰：蔺相如之获全于璧也，天也。若其劲渑池，柔廉颇，则愈出而愈妙于用。所以能完赵者，天固曲全之哉！

况且，秦国想得到璧，赵国不给璧，双方没有什么曲直是非。赵国交出璧而秦国不给城池，秦国理亏。秦国给了城池，赵国却拿回璧，赵国理亏。要使秦国理亏，不如放弃璧。害怕丢掉璧，就不如不给。秦王已经按照地图给了城池，又举行九宾的隆重礼仪，斋戒接受璧，那种形势是不得不给城池。秦王接受了璧而不给城池，蔺相如就可以上前质问："我本来就知道大王不会给城池，这块璧不是赵国的吗？十五座城池也是秦国的宝物。如今假使大王因为璧丢掉十五座城池，十五座城的百姓都会深恨大王，因为把我们像小草一样丢弃了。大王不给城池而骗取赵国的璧，因为一块璧而失信天下，我请求死在这里，来表明大王失信。"如此，秦王未必不肯归还璧。当时为什么要派手下人怀着璧逃走而让秦国处于理直的位置呢？

那时秦国并不想与赵国断绝关系。假如秦王发怒在街市上杀了相如，派武安君率领十万大军逼近邯郸，责问璧的下落和赵国的失信，秦兵一次胜仗就可以使相如灭族，两次胜仗而璧最终就要落到秦国手中。

因此我认为，蔺相如能保全璧，是天意。至于他在渑池显示强硬的态度，对廉颇谦和，就是斗争策略越来越高明了。所以说赵国能被保全，确实是上天偏袒它啊！

字词释义

❶情：实情，本意。

❷绐（dài）：欺骗。

❸令：假如。

❹僇：通“戮”，杀戮。

❺族：灭族。

作者档案

王世贞（1526—1590），字元美，号凤洲，又号弇州山人，太仓（今江苏太仓）人，明代文学家。“后七子”领袖之一，前期与李攀龙共同主盟，后期独主文坛二十余年。著有《弇山堂别集》《觚不觚录》《弇州山人四部稿》等。

趣味知识

完璧归赵

赵惠文王得到稀世之宝和氏璧，秦昭王想用十五座城换取这块璧。当时秦强赵弱，赵王担心给了秦璧却得不到城。蔺相如请命奉璧入秦，见秦王没有给赵国城池的诚意，就用计赚回和氏璧，并叫随从化装从小路逃回赵国，这就是完璧归赵的故事。完璧归赵，作为成语，比喻把原物完好地归还本人。

星汉 编著

亲 | 近 | 自 | 然

中国出版集团
中译出版社

图书在版编目（CIP）数据

写给孩子的古文观止：全4册 / 星汉编著. —北京：中译出版社，2024.4

ISBN 978-7-5001-7789-0

Ⅰ. ①写… Ⅱ. ①星… Ⅲ. ①文言文－小学－教学参考资料②文言文－初中－教学参考资料 Ⅳ. ①G634.303

中国国家版本馆CIP数据核字（2024）第053089号

写给孩子的古文观止: 全4册

XIE GEI HAIZI DE GUWENGUANZHI: QUAN SI CE

出版发行：中译出版社
地　　址：北京市西城区新街口外大街28号普天德胜大厦主楼4层
电　　话：010-68002876
邮　　编：100088
电子邮箱：book@ctph.com.cn
网　　址：www.ctph.com.cn

策 划 人：宿春礼
责任编辑：张　旭
文字编辑：陈　润
特约编辑：于海英　王艺锟　姜心琳　王昊
绘　　图：遇见小行星
封面设计：曹柏光

排　　版：北京华夏墨香文化传媒有限公司
印　　刷：三河市祥达印刷包装有限公司
经　　销：新华书店

规　　格：710mm × 1000mm　1/16
印　　张：25
字　　数：410千字
版　　次：2024年4月第1版
印　　次：2024年4月第1次

ISBN 978-7-5001-7789-0　　定价：139.00元（全4册）

中 译 出 版 社

前言

文言文是中小学生学习语文的一个难点，即使是老师也觉得不好教。

但是，从近年的教育改革情况来看，无论是在中考还是高考中，文言文的分量都越来越重，甚至统编语文教材从小学三年级开始就增加了文言文的内容。“得语文者得天下，得古文者得语文。”重视文言文的学习，已经刻不容缓。

文言文和古典诗歌一样，博大精深，源远流长，更是我国传统文化的载体。不少学生对传统文化感兴趣，想要更多地阅读传统经典，可是文言文却成了阅读中最大的障碍。

中小学生学习文言文的重点，与其说是文学，不如说是语言。既然是语言，就要按照语言的规律去学习。学习文言文就是要依托一篇篇选文，而选文一定要有典型性、规范性、代表性，如此才有利于培养语感，顺利进入文言文学习的语境当中。《古文观止》就是这样一部选本。

《古文观止》是清代康熙年间吴楚材、吴调侯选编的一部历代古文总集。他们是浙江山阴（今绍兴）人，以教授私塾弟子为生，编选此书的目的是“正蒙养而裨后学”，即作为私塾教育的读本，

因此，《古文观止》正是一部为当时的少年提供的文言文入门读物。

《古文观止》初刻于清康熙三十四年（1695），按照从古到今的顺序排列，收录了自春秋战国到明末的名作222篇。“观止”一词典出《左传》的“季札观周乐”一节，吴国公子季札在鲁国观《箫韶》之后，赞叹道：“观止矣！若有他乐，吾不敢请已。”意指《箫韶》是音乐艺术的顶峰，欣赏过之后就不想去欣赏其他音乐了。也就是说《古文观止》所收录的文章都是古文中的精华，代表文言文的最高水平，学习文言文至此观止矣。《古文观止》自问世以来，盛行不衰，影响相当深远，与《唐诗三百首》并称为中国古诗文选本的“双璧”，鲁迅先生更是赞其与《昭明文选》并美。

我国现当代文学大家，如鲁迅、巴金、朱光潜、余光中、王蒙、贾平凹等，皆深受《古文观止》的影响。著名作家巴金说：“我仍然得感谢我那两位强迫我硬背《古文观止》的私塾老师。这两百多篇‘古文’可以说是我真正的启蒙先生。我后来写了20本散文，跟这个‘启蒙先生’很有关系。”

世易时移，应与时俱进，不当刻舟求剑者。我们结合当下语文学习的实际特点，从《古文观止》中精心挑选出102篇文章，书中原文采用通行的中华书局排印本，同时参考清朝乾隆年间的映雪堂刻本，编辑成这套《写给孩子的古文观止》。

如果说《古文观止》是清朝私塾学生学习文言文的指引，那么《写给孩子的古文观止》就是当下中小学生学习文言文的阶梯。全书内容选择、栏目设置以及形式编排的设计，无一不是针对语文的学习，让中小学生爱上文言文，学好文言文。

全书打乱原来单调的时间顺序，按照写人、记事、写景、游记、书信、议论等主题对文章进行归类，分设《群星闪耀》《历史风云》《亲近自然》《家国情怀》四卷，贴合当下语文学习的习惯。每篇文章设立以下栏目：

【经典名句】提取文中金句，便于在写作中运用。

【题解】通过写作背景、主旨，让读者对文章有整体的把握。

【古文诵读】因声求气，沉浸其中，涵泳诵读，以致熟读成诵，是学好文言文的基础。

【字词释义】对难懂的字词，加以注音和解释。

【古文今译】对原文进行白话翻译，在直译的基础上，力求信、达、雅，帮助读者加深对原文的理解，有助于下一步的背诵记忆。

【作者档案】知人论世，对作者的情况做基本的介绍，以便读者更好地理解原文。

【趣味知识】涉及文化常识、历史故事、成语积累等方面，作为文言文学习的必要补充。

每篇文章都配有相应的精美插图，写意优美，古韵十足，刺激视觉感官，营造轻松愉快的阅读氛围，更有利于加深读者对文章的理解。

著名文学家、翻译家金克木说："读《古文观止》可以知历史，可以知哲学，可以知文体变迁，可以知人情世故，可以知中国的宗教精神与人文精神，几乎可以知道中国传统文化的一切。"

《古文观止》，篇篇是经典，一起来读吧！

目录

扫码听音频

扫码听音频

兰亭集序

〔晋〕王羲之

经典名句

虽取舍万殊，静躁不同，当其欣于所遇，暂得于己，快然自足，曾不知老之将至。

题解

本篇讲述了时任会稽内史的王羲之与友人谢安、孙绰等四十一人会聚兰亭、赋诗饮酒的故事。文章以层次井然的语言，描绘了兰亭所处的自然环境和周围景物，从大处落笔，由远及近，转而由近及远，推向无限。意境清丽淡雅，情调欢快畅达。最后，王羲之在表现人生苦短、岁月不居的感叹中，流露出对生命的向往和执着的热情。

古文诵读

永和九年，岁在癸丑。暮春[1]之初，会于会稽[2]山阴之兰亭，修禊[3]事也。群贤毕至，少长咸集。此地有崇山峻岭，茂林修竹，又有清流激湍，映带左右，引以为流觞曲水[4]，列坐其次，虽无丝竹管弦之盛，一觞一咏，亦足以畅叙幽情。是日也，天朗气清，惠风[5]和畅。

古文今译

永和九年（353），是癸丑之年，三月初，我们会集在会稽郡山北的兰亭，是为了进行修禊的祭礼。很多贤士都会聚到这里，年少的和年长的都聚集在这里。兰亭这个地方有高大陡峻的山岭、茂盛的树林和高高的竹子，又有清澈而湍急的溪流，像衣带一样环绕在亭子的四周，我们引来作为流觞的曲水，按顺序列坐在曲水旁边，虽然没有丝竹管弦等乐器演奏的盛况，但喝酒吟诗，也足以让人畅快叙述内心深处的感情了。这一天，天气晴朗，空气清新，柔和的风

仰观宇宙之大，俯察品类之盛，所以游目骋怀，足以极视听之娱，信可乐也。

夫人之相与，俯仰一世，或取诸怀抱，晤言一室之内；或因寄所托，放浪形骸之外。虽取舍万殊，静躁不同，当其欣于所遇，暂得于己，快然自足，曾不知老之将至。及其所之既倦，情随事迁，感慨系之矣！向之所欣，俯仰之间，已为陈迹，犹不能不以之兴怀。况修短随化，终期于尽！古人云："死生亦大矣。"岂不痛哉！

每览昔人兴感之由，若合一契，未尝不临文嗟悼，不能喻之于怀。固知一死生为虚诞，齐彭殇[6]为妄

和暖畅快，向上看，天空广大无边；向下看，地上的事物种类繁多；纵目四望，顿感心胸开阔，足够用来极尽视听的欢娱，实在是很快乐。

人们彼此交往，很短的时间便度过一生。有的人在室内畅谈自己的志趣抱负；有的人就着自己所爱好的事物，寄托情怀，不受任何拘束。虽然爱好千差万别，安静与躁动各不相同，但当他们对所接触到的事物感到高兴时，自己想要的东西暂时得到了，感到高兴和满足，竟然不觉得老年将要到来。等到对那些所得到的东西已经厌倦，感情随着事物的变迁而变迁，感慨便随之产生。过去感到高兴的东西，一瞬间就成为旧的事迹，尚且不能不因为它引起心中的感触，何况寿命长短，听凭造化，最终必定都会消亡。古人说："死生也是件大事啊。"怎么能不让人伤痛呢？

每当了解古人生发感慨的原因，其缘由如果和我所感慨的像一张符契那样相和，总难免要在读他们的文章时感叹悲伤，却不能在心中明白。因此知道把生死等同的说法是不真实的，把长寿和短命等同起来的说法是不真实的。后人

作，后之视今，亦犹今之视昔。悲夫！故列叙时人，录其所述，虽世殊事异，所以兴怀，其致一也。后之览者，亦将有感于斯文。

看待我们现在，也就像我们现在看待古人，可悲呀！所以我一个一个记下当时参与聚会的人，抄录下他们所作的诗篇。即使时代变了，一切都不同了，但之所以兴发感慨，是因为人们的兴致是一样的。后世的读者，也必将会有所感慨于这次集会的诗文。

字词释义

❶ 暮春：晚春，指春天的第三个月，即农历三月。

❷ 会稽（kuài jī）：郡名，治所在今浙江绍兴。

❸ 修禊（xì）：农历三月上旬古人在水边行祭，以袚除不祥的活动。

❹ 流觞（shāng）曲水：用漆制的酒杯盛酒，放进曲折水道中任其漂流，杯停在谁面前，谁就引杯饮酒。这是古人一种劝酒取乐的方式。曲水，引水环曲为渠，以流酒杯。

❺ 惠风：和风。

❻ 彭殇：彭，彭祖，古代传说中的长寿之人。殇，夭折，未成年而死。

作者档案

王羲之（327—379），字逸少，东晋书法家，有“书圣”之称。他在书法艺术史上成就斐然、影响巨大，被后人誉为“古今之冠”。《兰亭集序》就是体现他书法技艺与文学才能交相辉映的杰作。

趣味知识

东床快婿

太傅郗鉴在建康时听说琅邪王氏的子侄都很英俊，想在其中挑选女婿，就派门生送信给丞相王导，王导让送信的门生去东厢房选择。门生回去后对郗鉴说：“王家的年轻人都不错，他们听说要选女婿，都精心打扮，竭力保持庄重，显示与众不同，只有一个年轻人，袒胸露腹躺在东边的床上，神色自若，好像毫不在意。”郗鉴说：“这人真是好女婿！”这个年轻人就是王羲之，郗鉴就把女儿嫁给了他。

归去来辞

〔晋〕陶渊明

经典名句

木欣欣以向荣，泉涓涓而始流。

题解

《归去来辞》是晋代著名隐士陶渊明的代表作。本篇以平易的口吻自问自答。从世俗像牢笼一样拘束了人的内心入手，通过对田园闲适美好生活的细致刻画，抒发了作者希望寄情山水、归隐田园的超然情怀。

古文诵读

归去来兮，田园将芜，胡不归！既自以心为形役，奚惆怅而独悲！悟已往之不谏，知来者之可追。实迷途其未远，觉今是而昨非。舟摇摇以轻扬，风飘飘而吹衣。问征夫以前路，恨晨光之熹微。

乃瞻衡宇[1]，载欣载奔。僮仆欢迎，稚子候门。三径[2]就荒，松菊犹存。携幼入室，有酒盈樽。引

古文今译

归去吧！田园将要荒芜了，怎么还不回去呢？已经让自己的心灵受到形体的奴役，为什么还要内心失落独自悲伤？我领悟了逝去的已不可挽回，明白了未来的还可以追求。其实走入迷途还不算遥远，我觉察到现在的正确和昔日的错误。小船在水中轻轻地摇荡，微风吹起了我的衣衫，向行人询问前方的道路，只恨晨光还是这样微弱迷离。

我望见简陋的小屋，高兴地往前奔跑。童仆欢喜地来迎接，年幼的孩子守候在家门口。隐居的小路将要荒芜，园中的松菊却仍然保存。我拉着幼儿走进内室，有一个盛满了酒的酒壶。我拿过酒壶酒

壶觞以自酌，眄庭柯以怡颜。倚南窗以寄傲，审容膝之易安。园日涉以成趣，门虽设而常关。策扶老以流憩[3]，时矫首而遐观。云无心以出岫，鸟倦飞而知还。景翳翳[4]以将入，抚孤松而盘桓。

归去来兮，请息交以绝游。世与我而相违，复驾言兮焉求？悦亲戚之情话，乐琴书以消忧。农人告余以春及，将有事于西畴[5]。或命巾车，或棹孤舟。既窈窕以寻壑，亦崎岖而经丘。木欣欣以向荣，泉涓涓而始流。善万物之得时，感吾生之行休。

已矣乎！寓形[6]宇内复几时，曷不委心任去留？胡为遑遑欲何之？富贵非吾愿，帝乡不可期。怀良辰以孤往，或植杖而耘耔。登东皋以舒啸，临清流而赋诗。聊乘化以归尽，乐夫天命复奚疑！

杯自斟自饮，看着庭院里的树让我开颜。倚靠着南窗来寄托着我的傲世情怀，觉得处在这小小的容膝之地反而容易心安。每日里在园子里散步自成乐趣，虽然设有园门却常常闭着。拄着手杖悠闲漫步，随处休息，不时地抬起头来向远处闲看。云气自然地从山中飘出，鸟儿飞倦了也知道返回。日光渐暗太阳将要落下山去了，我抚摸着孤松流连忘返。

回去吧！请让我断绝与外人的交游。既然世俗与我互相违背，我还要驾车出游来求取什么？为亲戚间说说知心话而欢悦，抚琴读书来消解忧愁。农民告诉我春天来到，将要到西边的田地耕耘。有的人驾着篷布小车，有的人划着一叶小舟。有时沿着幽深曲折的溪水探寻山谷，有时循着崎岖不平的小路走过山丘。树木生机勃勃地渐渐生长，泉水细细地开始淌流。真羡慕万物得逢天时，我感叹自己的一生将要到达尽头。

算了吧！寄身于天地间还会有多少日子，何不听任自我的心愿决定去留？为什么还要惶惶不安想去哪里呢？富贵不是我想要的，缥缈仙境也不可预期。且趁着大好时光独自走走，或者将手杖插在田边去耕作。登上东边的高岗放声长啸，面对清清的流水吟诵诗歌。姑且随着大自然的变化走到生命的尽头，乐天安命还有什么值得怀疑！

字词释义

❶衡宇：用横木做门的房子，形容屋子简陋。

❷三径：相传汉代蒋诩归隐后，只在房前开出三条小路，与两个隐士相往来。“三径”因此成了隐逸生活的象征。

❸策扶老以流憩：策，拄着。扶老，拐杖。流憩，周游，休息。

❹景翳（yì）翳：景，日光。翳翳，昏暗的样子。

❺畴：田亩。

❻寓形：寄身于。寓，寄托，住在。形，形体。

作者档案

陶渊明（365—427），名潜，字元亮，号五柳先生，浔阳柴桑人。他出生于一个没落的官宦家庭，早年曾任江州祭酒、彭泽县令等职。在四十岁那年他辞去官职，归隐田园。陶渊明的诗和辞赋散文在艺术上具有独特的风格和极高的造诣，他开创了田园诗这一体裁，为古典诗歌开辟了新的境界。陶渊明的作品平淡自然，淳朴真挚，广泛影响了唐代诗歌创作。

趣味知识

往者不可谏，来者犹可追

此语出自《论语·微子》。孔子周游列国，楚国的狂人接舆唱着歌从孔子的车旁经过，他唱道：“凤兮凤兮，何德之衰！往者不可谏，来者犹可追。已而，已而！今之从政者殆而！”意思是说过去的无法挽回，从现在隐去也不迟，不要浪费时间去做不可能完成的事。

桃花源记

〔晋〕陶渊明

经典名句

乃不知有汉，无论魏、晋。

题解

《桃花源记》是现实主义与浪漫主义的结合体。之所以说它是现实主义，是因为它叙述了一个完整的故事，故事发生的时间、地点、情节、人物、结局，一应俱全。同时，它又是浪漫主义的，因它好似仙境一般，亦真亦幻、漫漶迷离，无论是谁都找不到桃花源的确切位置，寻不出那样一种井然有序、怡然自乐、堪称完美的社会生活。

古文诵读

晋太元[1]中，武陵[2]人捕鱼为业。缘溪行，忘路之远近。忽逢桃花林，夹岸数百步，中无杂树，芳草鲜美，落英缤纷。渔人甚异之，复前行，欲穷其林。

林尽水源，便得一山。山有小口，仿佛若有光。便舍船，从口入。初极狭，才[3]通人。复行数十步，豁然开朗。土地平旷，屋舍俨然[4]，

古文今译

东晋太元年间，武陵郡有个人以打鱼为生。有一天，他沿着溪水行船，忘记了路程的远近。忽然遇到一片桃花林，生长在溪水两岸几百步以内，中间没有别的树木，花草鲜艳美丽，落花纷纷散在地上，渔人对眼前的景色感到非常诧异。他继续向前行船，想走到桃花林的尽头。

桃林的尽头就是溪水的发源地，打鱼人发现了一座山，山上有个小洞口，洞里仿佛透着一点光亮。他便下了船，从洞口进去了。一开始洞口很狭窄，容得一人通过。又向前走了几十步，突然

有良田、美池、桑竹之属，阡陌交通，鸡犬相闻。其中往来种作，男女衣着，悉如外人[5]。黄发垂髫，并怡然自乐。

见渔人，乃大惊，问所从来，具答之。便要[6]还家，设酒杀鸡作食。村中闻有此人，咸来问讯。自云先世避秦时乱，率妻子邑人[7]来此绝境，不复出焉，遂与外人间隔。问今是何世，乃[8]不知有汉，无论魏、晋。此人一一为具言所闻，皆叹惋。余人各复延至其家，皆出酒食。停数日，辞去。此中人语云："不足为外人道也。"

变得开阔明亮起来。他的眼前是一片平坦宽广的土地，一排排非常整齐的房舍，还有肥沃的田地、美丽的池塘，以及桑树、竹林之类的植物。田间小路交错相通，鸡鸣狗叫的声音到处可以听到。人们在田野里来来往往耕种劳作，男女穿的衣服跟世外之人一样。老人和小孩们个个都安适愉快，自得其乐。

村里的人看到渔人，感到非常惊讶，问他是从哪里来的，渔人详细地做了回答。村里有人就邀请他到自己家里去做客，摆酒杀鸡做饭来款待他。村里其他人听说来了一个外人，都来打听消息。他们说自己的祖先为了躲避秦时的战乱，带领着妻子儿女和同乡的人来到这个与世隔绝的地方，没有再出去，所以跟外面的人断绝了来往。他们问渔人现在是什么朝代，他们竟然不知道有过汉朝，更不必说魏、晋两朝了。渔人把自己知道的事详尽地告诉了他们，他们听完以后都感叹惋惜。其余的人各自又把渔人

既出，得其船，便扶向路，处处志之。及郡下[9]，诣太守说如此。太守即遣人随其往，寻向所志，遂迷，不复得路。

南阳[10]刘子骥，高尚士也。闻之，欣然规往，未果，寻病终。后遂无问津者。

请到自己家中，拿出酒饭来款待他。渔人停留了几天，向村里人告辞离开。村里的人对他说："我们这个地方不值得对外面的人说啊！"

渔人出来以后，找到了自己的船，就顺着来时的路回去，途中处处都做了标记。等到了郡城，他就到太守那里去，报告了自己的这番经历。太守立即派人跟着他前去，寻找他先前所做的标记，可还是迷路，再也找不到通往桃花源的路了。

南阳人刘子骥是个志向高洁的隐士，他听到这件事后，愉快地计划着前往，但没有实现，不久便因病去世了。这以后就再也没有寻访桃花源的人了。

❶太元：东晋孝武帝司马曜的年号。
❷武陵：在今湖南常德，晋时郡名。
❸才：仅。
❹俨然：整齐分明的样子。
❺"男女衣着，悉如外人"句：此句解释存有争议，按常理来说，桃花源里的人从秦时避难于此，至东晋已过几个世纪，服装形制早有改变，所以有人将其解释成"男女穿的衣服，如尘世以外之人"，可备一说。
❻要：通"邀"，邀请。
❼邑人：同乡的人。
❽乃：竟然。
❾郡下：武陵郡。
❿南阳：今河南南阳。

趣味知识

不为五斗米折腰

陶渊明任彭泽县令时，郡里派督邮到县里视察。这个督邮傲慢无礼，狐假虎威，陶渊明虽然不肯趋炎附势，却不得不见，就马上动身。下属却拦住说，见督邮，要穿官服，不然督邮会乘机做文章。陶渊明叹息说："我不能为五斗米，去向势利小人弯腰。"于是交还印绶，离开了彭泽县，归隐田园。

滕王阁序

〔唐〕王勃

经典名句

落霞与孤鹜齐飞，秋水共长天一色。

题解

本篇是初唐诗人王勃往交趾省亲时路过洪州，恰逢都督阎公在滕王阁上大宴宾客，在宴会上挥毫创作的。全文以缜密的构思，从写滕王阁人杰地灵、主人尊贵、客人雅致入手，到登上高阁眺望壮美的山川，再到正面描写宴会，引出人生偶合的感触，最后自叙遭际，抒发了感慨古今之情。

古文诵读

南昌故郡，洪都新府。星分翼、轸，地接衡、庐。襟三江而带五湖，控蛮荆而引瓯越。物华天宝，龙光射牛斗之墟；人杰地灵，徐孺下陈蕃之榻[1]。雄州雾列，俊彩星驰。台隍枕夷夏之交，宾主尽东南之美。都督阎公之雅望，棨戟遥临；宇文新州之懿范，襜帷[2]暂驻。十旬休

古文今译

南昌过去是豫章郡的治所，如今是新的洪州的都督府，天上的方位在翼、轸两星宿的分野，地上的位置连接着衡山和庐山。以三江为衣襟，以五湖为衣带，控制着荆楚，连接着瓯越。这里有物类的精华和天然的宝物，宝剑的光芒直冲上牛、斗二星所在之处。这里人才辈出，地域灵秀，陈蕃专为徐孺设下睡榻。宏伟的州群像云雾一般罗列开来，英俊博学的人才像繁星一样活跃。城池占据着夷夏交界的地方，宾客与主人，汇集了东南地区的英俊人才。阎都督，享有很崇高的名望，从远道赶来；宇文新州，有美好的道德风范，赴任途中特意在此暂留。正好赶上十日休

暇，胜友如云，千里逢迎，高朋满座。腾蛟起凤，孟学士之词宗，紫电清霜，王将军之武库。家君作宰，路出名区，童子何知，躬逢胜饯。

时维九月，序属三秋。潦水[3]尽而寒潭清，烟光凝而暮山紫。俨骖騑[4]于上路，访风景于崇阿。临帝子之长洲，得仙人之旧馆。层峦耸翠，上出重霄，飞阁流丹，下临无地。鹤汀凫渚[5]，穷岛屿之萦回，桂殿兰宫，列冈峦之体势。披绣闼，俯雕甍[6]，山原旷其盈视，川泽盱其骇瞩。闾阎扑地，钟鸣鼎食之家；舸舰迷津，青雀黄龙之轴。虹销雨霁，彩彻云衢。落霞与孤鹜[7]齐飞，秋水共长天一色。渔舟唱晚，响穷彭蠡之滨；雁阵惊寒，声断衡阳之浦。

遥吟俯畅，逸兴遄飞[8]。爽籁发而清风生，纤歌凝而白云遏。睢园[9]绿竹，气凌彭泽之樽；邺水朱华，光照临川之笔。四美具，二难并。穷睇眄[10]于中天，极娱游于暇

假的日子，杰出的友人像云一样多，不远千里来到这里相逢，使这里坐满了高贵的宾客。蛟龙腾空，凤凰飞舞，就像孟学士是众人仰望的文章宗匠；紫电、清霜这样的宝剑，都在王将军的武库里。由于父亲在做官，我在探亲途中经过了这个著名的地方。我年幼无知，竟然有幸亲身参加了这次盛大的宴会。

时光正值农历九月，四序里是秋天的第三个月。积水消尽，潭水清澈，淡淡的云烟凝结在天空中，暮色中的山峦呈现出一片紫色。在高高的山路上整齐地排列着马车，在崇山峻岭中访求美好的风景。来到古时帝子所在的长洲，发现了旧时仙人所住的房子。这里山峦重叠、山峰青翠，向上耸入云霄；凌空的楼阁、红色的阁道，犹如在天空飞翔，从阁上望不到地面；白鹤、野鸭停栖的小洲，极尽岛屿纡曲回环的形势，桂树与木兰建成的宫殿，高低起伏像一个个山冈一样。推开有华美图案的阁门，俯视彩装雕饰的屋脊，山峰平原都在视野里，河流的曲折令人惊讶。遍地是里巷宅舍，有许多钟鸣鼎食的富贵人家。渡口停满舸舰，尽是雕上了青雀黄龙花纹的大船。正值雨过天晴，云雾散去，虹彩消退，阳光朗煦，落霞好像和野鸭一起在飞翔，秋水和长天连成一片颜色。傍晚渔舟里传出的歌声，响彻彭蠡湖畔；雁群感到寒意而发出的惊叫，回荡在衡阳的水边。

放眼遥望，胸襟刚感到舒畅，超逸的兴致就立即兴起，美妙的音乐引来徐徐清风，柔缓的歌声引来飘动的白云。像睢园竹林里的聚会，这里善饮的人，酒量凌驾于彭泽县令陶渊明之上；像邺水咏赞莲花，这里诗人的文笔，胜过临川内史谢灵运。音乐、饮食、文章、言语这四种美好的事物都已齐备，贤主、嘉宾这两个难得的条件也聚到一起，向天空中极目盼顾，

日。天高地迥，觉宇宙之无穷；兴尽悲来，识盈虚之有数。望长安于日下，指吴会于云间。地势极而南溟深，天柱高而北辰远。关山难越，谁悲失路之人？萍水相逢，尽是他乡之客。怀帝阍[11]而不见，奉宣室以何年？

呜呼！时运不齐，命途多舛。冯唐易老，李广难封。屈贾谊于长沙，非无圣主，窜梁鸿于海曲，岂乏明时？所赖君子安贫，达人知命。

在假日里尽情欢娱玩耍。苍天高远、大地寥廓，让人感到宇宙的浩渺无穷无尽。欢乐逝去，悲哀袭来，我明白了事物的兴衰成败是命中注定的。望见长安沉到夕阳下，看见吴郡隐现在云雾里，大陆已到了尽头，南海深不可测，天柱高不可攀，北极星又是那么遥远。关山重重难以翻越，有谁会同情不得志的人？因为偶然的相遇而聚在一起，大家都是异乡的人。怀念着君王的宫门，但不被召见，什么时候才能够去侍奉君王呢？

唉，时机命运不好，人生的命运有很多坎坷。冯唐容易老去，李广难以封侯。贾谊屈才被贬到长沙，并不是没有圣明的君主；梁鸿逃窜到齐鲁海滨，难道不是政治昌明的时代？只不过由于君子能安于贫贱，通达的人知道自己的命运罢了。年纪虽然老了，但志气应当更加旺盛，怎能在头发白了以后改变志向？境遇虽然困苦，但情操应当更加坚定，决不能放弃自己的凌云壮志。即使喝了

老当益壮，宁知白首之心，穷且益坚，不坠青云之志。酌贪泉而觉爽，处涸辙[12]以犹欢。北海虽赊，扶摇可接；东隅已逝，桑榆非晚。孟尝高洁，空怀报国之心；阮籍猖狂，岂效穷途之哭？

勃，三尺微命，一介书生。无路请缨，等终军之弱冠，有怀投笔，慕宗悫[13]之长风。舍簪笏[14]于百龄，奉晨昏于万里。非谢家之宝树，接孟氏之芳邻。他日趋庭，叨陪鲤对，今晨捧袂，喜托龙门。杨意不逢，抚凌云而自惜，锺期既遇，奏流水以何惭？

呜呼！胜地不常，盛筵难再。兰亭已矣，梓泽丘墟。临别赠言，幸承恩于伟饯；登高作赋，是所望于群公！敢竭鄙诚，恭疏短引。一言均赋，四韵俱成。

滕王高阁临江渚，佩玉鸣鸾罢歌舞。
画栋朝飞南浦云，朱帘暮卷西山雨。
闲云潭影日悠悠，物换星移几度秋。
阁中帝子今何在？槛外长江空自流。

贪泉的泉水，心境仍然清爽廉洁；即使身处于干涸的车辙中，胸怀仍然开朗愉快。北海虽然十分遥远，乘着旋风还是能够达到；早晨虽然已经过去，而珍惜黄昏还为时不晚。孟尝心地高洁，但空怀报国的热情；阮籍为人放纵不羁，我们怎能学他那种走到路的尽头就哭泣的行为！

我地位卑微，只是一个书生。无处去请缨杀敌，虽然已经和终军一样年纪了。我也有投笔从戎的志向，羡慕宗悫那种“乘长风破万里浪”的英雄气概。如今我抛弃了一生的功名，不远万里去服侍我的父亲。我虽然称不上是谢家的“宝树”，但能和贤德之士相交往。不久我将见到父亲，聆听他的教诲。今天我侥幸地奉陪各位长者，高兴地登上高堂。假如碰不上杨得意那样引荐的人，司马相如就只有抚拍着自己的文章而自我感叹。伯牙既然已经遇到了锺子期，就弹奏一曲《流水》又有什么羞愧呢？

唉！名胜之地不能永远存在，盛大的宴会难以再次遇见。兰亭宴集已成为过去，石崇的梓泽也变成了废墟。承蒙这个宴会给我的恩赐，让我临别时作了这一篇序文，至于登高赋诗，这只有指望在座诸公了。我只能冒昧地尽我微薄的心意，作短短的引言。我的四韵八句已经完成，在座诸位请按各自分到的韵字赋诗。

巍峨高耸的滕王阁俯挨着江心的沙洲，佩玉、鸾铃鸣响的豪华歌舞都已经停止了。

早晨，画栋飞上了南浦的云；黄昏，珠帘之中卷入了西山的雨。

悠闲的彩云影子倒映在江水中，整天悠悠然地漂浮着；时光易逝，人事变迁，不知已经度过多少个春秋。

昔日游赏于高阁中的帝子如今已不知哪里去了，只有那栏杆外的滔滔长江水空自向远方奔流。

字词释义

❶ 徐孺下陈蕃之榻：徐孺是东汉时豫章的名士，德行被人敬仰。陈蕃是豫章太守，不喜接待宾客，却独独为徐孺设了一榻，等徐离去后就将榻挂起不用。

❷ 襜（chān）帷：车上的帷幕，借指车架。

❸ 潦（lǎo）水：雨后的积水。

❹ 俨（yǎn）骖骓（cān fēi）：俨，整齐的样子。骖骓，指驾车的马。

❺ 凫（fú）渚：野鸭聚集的小洲。

❻ 披绣闼（tà），俯雕甍（méng）：绣闼，绘有华美图纹的门。雕甍，雕饰的屋脊。

❼ 鹜（wù）：野鸭。

❽ 逸兴遄（chuán）飞：逸兴，超逸豪放的兴致。遄，迅速。

❾ 睢（suī）园：汉梁孝王刘武的园子，刘武曾在这里聚集文士饮酒赋诗。

❿ 穷睇眄（dì miǎn）：极目远望。

⓫ 帝阍（hūn）：天帝的守门人，文中指代朝廷。

⓬ 涸（hé）辙：干涸的车辙，比喻穷困的遭遇。

⓭ 宗悫（què）：南朝宋人，少年时向叔父表示要“乘长风破万里浪”。

⓮ 簪笏（zān hù）：古代官员用的冠簪、手板，这里代指官职。

作者档案

王勃（约650—676），字子安，初唐诗人。他与杨炯、卢照邻、骆宾王合称“初唐四杰”。王勃的诗文风骨苍劲，是初唐时期促使文坛风气摆脱六朝靡靡之音的重要人物。

趣味知识

王勃得神助

传说王勃乘船停泊在马当，一老翁对他说：“明天滕王阁宴会作记，你可以去作，定会名垂后世。”王勃说：“这里离洪州六七百里，一晚上怎么能到？”老翁说：“我可用清风助你一程，中原水府是我主管。”王勃登舟张帆，不到天亮就抵达洪州，谒见府帅阎公，阎公让他为滕王阁作记，就是这篇流传千古的《滕王阁序》。

扫码听音频

春夜宴桃李园序

〔唐〕李白

经典名句

夫天地者，万物之逆旅；光阴者，百代之过客。

题解

本篇是李白与众兄弟春夜时在小园中宴会吟诗，为之所写的序文。文章以清俊畅达的笔调，记叙了作者与众兄弟聚会赋诗畅叙天伦一事，慷慨激昂地表达了作者对生活的热爱、对明天的美好憧憬以及对人生积极乐观的态度。

古文诵读

夫天地者，万物之逆旅；光阴者，百代[1]之过客。而浮生若梦，为欢几何？古人秉烛夜游，良有以也。况阳春召我以烟景，大块假我以文章[2]。会桃李之芳园，序天伦之乐事。群季俊秀，皆为惠连[3]，吾人咏歌，独惭康乐[4]。幽赏未已，高谈转清。开琼筵以坐花，飞羽觞而醉月。不有佳作，何伸雅怀？如诗不成，罚依金谷酒数[5]。

古文今译

所谓天地，是万物的旅店；时间，是历史的过客，而人生就像一场梦，梦里欢乐的时光又能有多少呢！古人夜间拿着蜡烛游玩实在是有道理啊，况且温暖的春天用艳丽景色召唤我，大自然把各种美好的色彩赐予我，相聚在种有桃花的花园中，畅叙兄弟之间快乐的往事。弟弟们英俊优秀，个个都有如谢惠连那样的才情，而我作诗吟咏，却惭愧比不上谢灵运。清雅的赏玩还没有结束，高谈阔论又转向清言雅语。摆开盛宴来坐赏名花，快速地传递着酒杯，醉倒在月光中，没有好诗，怎么去抒发高雅的情怀？倘若有人作诗不成，就要罚酒三杯。

字词释义

❶ 百代：一百个朝代，代指古往今来。
❷ 大块假我以文章：大块，天地，指大自然。假，借，这里是提供、赐予的意思。文章，这里指绚丽的色彩。
❸ 惠连：谢惠连，南朝诗人，早慧。这里以惠连来称赞诸弟的文才。
❹ 康乐：南朝刘宋时山水诗人谢灵运，袭封康乐公，世称谢康乐。
❺ 金谷酒数：金谷，园名，晋石崇于金谷涧（在今河南洛阳西北）中所筑，他常在这里宴请宾客。其《金谷诗序》："遂各赋诗，以叙中怀，或不能者，罚酒三斗。"后泛指宴会上罚酒三杯的常例。

作者档案

李白（701—762），字太白，号青莲居士，唐朝诗人。李白是中国历史上最杰出的浪漫主义诗人，他的作品天马行空，浪漫奔放，意境奇异，才华横溢；诗句如行云流水，宛若天成。

趣味知识

铁杵磨成针

磨针溪，在象耳山下。世人传说李白在山中读书，没有完成学业，便放弃离开了。经过这条小溪时，遇到一位老妇人正在磨铁棒。李白问她在做什么，老妇人说："想要磨成针。"李白被她的意志感动，回去完成了学业。

吊古战场文

〔唐〕李华

经典名句

浩浩乎平沙无垠，敻不见人。河水萦带，群山纠纷。

题解

开元后期，唐玄宗变得奢侈昏庸，好大喜功，唐朝将领也经常背信弃义，用阴谋挑起对边境少数民族的战争来邀功请赏。这些行为导致当时战祸不断，士兵伤亡惨重。《吊古战场文》就是由此而来。李华巧妙地以凭吊古战场起兴，实际是主张实行王道，以仁德礼义服人，寓意深切地对唐王朝的穷兵黩武给予了警示。

古文诵读

浩浩乎平沙无垠，敻[1]不见人。河水萦带，群山纠纷。黯兮惨悴，风悲日曛。蓬断草枯，凛若霜晨。鸟飞不下，兽铤亡群。亭长告余曰："此古战场也，常覆三军。往往鬼哭，天阴则闻。"伤心哉！秦欤？汉欤？将近代欤？

古文今译

广大辽阔的旷野没有边际，极目远望看不见人影。河水弯曲得像衣带一般，远处无数的山脉交错在一起。昏暗啊凄凉，风声悲伤，日色昏黄，蓬蒿折断，野草枯黄，寒冷得就像有霜的早晨。鸟儿飞过也不肯落下，离群的野兽狂奔而过。亭长告诉我说："这儿就是古代的战场，曾经全军覆没，经常有鬼哭的声音，每逢阴天就会听到。"真令人伤心啊！这是秦朝、汉朝的事情，还是近代的事情呢？

吾闻夫齐、魏徭戍，荆、韩召募。万里奔走，连年暴露。沙草晨牧，河冰夜渡。地阔天长，不知归路。寄身锋刃，腷臆[2]谁诉？秦、汉而还，多事四夷，中州耗斁[3]，无世无之。古称戎、夏，不抗王师。文教失宣，武臣用奇。奇兵有异于仁义，王道迂阔而莫为。呜呼噫嘻！

吾想夫北风振漠，胡兵伺便，主将骄敌，期门受战。野竖旄旗，川回组练[4]。法重心骇，威尊命贱。利镞穿骨，惊沙入面。主客相搏，山川震眩。声析江河，势崩雷电。至若穷阴凝闭，凛冽海隅，积雪没胫，坚冰在须，鸷鸟休巢，征马踟蹰，缯纩[5]无温，堕指裂肤。当此苦寒，天假强胡，凭陵杀气，以相剪屠。径截辎重，横攻士卒。都尉新降，将军覆没。尸填巨港之岸，血满长城之窟。无贵无贱，同为枯骨。可胜言哉！鼓衰兮力尽，矢竭兮弦绝，白刃交兮宝刀折，两军蹙兮生死决。降矣哉？终身夷狄。战矣哉？骨暴沙砾。鸟无声兮山寂寂，夜正长兮风淅淅。

我听说战国时期，齐魏征集壮丁服役戍守边疆，楚韩招募兵员备战。士兵们奔走在万里边疆，连续多年暴露在外，早晨寻找沙漠中的草来放牧，夜晚河水结冰时渡过河流。大地广阔，苍天高远，不知道哪里是归乡的道路。性命寄托于刀锋之间，向谁倾诉这苦闷的心情？自秦汉以来，四方边境上战争繁多，致使中原地区多损耗和破坏，没有哪个时期不曾发生。古人说，蛮夷和中原，都不和帝王的军队为敌；后来礼乐教化得不到宣扬，武将们就开始使用奇兵诡计。奇兵不符合仁义道德，王道则被认为迂腐不切实际，谁也不去实行。可叹啊！

我想象那北风摇撼着沙漠，胡兵乘机来偷袭。主将骄傲轻敌，敌兵已到军营大门才仓促应战。原野上竖起各种旗帜，河谷地奔驰着全副武装的战士。严峻的军法使人心中胆寒，当官的威权尊贵，士兵的性命卑微低贱。锋利的箭头穿透骨头，狂风吹动的沙粒直扑人面。敌我两军进行激烈的搏斗，山川也被战争震得头昏眼花。声势之大，足以分裂江河，崩裂雷电。何况正值极寒的冬季，空气凝结，天地闭塞，在寒气凛冽的翰海边上，积雪盖没过小腿，坚冰冻结住胡须。凶猛的鸷鸟也躲在巢里休息，惯战的军马也徘徊不前。棉衣毫不温暖，人冻得手指断裂，肌肤裂开。在这苦寒的时候，老天假借强大的胡人之手，凭仗寒冬的肃杀之气，来斩伐屠杀我们的士兵，半途中截取军用物资，拦腰冲断我军士兵队伍。都尉刚刚请降，将军又战死了。将士的尸体倒在大港沿岸，鲜血淌满了长城下的洞窟。无论是高贵或是卑贱，都同样成为枯骨。这种悲惨怎能用言语表达！鼓声微弱了，战士已经精疲力竭；箭矢已射完了啊，弓弦也都断了。白刃相交去肉搏啊，宝刀也已经折断。两军逼近了，要以生死相决。投降吧？终生

魂魄结兮天沉沉，鬼神聚兮云幂幂。日光寒兮草短，月色苦兮霜白。伤心惨目，有如是耶？

吾闻之：牧用赵卒，大破林胡，开地千里，遁逃匈奴。汉倾天下，财殚力痡。任人而已，其在多乎？周逐猃狁[6]，北至太原，既城朔方，全师而还。饮至策勋，和乐且闲，穆穆棣棣，君臣之间。秦起长城，竟海为关，荼毒生灵，万里朱殷。汉击匈奴，虽得阴山，枕骸遍野，功不补患。

苍苍蒸民，谁无父母？提携捧负，畏其不寿。谁无兄弟，如足如手？谁无夫妇，如宾如友？生也何恩？杀之何咎？其存其没，家莫闻知。人或有言，将信将疑。悁悁心目，寝寐见之。布

将身陷于异族；战斗吧？尸骨将暴露于沙砾之中！鸟儿也不鸣叫啊群山沉寂，漫漫长夜啊寒风淅淅，阴魂凝结啊天色阴沉，鬼神聚集啊阴云浓密。日光也寒冷啊映照着短草，月色凄苦啊像笼罩着白霜。人间还有像这样令人伤心惨目的景况吗？

我听说过，李牧统领赵国的士兵，大破林胡的入侵，开辟了千里疆土，匈奴望风远遁。而汉朝倾尽全国的力量和匈奴作战，反而用尽了财产，力量削弱。由此可知，戍守边疆关键是要任人得当，哪在于兵多国家大呢！周朝驱逐猃狁的时候，一直往北追到太原，在北方筑城防御之后回到京师，全军凯旋，在宗庙举行祭祀和宴饮，记功授爵，大家和睦愉快而且安适。君臣之间，端庄恭敬，文雅安闲。而秦朝修筑的长城，直到海边都有关塞，残害了无数的人民，万里大地被鲜血染成了赤黑；汉朝出兵攻打匈奴，虽然占领了阴山，但阵亡将士骸骨遍野，互相枕藉，所取得的功绩实在抵不过带来的祸患。

苍天下众多的人民，谁能没有父母？从小照顾扶持，抱着背着，唯恐他们夭折。谁没有如手如足般亲近的兄弟？谁没有如宾如友般相敬的妻子？他们活着

奠倾觞，哭望天涯。天地为愁，草木凄悲。吊祭不至，精魂何依？必有凶年，人其流离。呜呼噫嘻！时耶？命耶？从古如斯。为之奈何？守在四夷[7]。

又受过什么恩惠？犯了什么罪过要遭到杀害？他们或生或死，家中的人都没有办法知道；即使听到有人传讯，也是半信半疑。整日忧愁郁闷、触目伤心，夜间音容入梦。不得已只能摆好祭品，洒酒祭奠，望远痛哭。天地为之哀愁，草木也凄凉悲伤。边塞遥远，吊祭之情不能为死者的灵魂所感知，他们的精魂也无所归依。何况战争之后，一定会出现灾荒，人民难免流离失所。唉！这是时势造成，还是命运招致的呢？从古以来就是这个样子！怎样才能避免战争呢？唯有行王道、仁义，才能使四方民族为天子守卫疆土啊。

字词释义

❶夐（xiòng）：远。
❷腷（bì）臆：心情苦闷。
❸耗斁（dù）：损耗败坏。
❹组练："组甲被练"，战士的衣甲服装。此代指战士。
❺缯纩（zēng kuàng）：缯，丝织品的总称。纩，棉絮。
❻猃狁（xiǎn yǔn）：少数民族，匈奴前身。
❼守在四夷：语出《左传·昭公二十三年》："古者天子，守在四夷。"

作者档案

李华（约715—774），字遐叔，唐代散文家、诗人。作为著名散文家，李华与萧颖士齐名，世称"萧李"。并与萧颖士、颜真卿等共倡古义，开启了韩柳古文运动的先河。

趣味知识

亭长

秦汉时乡村每十里设一亭，亭长一人，掌管治安、诉讼等事。汉高祖刘邦曾担任沛县泗水亭长。唐代在尚书省各部衙门设置亭长，负责省门开关和通报传达事务，是中央官署中最低级事务员。

陋室铭

〔唐〕刘禹锡

经典名句

山不在高，有仙则名；水不在深，有龙则灵。

题解

《陋室铭》是一篇托物言志的铭文，它以单纯简练的语调，在清新平淡中充满了哲理和韵味，表现了作者刘禹锡高洁傲岸、旷世超然的情怀。

古文诵读

山不在高，有仙则名；水不在深，有龙则灵。斯是陋室，唯吾德馨。苔痕上阶绿，草色入帘青。谈笑有鸿儒，往来无白丁。可以调素琴，阅金经[1]。无丝竹之乱耳，无案牍之劳形。南阳诸葛庐，西蜀子云亭。孔子云：“何陋之有？”[2]

古文今译

山不在于有多高，只要有了仙人就会有名声；水不在于有多深，只要有了蛟龙就会有灵气。这是间简陋的屋子，只是我的品德高尚。苔藓绿色的痕迹蔓延到台阶上，小草青葱的颜色映入了竹帘里。与我谈笑的都是博学的人，来往的没有无知的人。可以弹奏不加装饰的古琴，阅读精美修饰的经文。没有嘈杂的音乐侵扰双耳，没有官府的公文使身体劳累，如同南阳诸葛亮的草庐，西蜀扬子云的亭子。孔子说：“又有什么简陋的呢？”

字词释义

❶ 金经：现今学术界仍存在争议，有学者认为是指《金刚经》；也有人认为是装饰精美的古典经书，即《诗》《书》《礼》《易》《乐》《春秋》。

❷ “孔子云”句：出自《论语·子罕》：“君子居之，何陋之有？”

作者档案

刘禹锡（772—842），字梦得，河南洛阳人。他与韩愈、柳宗元、白居易、元稹等处在同一时代，是中唐的代表诗人之一。白居易称他为“诗豪”，对他相当推崇。刘禹锡热爱生活，关注民生，具有高洁的品格和不屈的斗争精神。

趣味知识

铭

铭最初是刻在金石之上，用来记述事实、颂扬功德的，后来也用来鉴戒以警自勉，《礼记》中商汤有盘铭：“既日新，又日新，日日新。”后来铭成为一种文体，一般用骈文写成。

后汉崔瑗的兄长崔璋被杀，崔瑗手刃仇人逃走。遇赦后，作铭文自诫，常置座右，称为“座右铭”。

阿房宫赋

〔唐〕杜牧

经典名句

秦人不暇自哀，而后人哀之；后人哀之而不鉴之，亦使后人而复哀后人也！

题解

《阿房宫赋》写于唐敬宗宝历元年（825），当时杜牧二十三岁。敬宗十六岁即位，昏庸无能，荒淫无度，闹得朝野不宁，天下乱象渐生。在这种环境下，杜牧写下《阿房宫赋》。他用哀婉和叹息的口吻，通过描写阿房宫昔日的富丽堂皇和付之一炬后的凄凉景色，暗含了对穷奢极欲的最高统治者的劝谏。

古文诵读

六王毕，四海一，蜀山兀，阿房出。覆压三百余里，隔离天日。骊山[1]北构而西折，直走咸阳。二川溶溶，流入宫墙。五步一楼，十步一阁，廊腰缦回，檐牙高啄，各抱地势，钩心斗角。盘盘焉，囷囷[2]焉，蜂房水涡，矗[3]不知其几千万落。长桥卧波，未云何龙？复道行空，不霁[4]何虹？高低冥迷，不知西东。歌台暖响，春光融融，舞殿冷袖，风雨凄凄。一日之内，一宫之间，而气候不齐。

妃嫔媵嫱[5]，王子皇孙，辞楼下殿，辇[6]来于秦，朝歌夜弦，为秦宫人。明星荧荧，开妆镜也；绿云扰扰，梳晓鬟也；渭流涨腻，弃脂水也；烟斜雾横，焚椒兰也。雷霆乍惊，宫车过也；辘辘远听，杳不知其所之也。一肌一容，尽态极妍，缦立远视，而望幸焉。有不得见者，三十六年。

古文今译

六国破灭，四海归一。蜀山因树木被伐光而显得光秃秃的，阿房宫才平地而起。它连绵三百多里，楼阁高耸，遮天蔽日。从骊山向北修建，再往西转，一直延伸到咸阳。渭水和樊水浩浩荡荡，蜿蜒流淌入阿房宫的围墙。每隔五步有一栋楼，每隔十步有一座阁。走廊宽而像腰带曲折，屋檐像鸟嘴一样向上翘起。各自依着地势的高下建构，互相环抱，屋角互相对峙，像螭龙斗角。盘旋的、曲折的，像蜂房，像旋涡，矗立着不知有几千万座。天上没有云雾，是哪里来的龙？原来是横卧在渭水上的长桥。现在不是雨过天晴，又哪里来的彩虹？原来是架木筑成的色彩斑斓的通道在楼阁之间横空而过。楼阁随着地势高高低低，使人迷迷糊糊辨不清东西方向。歌声在台子上响起来，充满着暖意，如同春光般融和。挥动着舞袖在殿中舞蹈，又好像带来寒气，如同风雨交加那样凄冷。一天的时间里，一座宫殿之中，天气竟会如此不同。

六国王侯的妃子侍女、王子王孙们，辞别了故国的高楼高阁，走下故都的宫殿，乘着辇车来到秦国。他们日日夜夜歌唱弹琴，成为秦宫的下人。如星星般莹莹闪亮的，是宫女们梳妆用的镜子；像乌云般缭绕的，是她们在梳理发髻；渭水河面上浮起一层垢腻，是她们泼掉的脂粉水；烟雾横斜弥漫，是她们在焚烧椒兰香料。如雷霆般的声音忽然惊起，是宫车隆隆地驰过；听着渐行渐远的车轱辘声，杳然中不知它去了哪里。

燕、赵之收藏，韩、魏之经营，齐、楚之精英，几世几年，取[7]掠其人，倚叠如山。一旦不能有，输来其间。鼎铛[8]玉石，金块珠砾，弃掷逦迤，秦人视之，亦不甚惜。嗟乎！一人之心，千万人之心也。秦爱纷奢，人亦念其家。奈何取之尽锱铢，用之如泥沙？使负栋之柱，多于南亩之农夫；架梁之椽，多于机上之工女。钉头磷磷，多于在庾[9]之粟粒；瓦缝参差，多于周身之帛缕。直栏横槛，多于九土之城郭；管弦呕哑，多于市人之言语。使天下之人，不敢言而敢怒，独夫之心，日益骄固。戍卒叫，函谷举，楚人一炬，可怜焦土。

呜呼！灭六国者，六国也，非秦也；族秦者秦也，非天下也。嗟夫！使六国各爱其人，则足以拒秦；使秦复爱六国之人，则递三世可至万世而为君，谁得而族灭也？秦人不暇自哀，而后人哀之；后人哀之而不鉴之，亦使后人而复哀后人也！

她们的每一寸肌肤，每一种姿容，都极尽娇媚。一个个身姿曼妙地站着远望，盼望皇帝能亲自驾临，可是许多人等了三十六年也没能见到。

燕、赵收藏的珍宝，韩、魏经营的珠玉，齐、楚搜罗的宝贝，这都是经历了多少代多少年，从百姓那里掠夺来的，堆积成山。旦夕之间便保不住了，都被运送到阿房宫。把宝鼎当作铁锅，把美玉当作石头，把黄金当作土块，把珍珠当作砂砾，随意丢弃，秦人看见了也不太觉得可惜。唉！一个人的想法，也就是千万人的想法。秦王喜爱繁华奢侈，老百姓也顾念自己的家。为什么搜刮老百姓的财物一点也不留下，挥霍时却像泥沙一样丢弃呢？大梁的柱子，比田里的农夫还多；梁上的椽子，比织布机上的女工还多；椽上的钉子，比谷仓里的粟米还多；宫殿上的瓦缝，比百姓衣服上的丝缕还要多；纵横连接的栏杆，比天下的城郭还多；嘈杂纷纭的管弦声，比老百姓的说话声还多。这使得天下的老百姓敢怒而不敢言，那个独裁者的心却越来越骄横顽固。陈胜、吴广揭竿而起，函谷关顿时被攻破，楚国人放了一把火，可叹将阿房宫烧成了焦土！

唉！消灭六国的是六国自己，而不是秦国；消灭秦国的是秦国自己，不是天下。唉！如果六国各自爱惜本国百姓，那么就有足够的力量抵抗秦国。如果秦国爱惜六国的百姓，那么秦国的皇位就能从三世传到一万世，谁能够消灭秦国呢？秦人来不及为自己的灭亡哀叹，只好让后人为他们哀叹；后人如果只是哀叹而不吸取教训，那么又要让更后世的人来哀叹后人了。

字词释义

❶骊（lí）山：又称“郦山”，是秦岭北侧的一个支脉。
❷囷（qūn）：屈曲的样子。
❸矗（chù）：形容建筑物耸立的样子。
❹霁（jì）：形容雨过天晴。
❺媵嫱（yìng qiáng）：媵，陪嫁的侍女。嫱，古代宫里的女官。
❻辇（niǎn）：乘着辇车。
❼取：抢劫，掠夺。
❽铛（chēng）：平底的浅锅。
❾庾（yǔ）：露天的谷仓。

作者档案

杜牧（803—853），字牧之，号樊川居士，是晚唐著名的诗人和古文家。擅作长篇五言古诗和七律。曾任中书舍人，人称杜紫微。杜牧的诗英发俊爽，在晚唐成就颇高，时人称其为“小杜”，以别于杜甫；又与李商隐齐名，人称“小李杜”。杜牧深受韩愈的古文影响，笔力健举。他认为文章应当注重思想内容，而华丽的辞藻是次要的。

趣味知识

研究兵法的诗人

杜牧家世显赫，他的十六世祖即西晋著名军事家杜预，为《春秋左传》作过注解，人称“杜武库”；他的祖父杜佑曾三朝为相，列名《孙子》十一家注之内。杜牧自幼深受文武并重的家风影响，在读书之余，关心军事，为《孙子兵法》作注。传世的《孙子兵法》十一家注中，杜牧堪称曹操之后成就最大、影响也最大的注家。有一次杜牧献计平虏，被宰相李德裕采用，大获成功。

小石城山记

〔唐〕柳宗元

经典名句

其气之灵，不为伟人，而独为是物。

题解

作者在永州似乎游山玩水，饮酒寻乐，内心却充满矛盾和痛苦。本篇是《永州八记》中的最后一篇。他寓情于景，通过描述小石城的美好景致被造物主放置在蛮荒之地，喻自己不被人赏识，抒发谪居生活的清寂苦闷、抑郁忧伤之情。

古文诵读

自西山道口径北，逾黄茅岭[1]而下，有二道。其一西出，寻之无所得；其一少[2]北而东，不过四十丈，土断而川分，有积石横当其垠。其上为睥睨[3]梁欐[4]之形，其旁出堡坞[5]，有若门焉。窥之正黑，投以小石，洞然有水声，其响之激越，良久乃已[6]。环[7]之可上，望甚远，无土壤而生嘉树美箭，益[8]奇而坚，

古文今译

从西山路口一直向北走，越过黄茅岭往下走，有两条路：一条向西走，沿路寻找却什么也没有；另一条稍微偏北再向东，走了不到四十丈，路就被一条河流隔断，有积石横挡在路的尽头。积石有矮墙形状，有栋梁形状，旁边又凸出一块石堡，有个像门一样的洞。向洞里探望一片漆黑，丢小石子进去，传来咚咚的水声，响声洪亮，很久才消失。石山可以盘绕登到山顶，站在上面望得很远。石山上没有泥土，却长着很好的树木和箭竹，显得格外奇特坚硬。竹木的分布疏密有致、高低参差，好像是有

其疏数偃[9]仰，类智者所施设也。

噫！吾疑造物者之有无久矣。及是，愈以为诚[10]有。又怪其不为之中州，而列是夷狄，更千百年不得一售其伎[11]，是固劳而无用。神者傥[12]不宜如是，则其果无乎？或曰："以慰夫贤而辱于此者。"或曰："其气之灵，不为伟人，而独为是物。故楚之南少人而多石。"是二者，余未信之。

智慧的人精心布置的。

唉！我怀疑造物者的有无很久了，到了这里，更以为确实有。但又奇怪他不把这小石城山布置在中原地区，却把它摆在蛮夷之地，即使经过千百年也不能显示一下自己的奇异景色，这简直是白费力气而毫无用处，造物主似乎不会这样做。造物者果真没有的吗？有人说："这样安排是为了安慰那些被贬逐在此地的贤人。"也有人说："这里的山川之气，不孕育伟大的人物，只凝聚这奇山盛景，所以楚地的南部人才少而奇峰怪石多。"这两种说法，我都不信。

字词释义

❶黄茅岭：在今湖南零陵西。
❷少：稍。
❸睥睨（pì nì）：城墙上如齿状的矮墙。
❹梁欐（lì）：栋梁，这里指架支着的梁栋。欐，栋，正梁。
❺堡坞（wù）：小城堡，此处是指由山石天然形成的城堡。
❻已：停止。
❼环：绕道而行。
❽益：特别。
❾数（cù）：密。偃：倒伏。
❿愈：更是。诚：确实是，的确是。
⓫售：出售，这里是显露的意思。伎，通"技"。
⓬傥（tǎng）：通"倘"。倘若，或者。

作者档案

柳宗元（773—819），字子厚，河东（今山西运城）人，世称柳河东。因官终柳州刺史，又称柳柳州。唐代文学家、哲学家。柳宗元与韩愈共同倡导古文运动，并称为“韩柳”，同列“唐宋八大家”。

趣味知识

永州八记

柳宗元被贬为永州司马时，借写山水游记书写胸中愤郁的散文，共有八篇，包含《始得西山宴游记》《钴鉧潭记》《钴鉧潭西小丘记》《至小丘西小石潭记》《袁家渴记》《石渠记》《石涧记》《小石城山记》。

愚溪诗序

〔唐〕柳宗元

经典名句

夫水，智者乐也。

题解

柳宗元被贬到永州后，朝廷规定他终生不得返回。这就是说，柳宗元只能老死在贬所。这对柳宗元来说，自然是一个最沉重的打击。在这沉重的打击面前，柳宗元淤积在心中的愤懑不平之情，无法发泄，便只有寄情于山水，以超脱于尘世来自我麻醉。这就是本篇的由来。本文在议论中发表感慨，语言简洁生动，结构严谨妥帖，彰显了作者的耿介性格。

古文诵读

灌水之阳有溪焉，东流入于潇水。或曰："冉氏尝居也，故姓是溪为冉溪。"或曰："可以染也，名之以其能，故谓之染溪。"余以愚触罪，谪潇水上。爱是溪，入二三里，得其尤绝者家焉。古有愚公谷，今余家是溪，而名莫能定，土之居者犹龂龂然[1]，不可以不更也，故更之为愚溪。

古文今译

灌水北面有一条小溪，向东流入潇水。有人说："冉氏曾经居住过，所以把这条溪水叫作'冉溪'。"又有人说："溪水可以用来染色，用这种功能来命名，所以称它为'染溪'。"我因为愚钝而获罪，被贬谪到潇水上游，我十分喜爱这条溪水，沿着它往内走了二三里地，发现一个好去处，就在这里安了家。古代有愚公谷，现在我以这条溪为家，名字却还没有定下来，当地居民也为此争论不休，不能不给它换个名字了，所以称它为"愚溪"。

愚溪之上，买小丘，为愚丘。自愚丘东北行六十步，得泉焉，又买居之，为愚泉。愚泉凡六穴，皆出山下平地，盖上出也。合流屈曲而南，为愚沟。遂负土累石，塞其隘，为愚池。愚池之东为愚堂，其南为愚亭，池之中为愚岛。嘉木异石错置，皆山水之奇者，以余故，咸以愚辱焉。

我在愚溪上游买了个小山丘，叫它愚丘。距离愚丘东北六十步远的地方有一处泉水，我又买下来，把它叫作愚泉。愚泉总共有六个泉眼，都在山下的平地上，泉水向上涌出，汇合后蜿蜒向南流去，经过的地方成了一道水沟，叫作愚沟。我运土堆石，堵住狭窄的水道，筑成了愚池。愚池的东面是愚堂，南面是愚亭，池子中央是愚岛。那里参差错落着美丽的树木和珍奇的岩石。这些都是山水中罕见的美景，却因为我，以“愚”字辱没了它们。

夫水，智者乐也。今是溪独见辱于愚，何哉？盖其流甚下，不可以灌溉；又峻急，多坻石，大舟不可入也。幽邃浅狭，蛟龙不屑，不能兴云雨。无以利世，而适类于余，然则虽辱而愚之，可也。

水是聪明人喜爱的。可现在这条溪水竟不幸被“愚”字辱没，这是什么原因呢？因为它水位很低，不能用来灌溉农田；又水流湍急，有很多石头突出水面，大船进不去。而且水道深远，水浅狭长，蛟龙不屑于在其中居住，不能兴起云和雨，对世人没有什么好处，正像是愚昧无知的我啊。既然如此，即使让它受点委屈，用“愚”字来称呼它，也是可以的。

宁武子“邦无道则愚”[2]，智而为愚者也；颜子“终日不违如愚”[3]，睿而为愚者也。皆不得为真愚。今余遭有道而违于理，悖于事，故凡为愚者莫我若也。夫然，则天下莫能争是溪，余得专而名焉。

古时候宁武子“在国家动乱时就显得很愚蠢”，是聪明人故意装傻。颜子“从来不提出和老师不同的见解，似乎很愚笨”，也是明智的人故意表现出的愚蠢。他们都不是真正的愚。如今我遇上了清明的时代，所作所为却违背道理，所以说再没有像我这么愚蠢的人了。因此，天下人谁也不能和我争这条溪水，我可以由着性子给它命名。

溪虽莫利于世，而善鉴万类，清莹秀澈，锵鸣金石，能使愚者喜笑眷慕，乐而不能去也。余虽不合

溪水虽然对世人没有什么好处，可它却能够洞察万物，清秀明澈，能发出金石般的响声，悦耳动听能使愚蠢的人欢喜爱慕，流连忘返。我虽然不合世俗，

于俗，亦颇以文墨自慰，漱涤万物，牢笼百态，而无所避之。以愚辞歌愚溪，则茫然而不违，昏然而同归，超鸿蒙，混希夷，寂寥而莫我知也。于是作《八愚诗》，记于溪石上。

但也很喜欢用文章抒发自己的感情，描写万物，表现事物的百态，没有什么能逃得出我的笔端。用我愚钝的文辞来歌唱愚溪，就和愚溪的精神不相背离，好像同它融为一体，超越天地万物，融入那虚空中，在寂寞清静里浑然忘我。于是我写了《八愚诗》，刻在溪石上。

字词释义

❶ 龂（yín）龂然：争辩的样子。

❷ “宁武子”句：宁武子为春秋时卫国大夫宁俞，“武”是谥号。此句语出《论语·公冶长》：“子曰：‘宁武子，邦有道则智，邦无道则愚。其智可及也，其愚不可及也。’”意谓宁武子乃佯愚，并非真愚。

❸ “颜子”句：颜子即颜回，孔子学生。此句语出《论语·为政》：“子曰：‘吾与回言终日，不违如愚。退而省其私，亦足以发，回也不愚。’”意为颜回听孔子讲学，从来不提不同的看法，似乎很愚笨。但考察他私下的言行，发现他不仅理解了孔子的话，还有所发挥，可见他并不愚笨。

趣味知识

智者乐水

《论语·雍也》中记载：子曰：“知者乐水，仁者乐山；知者动，仁者静；知者乐，仁者寿。”意思是说，智者喜欢水，仁者喜欢山；智者懂得变通，仁者心境平和；智者快乐，仁者长寿。

智者为什么乐水？《韩诗外传》解释说：水顺地势流动，即使是很小的地方都不漏掉，就像有智慧的人。向下流动，就像有礼之人。流进深潭而不犹豫，就像勇敢的人。在有阻碍的地方清澈，就像知道自己命运的人。定要达到终点而不后悔，像有德之人。这就是有智慧的人喜欢水的原因！

黄冈竹楼记

〔宋〕王禹偁

经典名句

江山之外，第见风帆沙鸟，烟云竹树而已。

题解

998年，王禹偁得罪宰相，被贬为黄州刺史，第二年，修建竹楼，作文以记之。文章通过对竹楼景致的描写，抒写了作者被贬之后随遇而安、不忧不惧的心态。在表面的平静中，含蓄地表现了其愤懑不平之情。

古文诵读

黄冈之地多竹，大者如椽，竹工破之，刳[1]去其节，用代陶瓦，比[2]屋皆然，以其价廉而工省也。

子城西北隅，雉堞[3]圮毁，蓁莽荒秽，因作小楼二间，与月波楼通。远吞山光，平挹江濑[4]，幽阒辽敻[5]，不可具状。夏宜急雨，有瀑布声；冬宜密雪，有碎玉声；宜鼓琴，琴调虚畅；宜咏诗，诗韵清绝；宜

古文今译

黄冈地区盛产竹子，大的像椽子一样粗。竹匠剖开它，刮去竹节，用来代替陶瓦。家家户户都这样，因为竹瓦便宜又省工。

子城的西北角，女墙塌坏，野草茂密，一片荒秽，我于是就地盖了两间小竹楼，与月波楼接连。登上竹楼，远眺尽览山色，平视江濑。那清幽静谧、辽阔绵远的景象，无法一一描述。夏天宜有急雨，听来像瀑布声；冬天宜有大雪，好像碎玉声；适宜弹琴，琴声冲虚和畅；适宜吟诗，诗的韵味清新妙绝；适宜下棋，棋子声丁丁；适宜投壶，箭声铮铮。

围棋，子声丁丁然；宜投壶，矢声铮铮然。皆竹楼之所助也。

公退之暇，被鹤氅衣[6]，戴华阳巾[7]，手执《周易》一卷，焚香默坐，消遣世虑。江山之外，第见风帆沙鸟，烟云竹树而已。待其酒力醒，茶烟歇，送夕阳，迎素月，亦谪居之胜概也。

彼齐云、落星，高则高矣；井幹、丽谯，华则华矣。止于贮妓女，藏歌舞，非骚人之事，吾所不取。

吾闻竹工云："竹之为瓦，仅十稔。若重覆之，得二十稔。"噫，吾以至道乙未岁，自翰林出滁上，丙申移广陵，丁酉又入西掖[8]，戊戌岁除日有齐安之命，己亥闰三月到郡。四年之间，奔走不暇，未知明年又在何处，岂惧竹楼之易朽乎？后之人与我同志，嗣[9]而葺之，庶斯楼之不朽也。

这都是竹楼所促成的。

公务办完后的空闲，披着鹤氅，戴着华阳巾，手握一卷《周易》，焚香默坐，消除世俗杂念。除了水色山光之外，所见只有风帆、沙鸟、云烟、竹树而已。等到酒醒，茶炉的烟火熄灭，送走落日，迎来清月，也是谪居生活中的赏心悦目的佳境。

那齐云楼、落星楼，高是高；井幹楼、丽谯楼，华丽是华丽，可惜只是蓄养妓女，安顿歌女舞女，不是风雅之士应做的事，我也不赞成。

我听竹匠说："竹制的瓦，只能用十年。如果铺两层，能用二十年。"唉，我在至道未年，由翰林学士被贬到滁州，丙申年调到广陵，丁酉年又调到中书省，戊戌年除夕又接到贬往齐安的调令，己亥年闰三月来到齐安郡。四年当中，奔走不停，不知道明年又在哪里，难道还怕竹楼容易朽坏吗？希望接任的人与我志趣相同，继续修缮它，这座竹楼就不会朽坏了。

字词释义

❶刳（kū）：削剔，挖空。
❷比：紧挨，靠近。
❸雉堞（dié）：城上的矮墙。
❹濑：沙滩上的流水。
❺幽阒（qù）辽敻（xiòng）：幽静辽阔。
❻鹤氅（chǎng）衣：用鸟羽制的披风。
❼华阳巾：道士所戴的头巾。
❽西掖：指中书省。
❾嗣：接续，继承。

作者档案

王禹偁（954—1001），字元之，济州钜野（今属山东）人。北宋诗人、散文家。他遇事敢言，喜臧否人物，为文著书多涉规讽，故不为流俗所容。苏轼称誉他“以雄文直道独立当世”。一生著述甚富，自编有《小畜集》30卷。

趣味知识

四大名楼

今天我们所说的四大名楼一般指的是：江西南昌的滕王阁、湖北武汉的黄鹤楼、湖南岳阳的岳阳楼、山西永济的鹳雀楼。

王禹偁文中所指的四大名楼则是宋代的四大名楼，即齐云楼是五代韩浦所建，落星楼是三国吴孙权所建，井幹楼是东汉刘彻所建，丽谯楼是三国魏曹操所建。这四大名楼今已不存。

岳阳楼记

〔宋〕范仲淹

经典名句

先天下之忧而忧，后天下之乐而乐。

题解

庆历新政失败后，范仲淹贬居邓州，昔日的好友滕子京从湖南来信，请他为重新修葺的岳阳楼作记，《岳阳楼记》由此而来。本篇将记叙、写景、抒情、议论融为一体，动静相生，明暗相衬，文辞简约，音节和谐。通过对岳阳楼浩瀚壮阔景物的描写，表现作者虽身居江湖，却心忧国事，虽遭迫害，但仍不放弃理想的顽强意志。

古文诵读

庆历四年春，滕子京谪守巴陵郡。越明年，政通人和，百废具[1]兴，乃重修岳阳楼，增其旧制，刻唐贤、今人诗赋于其上，属予[2]作文以记之。

予观夫巴陵胜状，在洞庭一湖。衔远山，吞长江，浩浩汤汤[3]，横无际涯；朝晖夕阴，气象万千。此

古文今译

庆历四年（1044）春，滕子京被降职为岳州知州。到了第二年，政治通达顺利，人民安居乐业，各种荒废的事情都兴旺了起来。于是他又重修岳阳楼，扩大它原有的规模，把唐朝名人和当今文人的诗赋刻在上面，并嘱咐我写一篇文章来记述这件事。

我看这巴陵郡的美景，全在洞庭这一个湖泊上。它衔接着遥远的山峦，吞吐着奔腾的长江，浩浩荡荡，无边无际，在同一天里，阴晴不定，气象变化万千。这就是岳阳楼的雄伟景观，前人的描绘已经够详尽了。然而这里北边连通巫峡，

则岳阳楼之大观也，前人之述备矣。然则北通巫峡，南极潇湘，迁客骚人，多会于此，览物之情，得无异乎？

若夫霪雨霏霏，连月不开，阴风怒号，浊浪排空；日星隐曜[4]，山岳潜形；商旅不行，樯倾楫摧[5]；薄暮冥冥，虎啸猿啼。登斯楼也，则有去国怀乡，忧谗畏讥，满目萧然，感极而悲者矣。

至若春和景明，波澜不惊；上下天光，一碧万顷；沙鸥翔集，锦鳞游泳；岸芷汀兰，郁郁青青。而或长烟一空，皓月千里，浮光耀金，静影沉璧，渔歌互答，此乐何极！登斯楼也，则有心旷神怡，宠辱皆忘[6]，把酒临风，其喜洋洋者矣。

嗟夫！予尝求古仁人之心，或异二者之为。何哉？不以物喜，不以己悲[7]。居庙堂之高，则忧其民；处江湖之远，则忧其君。是进亦忧，退亦忧。然则何时而乐耶？其必曰“先天下之忧而忧，后天下之乐而乐”欤！噫！微斯人，吾谁与归！

南面远达潇湘，那些贬谪的官员和多愁善感的诗人，常常在这里聚会，他们观赏自然景物的心情，只怕也会有所不同吧？

在那阴雨连绵，接连几个月没有晴天的日子里，阴森的风在水面呼号，混浊的浪涛击向天空。太阳星辰隐藏了光芒，山岳潜藏了自己高大的形体。商人和旅客滞留不能通行，船桅倒下，船桨折断。薄雾笼罩着昏黑色的傍晚，虎在低啸，猿在哀啼。这个时候登上岳阳楼远望，就会有一种想念朝廷、思恋家乡，惧怕讥谤讽刺的心情了。景象既然是满目萧条，那么心情也会十分悲凉。

到了春风和煦、景色明媚的时节，风儿清净，浪涛不惊，湖光与天色相连，绿得一望无际。洁白色的沙鸥时而独自飞翔，时而聚集成群。美丽的鱼儿往来嬉戏，岸上的香草和小洲上的香兰，茂盛喜人，郁郁葱葱。有时天空云消雾散，皎洁的月光一泻千里，波光粼粼闪烁，静静的月影如同玉璧一般卧在水中，忽然渔夫们相对着唱起了渔歌，这真让人不知道有多欢快！登上这座楼，必然会心胸开阔，精神爽朗，将恩宠和屈辱一起忘却，端着酒杯迎着风，真是开心得很啊。

唉！我曾经探求过古代仁人志士的想法，却往往与上面两类人的心情不同。为什么呢？是因为他们并不因景色的美丽而喜悦，也不会因遭遇的坎坷而悲伤。在高高在上的朝廷，就会为百姓的生活忧虑；在偏远的民间，就会为国君的政令是否清明而担忧。这是在朝廷做官也担忧，在偏远的民间也担忧。那么他们什么时候才会感到快乐呢？他们必然会说：“在天下人担忧之前就担忧，在天下人快乐之后才快乐。”唉！除了这种心怀天下的人，我还能追随谁呢？

字词释义

❶具：都。
❷属予（zhǔ yú）：属，嘱咐。予，我。
❸浩浩汤（shāng）汤：水波浩荡的样子。汤汤，水流大而急。
❹日星隐曜（yào）：太阳和星星隐藏起光辉。
❺樯（qiáng）倾楫（jí）摧：桅杆倒下，船桨折断。
❻宠辱皆忘：荣耀和屈辱一并都忘了。皆，一起。
❼不以物喜，不以己悲：不因为外物好坏和自己的得失而或喜或悲。

作者档案

范仲淹（989—1052），字希文，北宋政治家、文学家、军事家、教育家。他早年仕途顺利，但后因秉公直言屡遭贬斥。庆历五年（1045），新政受挫，范仲淹被贬出京。范仲淹的文风苍凉豪放、感情强烈，饱含着“先天下之忧而忧，后天下之乐而乐”的赤子情怀。

趣味知识

岳阳楼

岳阳楼，位于湖南岳阳，自古有“洞庭天下水，岳阳天下楼”之美誉。东汉末年，鲁肃在此建“阅军楼”，历代屡加重修，唐代李白赋诗后定名为“岳阳楼”。杜甫诗云：“昔闻洞庭水，今上岳阳楼。吴楚东南坼，乾坤日夜浮。”北宋滕子京重修岳阳楼，邀好友范仲淹作《岳阳楼记》。

相州昼锦堂记

〔宋〕欧阳修

经典名句

垂绅正笏，不动声色，而措天下于泰山之安。

题解

韩琦历仕北宋仁宗、英宗、神宗三朝，当时韩琦任宰相，因病回老家任职，是富贵而归故乡。他志向远大，造昼锦堂并刻诗言志。欧阳修“乐公（指韩琦）之志有成，而喜为天下道也”，写了这篇文章。

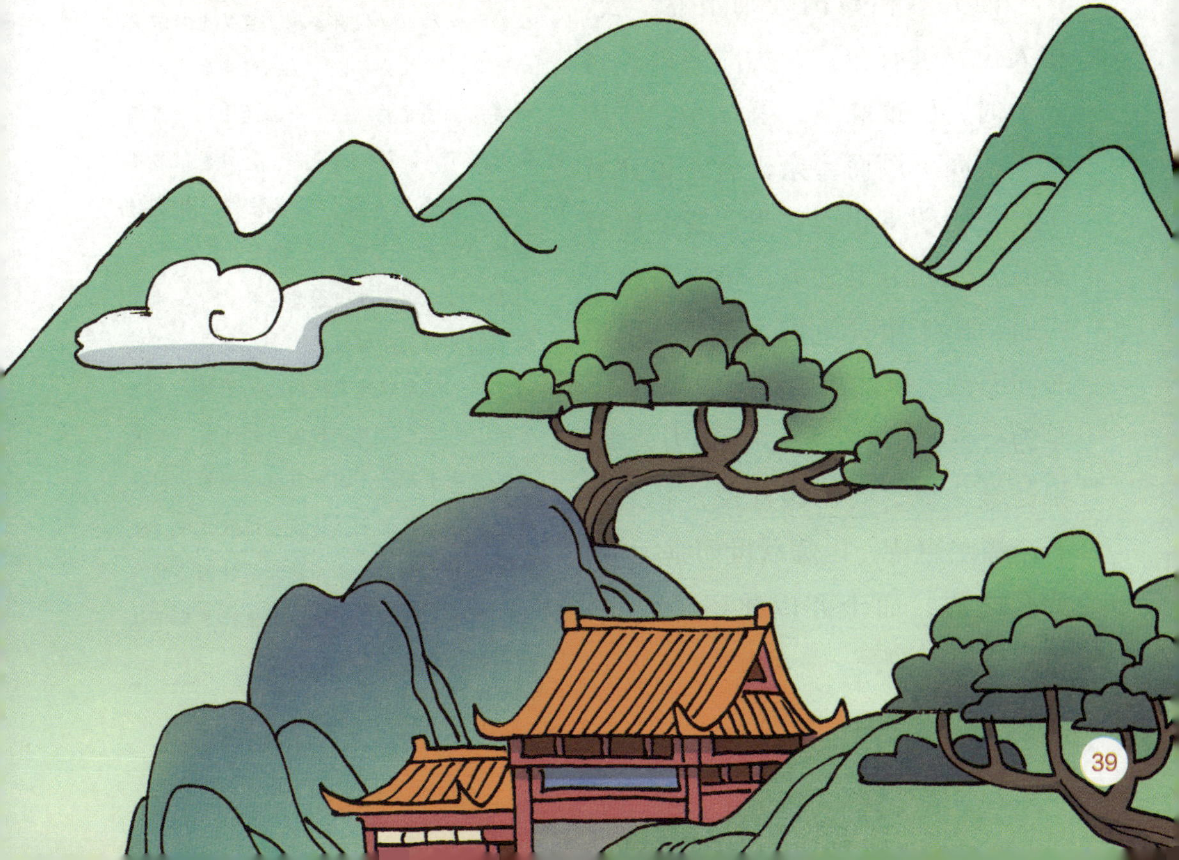

古文诵读

仕宦而至将相，富贵而归故乡，此人情之所荣，而今昔之所同也。盖士方穷时，困厄[1]闾里，庸人孺子，皆得易[2]而侮之，若季子不礼于其嫂，买臣见弃于其妻。一旦高车驷马，旗旄导前，而骑卒拥后，夹道之人，相与骈肩累迹，瞻望咨嗟[3]，而所谓庸夫愚妇者，奔走骇汗，羞愧俯伏，以自悔罪于车尘马足之间。此一介之士，得志于当时，而意气之盛，昔人比之衣锦之荣者也。

惟大丞相魏国公则不然。公，相人也，世有令德，为时名卿。自公少时，已擢高科，登显士。海内之士，闻下风而望余光者，盖亦有年矣。所谓将相而富贵，皆公所宜素有，非如穷厄之人，侥幸得志于一时，出于庸夫愚妇之不意，以惊骇而夸耀之也。然则高牙大纛[4]，不足为公荣；桓圭衮裳[5]，不足为公贵。惟德被生民，而功施社稷，勒之金石，播之声诗，以耀后世而垂无穷，此公之志，而士亦以此望于公也，岂止夸一时而荣一乡哉！

古文今译

做官做到将军宰相，富贵了返回故乡，这是人们心理上感到荣耀的事，从古到今都是这样。大概士人在处于穷困的时候，困居乡里，平常人甚至小孩，都能够轻视欺侮他。就像苏秦不被嫂子以礼相待，朱买臣被妻子抛弃。可是一旦坐上四匹马拉的高大车子，旗帜在前面开道，马队在后面相随，街道两旁的人，并肩接踵，瞻望赞叹，那些庸夫愚妇，恐惧奔跑，浑身冒汗，羞愧跪倒，在车轮马足扬起的灰尘中后悔认罪。这是一个士人，在当时得志，意气高昂，古人将他比作穿锦绣衣裳一样的荣耀。

只有大丞相魏国公不是这样，魏国公，相州人。世代有美德，都是当时有名的官员。魏国公年轻时就已经考取高等的科第，担任显要职位。全国的士人，听闻他的风气，仰望他的光彩，大概也很多年了。所谓出将入相，富贵荣耀，都是魏国公应有的。不像困厄的士人，侥幸得志于一时，出乎庸夫愚妇意料之外，为了使他们害怕而炫耀自己。如此说来，高大的旗帜，不足以显示魏国公的荣耀，玉圭官服，也不足以显示魏国公的高贵。只有用恩德施于百姓，以功勋报效国家，将这些镌刻在金石之上，传播在诗歌之中，使光耀后世，无穷无尽，这才是魏国公的志向，而士人这样仰望他，哪里只是为了炫耀一时，荣耀一乡呢？

公在至和中，尝以武康之节，来治于相，乃作昼锦之堂于后圃。既又刻诗于石，以遗相人。其言以快恩仇、矜名誉为可薄，盖不以昔人所夸者为荣，而以为戒。于此见公之视富贵为何如，而其志岂易量哉！故能出入将相，勤劳王家，而夷险一节。至于临大事，决大议，垂绅正笏[6]，不动声色，而措天下于泰山之安，可谓社稷之臣矣。其丰功盛烈，所以铭彝鼎[7]而被弦歌者，乃邦家之光，非闾里之荣也。

魏国公在至和年间，曾经以武康节度使的身份治理相州，便在后园建造了“昼锦堂”。建成后又在石碑上刻诗，赠送给相州百姓。诗中认为快意恩仇、炫耀名誉是可耻的。他不把人们炫耀的东西当作光荣，而作为鉴戒。由此可见魏国公是怎样看待富贵的，他的志向难道能轻易衡量吗？因此能够出将入相，为朝廷辛勤劳苦，不论平安还是艰险，节操都始终如一。至于面临重大事件，决议重大问题，都能衣带齐整，执笏端正，不动声色，把天下置放得像泰山一样安稳，真可称得上是国家重臣。他的丰功伟绩，因此铭刻在鼎彝之上，流传于弦歌之中，这是国家的光荣，而不仅是乡里的光荣。

余虽不获登公之堂，幸尝窃诵公之诗，乐公之志有成，而喜为天下道也。于是乎书。

我虽然没有到过昼锦堂，却曾经有幸诵读过魏国公的诗，很高兴他的大志实现，乐于向天下宣传，于是写了这篇文章。

字词释义

❶ 困厄：困苦，苦难。
❷ 易：轻视。
❸ 咨嗟（zī jiē）：赞叹。
❹ 大纛（dào）：古代军队或仪仗队的大旗。
❺ 衮裳：帝王和三公礼服。
❻ 笏：大臣上朝时所执的手板，以便记事。
❼ 彝鼎：古代祭器，可刻铭文。

作者档案

欧阳修（1007—1072），字永叔，号醉翁，晚号六一居士。北宋政治家、文学家、史学家，“唐宋八大家”之一。欧阳修在我国文学史上有着重要的地位。作为宋代诗文革新运动的领袖人物，他的文论和创作实绩，对当时以及后代都有很大影响。他的散文大都内容充实，气势旺盛，具有平易自然、流畅婉转的艺术风格。另外，欧阳修曾推荐和指导了王安石、曾巩、苏洵、苏轼、苏辙等散文家，对他们的散文创作有着很大的影响。

趣味知识

衣锦夜行

项羽进入咸阳，杀秦降王子婴，烧秦朝宫室，大火烧了三个月还没有灭。项羽思念家乡，想回去，有人劝项羽说：“关中富饶，可以称霸。”可是项羽看到秦王宫室都毁坏了，就说：“富贵不归故乡，如衣锦夜行，有谁知道呢。”那人说：“人说楚国人像是猕猴戴了人的帽子，果真是这样。”项王听到这话，把那个人杀了。“昼锦”便成为富贵还乡的代名词。

丰乐亭记

〔宋〕欧阳修

经典名句

掇幽芳而荫乔木，风霜冰雪，刻露清秀，四时之景无不可爱。

题解

这篇文章表面上是记丰乐亭，实际上，欧阳修用了较多的篇幅，通过今昔对比的手法热情洋溢地歌颂了当时的“太平盛世”。北宋初年，长久以来的战乱终于结束，政治清明，百姓安居乐业。欧阳修在歌颂宋初杰出统治者的同时，对滁州百姓“安于畎亩衣食，以乐生送死”的安闲生活也加以讴歌和感慨，表达了作者热爱人民、与民同乐的精神。

古文诵读

修既治滁之明年，夏，始饮滁水而甘，问诸滁人，得于州南百步之远。其上则丰山耸然而特立，下则幽谷窈然而深藏，中有清泉滃然[1]而仰出。俯仰左右，顾而乐之。于是疏泉凿石，辟地以为亭，而与滁人往游其间。

滁于五代干戈之际，用武之地也。昔太祖皇帝尝以周师破李景兵

古文今译

欧阳修治理滁州的第二年，夏天，才觉得滁州的泉水喝着甘甜。向滁州人询问泉水的发源地，得知在城南面一百步的地方。它的上面是丰山，丰山高耸地矗立着，下面是深深的峡谷。峡谷幽深地潜藏着，中间有清泉，水流向上涌出。我来回观赏，十分快乐。因此就疏通泉水，凿开石头，开拓出一片空地，造了一座亭，之后我和滁州人就来这美景中游玩。

滁州在五代战乱的时候，是个征战频繁的地方。过去，太祖皇帝曾经率领

十五万于清流山下，生擒其将皇甫晖、姚凤于滁东门之外，遂以平滁。修尝考其山川，按其图记，升高以望清流之关，欲求晖、凤就擒之所，而故老皆无在者，盖天下之平久矣。自唐失其政，海内分裂，豪杰并起而争，所在为敌国者，何可胜数？及宋受天命，圣人出而四海一。向之凭恃险阻，划削消磨，百年之间，漠然徒见山高而水清。欲问其事，而遗老尽矣。

今滁介江淮之间，舟车商贾、四方宾客之所不至，民生不见外事而安于畎亩[2]衣食，以乐生送死。

后周军队在清流山下击溃了李璟的十五万人马，在滁州东门外，活捉了李璟的大将皇甫晖、姚凤，从而平定了滁州。我曾经考察过滁州地区的山川地形，按照滁州地区的地图和记载，登上高山来眺望清流关，想寻找皇甫晖、姚凤被捉的地方。可是，当时的人都已经不在了，大概是天下有了较长久的太平时节。自从唐朝的政局败坏后，全国四分五裂，英雄豪杰们全都揭竿而起，争夺天下，到处都是相互敌对的政权，哪能数得清呢？等到大宋接受天命，圣人出现了，全国就统一了。以前那些依靠山川险要割据的势力都被消灭了。在一百年之间，渐渐地只看到山高水清。要想问问当时的情形，可是当时的老人已经不在人世了。

如今，滁州处在长江、淮河之间，是乘船坐车的商人和四面八方的旅游者不到的地方。百姓自顾自地生活着，不知道外面的事情，他们安于耕田、穿衣、

而孰知上之功德，休养生息，涵煦[3]于百年之深也？

修之来此，乐其地僻而事简，又爱其俗之安闲。既得斯泉于山谷之间，乃日与滁人仰而望山，俯而听泉，掇[4]幽芳而荫乔木，风霜冰雪，刻露清秀，四时之景无不可爱。又幸其民乐其岁物之丰成，而喜与予游也。因为本其山川，道其风俗之美，使民知所以安此丰年之乐者，幸生无事之时也。

夫宣上恩德，以与民共乐，刺史之事也。遂书以名其亭焉。

吃饭，开心地过日子，一直到死。有谁知道这是由于皇帝的功德，让百姓休养生息，滋养教化，养育了一百年之久呢！

我来到这里，喜欢这地方的偏僻安静，政事简单，又喜爱它的风俗闲适恬淡。既然在山谷间找到这样甜美的泉水，就每天同滁州人来这里游玩，抬头远望山峦，低头聆听泉水。在春天采摘幽香的鲜花，在夏天依靠着茂密的树木乘凉，在落霜下雪的时候，这里更鲜明地显露出清肃的秀美，一年四季的风光都让人十分喜爱。我又庆幸，百姓们都为那年的谷物丰收而感到高兴，乐意与我同游。于是我根据这里的山脉河流，叙述这里的风俗美好，让民众知道能够安享丰年的欢乐，是因为有幸生长在这太平无事的时代。

宣扬皇上恩德，与民共享欢乐，这是刺史的职责所在。于是我写下文章来命名这座亭为“丰乐亭”。

字词释义

❶滃（wěng）然：水势涌出的样子。

❷畎（quǎn）亩：田地。

❸涵煦：滋润化育。

❹掇（duō）：拾取，采取。

趣味知识

三上

欧阳修历任翰林学士、枢密副使、参知政事，并与韩愈、柳宗元和苏轼并称“千古文章四大家”。他毕生勤奋好学，官居高位，尤其如此。他曾对谢绛说：“我平生所作的文章，多半在三上，即马上、枕上、厕上，因为只有这样才可以好好构思啊。”

扫码听音频

醉翁亭记

〔宋〕欧阳修

经典名句

醉翁之意不在酒，在乎山水之间也。山水之乐，得之心而寓之酒也。

题解

宋仁宗庆历五年（1045），参知政事范仲淹等人遭谗离职，欧阳修上书替他们分辩，被贬到滁州做了两年知州。《醉翁亭记》就写于这个时期。文章通过描写醉翁亭的自然风光和叙述游人之乐，勾勒出一幅太守与民同乐的图画，抒发了欧阳修的政治理想和娱情山水以排遣抑郁的复杂感情。

古文诵读

环滁皆山也。其西南诸峰，林壑尤美。望之蔚然而深秀者，琅琊也。山行六七里，渐闻水声潺潺，而泻出于两峰之间者，酿泉[1]也。峰回路转，有亭翼然临于泉上者，醉翁亭也。作亭者谁？山之僧智仙也。名之者谁？太守自谓也。太守与客来饮于此，饮少辄醉，而年又最高，故自号曰醉翁也。醉翁之意

古文今译

环绕滁州的都是山。西南方向有几座山峰，树林和山谷尤其秀丽。远远望去，那树木茂盛又幽深挺秀的地方，是琅琊山。走上六七里山路，渐渐听到淙淙的溪水声，那从两座山峰间倾泻而出的，就是酿泉。山势回环，路径曲折，忽然看到一座亭子亭檐翘起，如同飞鸟展翅般高飞在泉上，这就是醉翁亭。建造亭子的是谁？是山上的和尚智仙。给它取名的又是谁呢？就是自号醉翁的太守。太守与客人来这儿饮酒，喝一点儿就醉了；而且年纪最大，所以自号“醉翁”。醉翁的意趣不在于喝酒，而在于欣赏山水美景啊。欣

不在酒，在乎山水之间也。山水之乐，得之心而寓之酒也。

若夫日出而林霏开，云归而岩穴暝，晦明变化者，山间之朝暮也。野芳发而幽香，佳木秀而繁阴，风霜高洁[2]，水落而石出者，山间之四时也。朝而往，暮而归，四时之景不同，而乐亦无穷也。

至于负者[3]歌于涂，行者休于树，前者呼，后者应，伛偻[4]提携，往来而不绝者，滁人游也。临溪而渔，溪深而鱼肥。酿泉为酒，泉香而酒洌。山肴野蔌[5]，杂然而前陈者，太守宴也。宴酣之乐，非丝非竹，射者中，弈者胜，觥筹交错，起坐而喧哗者，众宾欢也。苍颜白发，颓乎其中者，太守醉也。

赏山水美景的乐趣，从内心领悟到，又寄托在酒上。

看那太阳升起，林间的云雾就消散了，烟云聚拢，山谷就晦暗了，这种晴朗阴沉的变化，就是山中的早晨和黄昏。野花绽放出幽香，良木秀美繁茂，风爽霜白，天清气洁，溪水低落，山石显露。这就是山中四季的景致变化。清早进山，傍晚返回，四季的景色各不相同，其中的乐趣也无穷无尽。

至于背扛肩挑货物的人在路上唱歌，来去行路的人在树下歇脚，前面的吆喝，后面的应答，老人弯着腰走，小孩子由大人牵着走，往来不绝，这都是滁州人在游山玩水啊。到溪边钓鱼，溪水深而鱼肉肥美。用泉酿酒，泉水清香而酒色清冽。山珍野味，交错地摆在面前，这是太守摆下的宴席。宴会的乐趣，不在于管弦丝竹，投壶的中了，下棋的胜了，酒杯和酒筹杂乱碰撞。有人站着有人坐着大笑喧闹，这是客人们欢乐的场面。那个面容苍老满头白发的人，醉醺醺地靠在众人中间的，是喝醉了的太守。

已而夕阳在山，人影散乱，太守归而宾客从也。树林阴翳，鸣声上下，游人去而禽鸟乐也。然而禽鸟知山林之乐，而不知人之乐；人知从太守游而乐，而不知太守之乐其乐也。醉能同其乐，醒能述以文者，太守也。太守谓谁？庐陵欧阳修也。

不久，夕阳渐渐落山，人影散乱，这是宴会罢散，宾客们纷纷随着太守回去了。树林的枝叶茂密成荫，鸟儿随处嘤鸣，这是游人离去后鸟儿在欢唱。然而鸟儿只知道山中的快乐，却不知道人们游山玩水的快乐。人们只知道跟随太守游山玩水的快乐，却不知道太守因游人的快乐而快乐啊。醉的时候能够和大家一起欢乐，醒来时能够用文章记述这事的人，那就是太守啊。太守是谁？就是庐陵欧阳修啊。

字词释义

❶ 酿泉：泉的名字。因水清可以酿酒，所以称之为酿泉。

❷ 风霜高洁：就是风高霜洁。天高气爽，霜色洁白。

❸ 负者：背着东西的人。

❹ 伛偻（yǔ lǚ）：腰弯背曲的样子，这里指老年人。

❺ 山肴野蔌（sù）：山肴，用从山野捕到的鸟兽做成的菜。蔌，菜蔬的总称。

趣味知识

四大名亭

四大名亭，是中国古代因文人雅士的诗歌文章而闻名的景点，分别是滁州的醉翁亭因欧阳修的《醉翁亭记》而闻名，杭州的湖心亭因张岱的《湖心亭看雪》而闻名，北京的陶然亭因白居易的《与梦得沽酒闲饮且约后期》而闻名，长沙的爱晚亭因杜牧的《山行》而闻名。

秋声赋

〔宋〕欧阳修

经典名句

百忧感其心，万事劳其形。

题解

本文是欧阳修晚年所作。长期的政治斗争使他看到了世事的复杂，逐渐淡于名利。秋天是肃杀的象征，一切生命都在秋天终止。作者的心情也因为屡次遭贬而郁闷，但他也借秋声告诫世人：不必悲秋、恨秋，怨天尤人，而应自我反省。这一立意，抒发了作者难有所为的郁闷心情，以及自我超脱的愿望。

古文诵读

欧阳子方夜读书，闻有声自西南来者，悚然而听之，曰："异哉！"初淅沥以潇飒，忽奔腾而砰湃，如波涛夜惊，风雨骤至。其触于物也，𫓩𫓩铮铮[1]，金铁皆鸣，又如赴敌之兵，衔枚[2]疾走，不闻号令，但闻人马之行声。予谓童子："此何声也？汝出视之。"童子曰："星月皎洁，明河在天。四无人声，声在树间。"

古文今译

欧阳修正在趁夜读书，忽然听到有声音自西南传来，心下悚然，仔细聆听，说："奇怪啊！"这声音刚听的时候像是雨淅淅沥沥的声音，还夹杂着风吹树木的萧萧声，然后忽然变得汹涌澎湃，像是波涛在夜里惊起，风雨骤然来到。它碰到物体上，发出铿锵的声音，好像金属撞击，又像是去突袭敌人的军队，衔枚奔走，听不到任何号令，只听见有人马行进的声音。我对童子说："这是什么声音？你出去看看它。"童子回答说："星月皎洁灿烂，银河高悬中天，四下没有人语，声音就在树间。"

予曰："噫嘻，悲哉！此秋声也，胡为乎来哉？盖夫秋之为状也，其色惨淡，烟霏云敛；其容清明，天高日晶；其气慄冽，砭[3]人肌骨；其意萧条，山川寂寥。故其为声也，凄凄切切，呼号奋发。丰草绿缛而争茂，佳木葱茏而可悦；草拂之而色变，木遭之而叶脱。其所以摧败零落者，乃一气之余烈。

"夫秋，刑官也，于时为阴，又兵象也，于行用金，是谓天地之义气，常以肃杀而为心。天之于物，春生秋实，故其在乐也，商声主西方之音，夷则为七月之律。商，伤也，物既老而悲伤，夷，戮也，物过盛而当杀。

"嗟夫！草木无情，有时飘零。人为动物，惟物之灵，百忧感其心，万事劳其形，有动乎中，必摇其精。而况思其力之所不及，忧其智之所不能；宜其渥[4]然丹者为槁木，黟[5]然黑者为星星[6]。奈何非金石之质，欲与草木而争荣？念谁为之戕贼，亦何恨乎秋声？"

童子莫对，垂头而睡。但闻四壁虫声唧唧，如助予之叹息。

我叹道："哎呀呀，好悲伤啊！这就是秋天的声音，它为什么来到世间呢？大概秋天是这样的：它的色调凄凉暗淡，云消雾散。它的样子清新澄澈，天空高远，太阳明亮。它的气候寒冷萧瑟，刺人肌骨。它的意境萧条冷落，山河寂静空旷。所以它发出的声音，时而凄切悲凉，时而呼啸激昂。绿草浓密，丰美繁茂，树木葱茏，让人开心。然而，一旦秋风吹起，草就要变色，树就要落叶。它用来使花草、枝叶、树木凋零的，便是一种让天地万物肃杀的余威。

"秋天，是刑罚官执法的季节，它在季节属于阴；秋天象征着用兵，在五行上属于金。这就是常说的天地的义气，它常常以肃杀为本心。上天对于万物，是要它们在春天生长，在秋天结果。所以，秋天在音乐上又属于商声。商声是西方的调子，七月的曲律是夷则。商，也就是'伤'的意思，万物衰老了就会悲伤。夷，是杀戮的意思，事物过了繁盛期就会遭遇杀戮灭亡。

"唉！草木是无情之物，尚不免有衰落的时候。人为动物，在万物中最有灵性，万千忧愁煎熬着他的内心，琐碎的烦恼劳累着他的身体。只要内心被外物触动，就一定会损耗他的精力。更何况常常思考自己力所不及的事情，忧虑那些自己的智慧所不能完全解决的问题。这些自然会使他鲜红的肌肤变得枯槁，乌黑的头发变得斑白。人为什么要用不是金石的身体，去和草木争夺一时的繁荣呢？应该仔细思考自己是被什么摧残的，又为何怨恨这秋声呢？"

书童没有应答，低头睡去。只听得四下里唧唧的虫鸣声，像在应和我的叹息。

字词释义

❶ 鏦鏦（cōng）铮铮：金属相击的声音。

❷ 衔枚：古代行军时口中衔着枚，以防出声。枚，古代行军时，士卒口衔用来禁止喧哗的器具，形如筷子。

❸ 砭（biān）：古代治病的石针，这里是刺的意思。

❹ 渥（wò）：红润的脸色。

❺ 黟（yī）：黑。

❻ 星星：鬓发花白的样子。

趣味知识

古人眼中的秋

秋在五行中属金，所以秋又称金秋，秋风又称金风。《春秋繁露》中说："天有四时，王有四政，庆为春，赏为夏，罚为秋，刑为冬。"秋天乃万物肃杀的季节，所以古代律令有了秋后问斩的说法。

文人对季节反应更加敏感，古有士悲秋之说。宋玉《九辩》："悲哉！秋之为气也。萧瑟兮，草木摇落而变衰。"开启悲秋的先声，杜甫《登高》诗云："万里悲秋常作客，百年多病独登台。"刘禹锡《秋词》诗云："自古逢秋悲寂寥，我言秋日胜春朝。"

扫码听音频

喜雨亭记

〔宋〕苏轼

经典名句

商贾相与歌于市，农夫相与忭于野。

题解

苏轼在担任凤翔（今陕西凤翔）府签书判官的第二年，在公馆北面建了一座亭子，作为休息之所。亭子建成时，碰巧大雨，百姓欢欣，于是命名此亭为“喜雨亭”，并写下了这篇文章。全文以“亭”“雨”“喜”为线索，忧民之所忧，乐民之所乐，充盈于字里行间。

古文诵读

亭以雨名，志喜也。古者有喜，则以名物，示不忘也。周公得禾，以名其书；汉武得鼎，以名其年；叔孙胜敌，以名其子。其喜之大小不齐，其示不忘一也。

予至扶风[1]之明年，始治[2]官舍。为亭于堂之北，而凿池其南，引流种木，以为休息之所。是岁之春，雨麦于岐山之阳，其占为有年[3]。

古文今译

亭子用雨来命名，是为了记下下雨的快乐。古时候有喜事，就用来命名事物，表示不忘记。周公得到好的谷子，便用“嘉禾”作为文章的篇名；汉武帝得到宝鼎，便用“元鼎”称自己的年号；叔孙得臣打败敌人，便用俘虏的名字作为儿子的名字。喜事大小不同，但表示不忘的意思却是一样的。

我到扶风府的第二年，开始建造官府房舍，在正堂北面修了一座亭子，在南面凿了水池，引流水种树，把它作为休息的场所。这年春天，岐山南面下了麦雨，占卜的结果是今年有个好年成。

既而弥[4]月不雨，民方以为忧。越三月，乙卯乃雨，甲子又雨，民以为未足。丁卯大雨，三日乃止。官吏相与[5]庆于庭，商贾[6]相与歌于市，农夫相与忭[7]于野，忧者以喜，病者以愈，而吾亭适成。

于是举酒于亭上，以属[8]客而告之，曰："五日不雨可乎？"曰："五日不雨则无麦。""十日不雨可乎？"曰："十日不雨则无禾。""无麦无禾，岁且荐饥，狱讼繁兴，而盗贼滋炽[9]。则吾与二三子，虽欲优游以乐于此亭，其可得耶？今天不遗斯民，始旱而赐之以雨，使吾与二三子得相与优游以乐于此亭者，皆雨之赐也。其又可忘耶？"

此后一个月没有下雨，百姓因此忧虑。过了三月，四月初二才下雨，十一日又下雨，百姓认为下得还不够。十四日又下了大雨，一连三天才停。官员们在院子里共同庆贺，商人们在集市上一起唱歌，农夫们在田野里一起欢笑，忧愁的人因此高兴，生病的人因此痊愈，而我的亭子也恰好建好。

于是我在亭子里举办酒宴，对客人劝酒并说："五天不下雨可以吗？"他们说："五天不下雨，麦子就长不成。"又问："十天不下雨可以吗？"他们说："十天不下雨谷子就养不活。""没有麦没有谷，就会连年饥荒，诉讼案件增多，盗贼也就猖獗起来。我与大家即使想在这亭子中游玩享乐，怎么可能做得到吗？现在上天不遗弃这里的百姓，刚有旱情就下雨，让我与大家能够一起在这亭子里游玩赏乐的，都是雨水的恩赐！这怎么能忘记呢？"

既以名亭，又从而歌之，曰：“使天而雨珠，寒者不得以为襦；使天而雨玉，饥者不得以为粟。一雨三日，伊谁之力？民曰太守。太守不有，归之天子。天子曰不然，归之造物。造物不自以为功，归之太空。太空冥冥⑩，不可得而名。吾以名吾亭。”

给亭子命名以后，又接着作歌。歌词说：“假使上天降下珍珠，受寒的人不能用它做短袄；假如上天下白玉，挨饿的人不能用它做粮食。一场雨连下三天，这是谁的力量？百姓说是太守，太守不接受，归功于天子。天子也不接受，归功于造物主。造物主也不认为是自己的功劳，归功于太空。太空辽远缥缈，不能够命名它。于是我用‘雨’来命名我的亭子。”

字词释义

❶扶风：陕西凤翔府。
❷治：修建。
❸有年：年将有粮，引申为大丰收。
❹弥：整，满。
❺相与：汇聚。
❻贾（gǔ）：指坐商。
❼忭（biàn）：欢乐，喜悦。
❽属：同“嘱”，意为劝酒。
❾炽：旺盛。
❿冥冥：高远渺茫。

作者档案

苏轼（1037—1101），北宋文学家、书画家，字子瞻，号东坡居士。苏轼一生仕途坎坷，学识渊博，天资极高，诗文书画皆精。他的文章汪洋恣肆，明白畅达，与欧阳修并称“欧苏”，是“唐宋八大家”之一；苏轼的诗清新豪健，善用夸张、比喻，艺术表现独具风格，与黄庭坚并称“苏黄”；他的词开豪放一派，对后世有巨大影响，与辛弃疾并称“苏辛”；他擅长行书、楷书，能自创新意，用笔丰腴跌宕，有天真烂漫之趣，与黄庭坚、米芾、蔡襄并称“宋四家”；著作有《苏东坡全集》和《东坡乐府》等。

趣味知识

八风吹不动

苏轼与金山寺住持佛印是好友，二人常打禅语。一天，苏轼做一偈：“稽首天中天，毫光照大千。八风吹不动，端坐紫金莲。”自认为很不错，就派书童送给佛印。佛印批“放屁”二字，让书童带回。苏轼见后大怒，立即过江责问佛印，佛印大笑：“你不是八风吹不动吗，怎一屁就打过了江？”苏轼听后，顿时羞愧，无言以对。八风是佛教用语，指八种境界的风：利、衰、毁、誉、称、讥、苦、乐。

凌虚台记

〔宋〕苏轼

经典名句

物之废兴成毁，不可得而知也。

题解

这篇文章源自当时的扶风太守陈某为登高眺远建筑了一座土台，并请苏轼为他写文纪念。文章记叙了凌虚台修建的经过，联想到古往今来兴废成败的历史，通过对人事万物变化无常的感叹，指出不能稍有所得就轻易满足，而应去探求更恒久的东西，体现了苏轼勇于探索的精神和对好大喜功之风的劝谏。

古文诵读

国[1]于南山之下，宜若起居饮食与山接也。四方之山，莫高于终南，而都邑之丽山者，莫近于扶风。以至近求最高，其势必得。而太守之居，未尝知有山焉。虽非事之所以损益，而物理有不当然者。此凌虚之所为筑也。

方其未筑也，太守陈公杖履逍遥于其下，见山之出于林木之上者，

古文今译

在终南山脚下建立的城市，起居饮食应当都与山相近。四面的山，没有比终南山更高的。而城市当中靠近山的，没有比扶风城更近的。在离山最近的地方，要看到最高的终南山，应该是一定可以做到的事。但太守住得这么近，开始还不知道有山。虽然这对事情好坏没有什么影响，但按事物的常理来说不该这样，这就是修筑凌虚台的原因。

就在凌虚台修建之前，陈太守拄着拐杖，穿着布鞋在山下游览，见那座高出树林之上的山峰，重重叠叠，正如在

累累如人之旅行于墙外而见其髻也，曰：“是必有异。”使工凿其前为方池，以其土筑台，高出于屋之檐而止。然后人之至于其上者，怳然不知台之高，而以为山之踊跃奋迅而出也。公曰：“是宜名凌虚。”以告其从事苏轼，而求文以为记。

轼复于公曰：“物之废兴成毁，不可得而知也。昔者荒草野田，霜露之所蒙翳[2]，狐虺[3]之所窜伏。方是时，岂知有凌虚台耶？废兴成毁，相寻于无穷，则台之复为荒草野田，皆不可知也。尝试与公登台而望，其东则秦穆之祈年、橐泉也，其南则汉武之长杨、五柞[4]，而其北则隋之仁寿、唐之九成也。计其一时之盛，宏杰诡丽，坚固而不可动者，岂特百倍于台而已哉！然而数世之后，欲求其仿佛，而破瓦颓垣无复存者，既已化为禾黍荆棘丘墟陇亩矣，而况于此台欤！夫台犹不足恃以长久，而况于人事之得丧，忽往而忽来者欤？而或者欲以夸世而自足，则过矣。盖世有足恃者，而不在乎台之存亡也。”既以言于公，退而为之记。

墙内看见一个在墙外行走的人的发髻形状一样。陈太守说：“这座山必然有不同之处。”于是派工匠在山前开凿了一个方池，用挖出来的土修建一个高台，一直修到高出屋檐才停止。之后的游人到了台上，都迷茫地不知道哪来的这么高的台子，而认为是山起伏运动突然冒出来的。陈公说：“这台应该叫凌虚台。”就把这件事告诉了他的下属苏轼，让苏轼写篇文章来记叙。

苏轼回复陈公说：“事物的兴盛和衰败，是没办法预料的。这里从前是长满了荒草，覆盖着霜露，狐狸和毒蛇出没的野地，在那时，怎么知道今天这里会出现凌虚台呢？兴盛和衰败的交替无休无止，那么高台是否又会变回长满荒草的野地，都是不能预料的。我曾试着和陈公一起登台而望，向东面看，就是当年秦穆公的祈年、橐泉两座宫殿，南面就是汉武帝的长杨、五柞两座宫殿，其北面就是隋朝的仁寿宫、唐朝的九成宫。回想它们当时的兴盛、宏伟、神奇、壮丽、坚固，哪里只是比一座高台多一百倍而已！然而几百年之后，想要寻找它们的样子，却连破瓦断墙都找不到，那里已经变成种庄稼的田亩和长满荆棘的废墟了。相比之下这座高台又怎样呢？一座高台尚且不足以长久依靠，更何况人世间的得失，都是忽去忽来、捉摸不定的，如果有人想要以修建高台夸耀于世来自我满足，那他就错了。世上确实有足以依靠的东西，但是和高台的存在与否是没有关系的。”我将这些话告诉陈公后，为他写了这篇记。

字词释义

❶国：指都市，城邑。这里用作动词，建城。
❷蒙翳：蒙盖遮蔽。
❸虺（huǐ）：毒蛇。
❹五柞（zuò）：宫名。

趣味知识

陈希亮

陈希亮，字公弼，北宋眉州青神（今属四川）人，为官三十余年，先后任过长沙知县、京东转运使、凤翔知府、房州知州、太常少卿等官职。他疾恶如仇，为百姓称颂，使权贵害怕。因劳累过度逝世，苏轼敬佩陈希亮的为人，虽然自称不为人作行状墓碑，却为其写下了《陈公弼传》。

陈希亮就是本文提到的太守陈公。

超然台记

〔宋〕苏轼

经典名句

凡物皆有可观。

题解

苏轼调任密州知州的第二年，修复了一座残破的楼台，他的弟弟苏辙为这座台起名叫“超然”，苏轼便写了这篇《超然台记》。文章对于超然台的景物描写十分生动，语言清新自然，行文如涓涓流泉，体现了苏轼洒脱自如、纵横不羁的文风。最后苏轼抒发了知足常乐、超然达观的人生态度。

古文诵读

凡物皆有可观。苟有可观，皆有可乐，非必怪奇伟丽者也。餔糟啜醨[1]，皆可以醉；果蔬草木，皆可以饱。推此类也，吾安往而不乐？

夫所为求福而辞祸者，以福可喜而祸可悲也。人之所欲无穷，而物之可以足吾欲者有尽。美恶之辨战于中，而去取之择交乎前。则可

古文今译

任何事物都有可观赏的地方。如果有可以观赏的地方，那么就都可以使人快乐，不必一定要是怪异、新奇、雄伟、瑰丽的东西。吃酒糟、喝薄酒，都可以使人醉；水果蔬菜草木，都可以充饥。以此类推，我去哪里会不快乐呢？

人们之所以追求幸福、避开灾祸，是因为幸福使人高兴，灾祸使人悲伤。人的欲望是无穷尽的，而可以满足我们欲望的事物却是有限的。如果让美好和丑恶的区别在心中交战，获取和舍弃的选择在眼前交织，那么使人快活的东西

乐者常少，而可悲者常多。是谓求祸而辞福。夫求祸而辞福，岂人之情也哉？物有以盖之矣。彼游于物之内，而不游于物之外。物非有大小也，自其内而观之，未有不高且大者也。彼挟其高大以临我，则我常眩乱反复，如隙中之观斗，又乌知胜负之所在？是以美恶横生而忧乐出焉，可不大哀乎？

就少了，而让人悲哀的东西就多了，这正所谓追求灾祸而躲避幸福。追求灾祸、躲避幸福，难道是人之常情吗？是外物在蒙蔽人呀！他们这些人局限在事物之内，而不能遨游在事物之外。事物本来没有大小的分别，如果人拘束于从内部来看待它，那么没有一个不是高大的。它依仗着高大而逼近我的，那么我就会常常感到眩惑混乱，反复不定，就好像在缝隙中看人争斗，又怎么能知道胜负呢？因为这样，心中充斥着美好和丑恶的差别，忧愁和快乐也就产生了，这不令人感到非常悲哀吗！

予自钱塘移守胶西，释舟楫之安而服车马之劳，去雕墙之美而庇采椽之居，背湖山之观而行桑麻之野。始至之日，岁比不登，盗贼满野，狱讼充斥，而斋厨索然，日食杞菊。人固疑予之不乐也，处之期年，而貌加丰，发之白者，日以反黑。予既乐其风俗之淳，而其吏民亦安予之拙也。于是治其园圃，洁其庭宇，伐安丘、高密之木，以修补破败，为苟完之计。

而园之北，因城以为台者旧矣，稍葺[2]而新之。时相与登览，放意肆志焉。南望马耳、常山，出没隐见，若近若远，庶几有隐君子乎？而其东则庐山，秦人卢敖之所从遁也。西望穆陵，隐然如城郭，师尚父[3]、齐桓公之遗烈，犹有存者。北俯潍水，慨然大息，思淮阴之功，而吊其不终。台高而安，深而明，夏凉而冬温。雨雪之朝，风月之夕，予未尝不在，客未尝不从。撷[4]园蔬，取池鱼，酿秫[5]酒，瀹[6]脱粟而食之，曰："乐哉！游乎！"

我从钱塘调移到胶西任职，放弃舒适快乐地乘舟坐船，承受着坐车骑马的劳苦；放弃了雕绘美丽的住宅，而藏身在用粗木建造的房屋；我远离了湖光山色的美景，来到桑麻遍布的田野。刚到这里的时候连年收成不好，盗贼漫山遍野，案件也堆积着；厨房里空荡无物，每天都吃野菜，人们一定怀疑我不快乐。在这里住了一年后，我的容貌却变得丰满，头发白的地方，反而一天天变黑了。我喜欢这里风俗的淳朴，这里的官吏百姓也习惯了我的愚拙无能。于是，我在这里修整花园菜圃，清洁庭院屋宇，砍伐安丘、高密两县的树木，用来修补破败的房屋，作为勉强度日的方法。

在园子的北面，靠着城墙筑起的高台已经很旧了，我稍加整修，让它焕然一新。有时候，我和大家一起登台观览，在那儿尽情游玩。从台上向南望去，马耳、常山时隐时现，有时似乎很近，有时又似乎很远，或许有隐士住在那里吧？高台的东面就是庐山，秦人卢敖就是在那里隐遁的。向西望去是穆陵关，那里隐隐约约有一道城墙，姜太公、齐桓公的英雄业绩，尚有留存。向北俯视潍水，我不禁慨叹万分，想起了淮阴侯韩信的赫赫战功，又哀叹他没有善始善终。这台子很高，却也非常安稳。台上的屋子幽深而明亮，夏天凉爽冬天暖和。雨落雪飞的清晨，月明风清的夜晚，我没有不在那里的，朋友们也没有不跟随着我的。我们采摘园子里的蔬菜，钓取池塘里的游鱼，酿造高粱酒，煮着粗糙的米饭，大家一边吃一面赞叹："多么快活的游乐啊！"

方是时，予弟子由[7]，适在济南，闻而赋之，且名其台曰“超然”，以见予之无所往而不乐者，盖游于物之外也。

在这个时候，我的弟弟苏辙恰好在济南，听说了这件事就为此写了一篇文章，并且为台取名“超然”，来表现我到哪儿都会快乐的原因，大概就是因为我能遨游在事物之外啊！

字词释义

❶醨（lí）：米酒。
❷葺（qì）：用茅草覆盖房子，后泛指修理房屋。
❸师尚父：姜太公子牙，又名姜尚。
❹撷（xié）：摘下，取下。
❺秫（shú）：黏高粱，可以做烧酒。
❻瀹（yuè）：煮。
❼子由：苏辙，字子由。

趣味知识

东坡肉

苏轼是个美食家，民间流传许多苏轼发明美食的故事。东坡肉相传就是苏轼创制的。

苏轼任杭州知州时，有一年浙西大雨，太湖泛滥。苏轼组织百姓疏浚西湖，修筑苏堤，造福一方。杭州的百姓非常感激苏轼，过年的时候，抬猪担酒给他拜年。苏轼收到后，指点家人将肉切成方块，烧得红酥，然后分给大家。这就是“东坡肉”的来历。他还为此作诗，教百姓东坡肉的做法：“净洗铛，少著水，柴头罨烟焰不起。待他自熟莫催他，火候足时他自美。黄州好猪肉，价贱如泥土。贵者不肯吃，贫者不解煮，早晨起来打两碗，饱得自家君莫管。”

扫码听音频

放鹤亭记

〔宋〕苏轼

经典名句

秋冬雪月，千里一色。风雨晦明之间，俯仰百变。

题解

此文是苏轼任徐州知府时所作。作者借云龙山人在放鹤亭中，朝放鹤而鹤暮归，鹤自由地飞翔于天地间，指出好鹤与纵酒，君主因之败乱亡国，隐士却因之怡情全真，感叹南面为君难以享受的隐居之乐，表达了对自由隐逸生活的向往。

古文诵读

熙宁十年秋，彭城大水。云龙山人张君之草堂，水及[1]其半扉[2]。明年春，水落，迁于故居之东，东山之麓。升高而望，得异境焉，作亭于其上。彭城之山，冈岭四合，隐然如大环，独缺其西一面，而山人之亭，适[3]当其缺。春夏之交，草木际天，秋冬雪月，千里一色。风雨晦明[4]之间，俯仰百变。

古文今译

熙宁十年的秋天，彭城发大水，云龙山人张君的草堂，大水已没到大门的一半。第二年春天，水退了，他搬到故居的东面，东山的脚下。登到高处远望，发现一个奇特的地方。于是，他便在那里建了亭子。彭城的山，山岭从四面合拢，隐约像个大环，只是缺西面一块，而云龙山人的亭子，正好对着那个缺口。春夏两季交替的时候，草木茂盛，接近天空；秋冬的时候，白雪月光，千里一色。刮风下雨，天色或明或暗的时候，瞬息万变。

山人有二鹤，甚驯而善飞，旦则望西山之缺而放焉，纵其所如，或立于陂田[5]，或翔于云表；暮则傃[6]东山而归，故名之曰“放鹤亭”。

郡守苏轼，时从宾佐僚吏往见山人，饮酒于斯亭而乐之。挹[7]山人而告之曰：“子知隐居之乐乎？虽南面之君，未可与易也。《易》曰：‘鸣鹤在阴，其子和之。’《诗》曰：‘鹤鸣于九皋，声闻于天。’盖其为物，清远闲放，超然于尘埃之外，故《易》《诗》人以比贤人君子。隐德之士，狎[8]而玩之，宜若有益而无损者，然卫懿公好鹤则亡其国。周公作《酒诰》，卫武公作《抑戒》，以为荒惑败乱，无若酒者，而刘伶、阮籍之徒，以此全其真而名后世。嗟夫！南面之君，虽清远闲放如鹤者，犹不得好，好之则亡其国。而山林遁世之士，虽荒惑败乱如酒者，犹不能为害，而况于鹤乎？由此观之，其为乐未可以同日而语也。”山人欣然而笑曰：“有是哉！”乃作放鹤、招鹤之歌曰：

山人养了两只鹤，非常温驯，善于飞翔。早晨就向着西山的缺口放出去，任它们飞到哪里，有时立在水边田地，有时飞翔在云海之外；到了晚上就向东山飞回来，因此，给这个亭子取名叫“放鹤亭”。

郡守苏轼，当时带着宾客随从前去拜见山人，在这个亭子里饮酒并以此为乐。给山人敬酒并告诉他：“您知道隐居的乐趣吗？即使是面南而坐的国君，也不能交换。《易经》上说：‘鹤在幽深隐蔽的地方鸣叫，它的小鹤便会应和它。’《诗经》上说：‘鹤在沼泽深处鸣叫，声音可以传到天上。’大概鹤清净高远幽娴旷达，超脱世俗之外，所以《易经》《诗经》用它比喻贤人君子。隐居的有德行的人，亲近、赏玩它，似乎有益无害。但卫懿公喜欢鹤却使自己的国家灭亡。周公作《酒诰》，卫武公作《抑戒》，认为使人荒唐迷惑、颓败迷乱的，没有能比酒厉害的；而刘伶、阮籍这些人，凭借酒保全他们的真性，并闻名后世。唉，面南而坐的君主，即使清净高远、幽娴旷达像鹤这样，也不能喜好，喜好就会使国家灭亡。而隐居山林、逃避世俗的人士，即使荒唐迷惑、颓败迷乱的东西，也不能构成危害，更何况是鹤呢？由此看来，隐居的乐趣和做帝王的乐趣是不可相提并论的。”山人高兴地说：“有这样的道理啊！”于是，作了放鹤、招鹤之歌：

鹤飞去兮西山之缺。高翔而下览兮，择所适。翻然敛翼，宛将集兮，忽何所见，矫然而复击。独终日于涧谷之间兮，啄苍苔而履白石。

鹤归来兮，东山之阴。其下有人兮，黄冠草履，葛衣而鼓琴。躬耕而食兮，其余以汝饱。归来归来兮，西山不可以久留。

鹤飞翔啊，飞向西山山口，凌空高飞向下俯瞰，选择要去的地方。突然收起翅膀，好像准备降落；忽然发现了什么，矫健地又凌空上飞。整天独自在山涧峡谷中，啄食青苔、脚踩白石。

鹤飞回吧，到东山的北面。山下有人，戴着黄色的帽子，穿着草鞋和葛麻衣服，弹着琴，亲自耕种，自给自足，剩下的来喂你。回来啊，西山不可以久留。

字词释义

❶及：漫上。
❷扉：门。
❸适：恰好。
❹晦明：昏暗和明朗。
❺陂（bēi）田：水边。
❻傃（sù）：向，向着。
❼挹（yì）：酌酒。
❽狎（xiá）：亲近。

趣味知识

好鹤失国

卫懿公为君八年，玩物丧志，不理朝政。他喜欢鹤，上朝有鹤做伴，下殿有鹤欢送，让鹤乘车而行，封给鹤各种爵位，每只鹤都有雅号：仙马、神乘、玉女、银童、黑龙、丹凤、大元帅、二将军。狄人攻打卫国的时候，他还在若无其事，仍在宫中观鹤舞、听鹤鸣。卫国的兵士发牢骚说：“应该让鹤去，鹤实际上享有官禄官位，我们能打什么仗！”卫因此亡国。

扫码听音频

石钟山记

〔宋〕苏轼

经典名句

事不目见耳闻而臆断其有无，可乎？

题解

本篇是苏轼送长子苏迈赴任汝州的途中，路过石钟山而写成的。文章通过记叙作者对石钟山得名由来的探究，说明了要认识事物的真相必须从实际出发，切忌主观臆断的道理。

古文诵读

《水经》云："彭蠡之口有石钟山焉。"郦元以为下临深潭，微风鼓浪，水石相搏，声如洪钟。是说也，人常疑之。今以钟磬置水中，虽大风浪不能鸣也，而况石乎！至唐李渤始访其遗踪，得双石于潭上，扣而聆之，南声函胡，北音清越，枹止响腾，余韵徐歇。自以为得之矣。然是说也，余尤疑之。石之铿然有

古文今译

《水经》说："鄱阳湖湖口有一座石钟山在那里。"郦道元认为石钟山下面靠近深潭，微风振动波浪，水和石头互相拍打，发出的声音好像大钟一般。这个说法，人们常常怀疑它的正确性。现在把钟和磬放在水中，即使是大风大浪也不能使它发出声响，何况石头呢！到了唐代李渤才开始访求石钟山的旧址。李渤在深潭上找到两块山石，敲打着听声音，南边那座山石的声音重浊而模糊，北边那座山石的声音清脆而响亮，鼓槌停止了敲击，声音还在传播，余音慢慢地消失。他自认为找到了这座石钟山命名的原因。但这个说法，我更加怀疑。

声者，所在皆是也，而此独以钟名，何哉？

元丰七年六月丁丑，余自齐安舟行适临汝，而长子迈将赴饶之德兴尉，送之至湖口，因得观所谓石钟者。寺僧使小童持斧，于乱石间择其一二扣之，硿硿然。余固笑而不信也。至其夜月明，独与迈乘小舟至绝壁下。大石侧立千尺，如猛兽奇鬼，森然欲搏人；而山上栖鹘，闻人声亦惊起，磔磔云霄间。又有

被敲击后能发出响亮声响的石头，到处都有，可唯独这座山用钟来命名，为什么？

元丰七年（1084）六月初九，我从齐安坐船到临汝去，大儿子苏迈将要去就任饶州德兴县的县尉，我送他到湖口，因而能够看到所说的石钟山。庙里的和尚让小童拿着斧头，在乱石中间敲打，石头硿硿地发出声响。我自然觉得很好笑，并不相信。到了晚上月光明亮，我特地和苏迈坐着小船到断壁下面。巨大的山石耸立着，有千尺之高，好像凶猛的野兽和诡异的鬼怪，阴森森地想要袭击人。又好像山上宿巢的老鹰，听到人声受惊飞起，在云霄间发出磔磔怪响。又好像老人在山谷中咳嗽和大笑的声音，

若老人咳且笑于山谷中者，或曰："此鹳鹤也。"余方心动欲还，而大声发于水上，噌吰[1]如钟鼓不绝。舟人大恐。徐而察之，则山下皆石穴罅，不知其浅深，微波入焉，涵澹澎湃而为此也。舟回至两山间，将入港口，有大石当中流，可坐百人，空中而多窍，与风水相吞吐，有窾坎镗鞳[2]之声，与向之噌吰者相应，如乐作焉。因笑谓迈曰："汝识之乎？噌吰者，周景王之无射[3]也；窾坎镗鞳者，魏庄子之歌钟[4]也。古之人不余欺也！"

事不目见耳闻而臆断其有无，可乎？郦元之所见闻殆与余同，而言之不详；士大夫终不肯以小舟夜

有人说："这是鹳鹤。"我正心惊地想要回去，忽然巨大的声音从水上发出，像敲钟击鼓一样声音洪亮，毫不停歇。船夫很惊恐。我慢慢地观察，山下都是石穴和缝隙，不知它们有多深，细细的水波涌入，水波激荡，因此发出这种声音。船回到两山之间，将要进入港口，有块大石头正对着水的中央，上面可以坐一百来人，中间是空的，而且有许多窟窿，把清风和水波吞进去，又吐出来，发出窾坎镗鞳的声音。同先前噌吰的声音相互应和，好像在演奏着音乐。于是我笑着对苏迈说："你知道那些典故吗？那噌吰的响声，是周景王无射钟的声音，窾坎镗鞳的响声，是魏庄子歌钟的声音。古人果然不欺骗我啊！"

任何事情不用眼睛看见或用耳朵听，只凭主观臆断去猜测它的有或没有，可以吗？郦道元所看到的，所听到的，大概和我一样，但是描述得不详细。士大夫终究不愿在夜里乘小船在悬崖绝壁之下停泊，所以没能知道真相。渔人和船夫，虽然知道石钟山命名的真相却不能用文字记载。这就是石钟山命

泊绝壁之下，故莫能知；而渔工水师虽知而不能言。此世所以不传也。而陋者乃以斧斤考击而求之，自以为得其实。余是以记之，盖叹郦元之简，而笑李渤之陋也。

名由来没有流传于世的原因。然而浅陋的人竟然用斧头敲打石头来寻求原因，自以为得到了石钟山命名的真相。我因此记下了这些，既叹惜郦道元简略，又笑李渤的浅陋啊。

字词释义

❶ 噌吰（chēng hóng）：拟声词，形容钟鼓的声音。

❷ 窾坎镗鞳（kuǎn kǎn tāng tà）：窾坎，击物声。镗鞳，钟鼓声。

❸ 周景王之无射（yì）：《国语》记载，周景王二十三年铸成“无射”钟。

❹ 魏庄子之歌钟：《左传》记载，鲁襄公十一年（前562），郑人将歌钟和其他乐器献给晋侯，晋侯分出一半赐给晋大夫魏绛。庄子，魏绛的谥号。歌钟，古代乐器。

趣味知识

郦道元

郦道元，字善长，范阳涿县（今河北涿州）人。南北朝时期北魏官员、地理学家。他博览群书，尤其喜爱地理学的著作，所注的《水经注》既是内容丰富的地理著作，又是优美的山水散文集。明代散文家张岱称：古人记山水，太上郦道元，其次柳子厚，近则袁中郎。

前赤壁赋

〔宋〕苏轼

经典名句

惟江上之清风，与山间之明月，耳得之而为声，目遇之而成色，取之无禁，用之不竭，是造物者之无尽藏也。

题解

本篇是苏轼的名篇。文章先写了夜游赤壁的情景，进而写到作者饮酒放歌的欢乐和客人悲凉的箫声，然后自然地发出了对人生短促无常的感叹。最后，苏轼从这种感叹中超脱出来，抒发了他豁达的宇宙观和人生观。

古文诵读

壬戌之秋，七月既望[1]，苏子与客泛舟游于赤壁之下。清风徐来，水波不兴。举酒属客，诵《明月》之诗，歌“窈窕”之章。少焉，月出于东山之上，徘徊于斗牛之间。白露横江，水光接天。纵一苇之所如，凌万顷之茫然。浩浩乎如冯虚御风[2]，而不知其所止，飘飘乎如遗世独立，羽化而登仙。

古文今译

壬戌年秋，七月十六日，我与客人泛舟在赤壁之下。阵阵清风拂来，水面没有波澜兴起。我举起酒杯向客人敬酒，吟诵着《诗经》中与明月有关的篇章。过了一会儿，月亮从东山升起，徘徊在斗宿与牛宿之间。白茫茫的水汽横贯在江面，闪烁的水光连接到天边。放任一叶扁舟在江上飘荡，越过万顷茫茫的江面。我们好像乘着风在天上飞，却不知道在哪里停止，飘飘然如远离尘世，自由自在，变成了飞升的神仙。

于是饮酒乐甚，扣舷而歌之。歌曰：“桂棹兮兰桨，击空明兮溯流光。渺渺兮予怀，望美人兮天一方。”客有吹洞箫者，依歌而和之。其声呜呜然，如怨如慕，如泣如诉，余音袅袅，不绝如缕。舞幽壑之潜蛟，泣孤舟之嫠妇。

苏子愀然，正襟危坐，而问客曰：“何为其然也？”客曰：“‘月明星稀，乌鹊南飞’[3]，此非曹孟德之诗乎？西望夏口，东望武昌，山川相缪[4]，郁乎苍苍，此非孟德之困于周郎者乎？方其破荆州，下江陵，顺流而东也，舳舻[5]千里，旌旗蔽空，酾酒[6]临江，横槊[7]赋诗，固一世之雄也，而今安在哉？况吾与子渔樵于江渚之上，侣鱼虾而友麋鹿，驾一叶之扁舟，举匏樽以相属。寄蜉蝣于天地，渺沧海之一粟。哀吾生之须臾，羡长江之无穷。挟飞仙以遨游，抱明月而长终。知不可乎骤得，托遗响于悲风。”

苏子曰：“客亦知夫水与月乎？逝者如斯，而未尝往也；盈虚者如

这时候喝酒喝得很高兴，大家就用手叩击着船舷，应声高歌。歌中唱道：“桂木船棹呵木兰桨，迎击空明的波纹，逆着流水泛光。悠远的是我的心呵，思念着天涯那边的伊人。”有吹洞箫的朋友，按着节奏为歌声伴和。洞箫呜呜有声，像是怨怼，又像是思慕，像是哭泣，又像是倾诉，尾声凄婉悠长，如同剪不断的细丝，能使深谷中的蛟龙为之起舞，能使孤舟上的寡妇听了落泪。

我面露忧愁凄怆，整好衣襟坐正，向客人问道：“曲调为什么这样悲凉呢？”同伴回答：“‘月明星稀，乌鹊南飞’，这不是曹公孟德的诗吗？这里向西可以望到夏口，向东可以望到武昌，山川相连，一片苍翠。这不正是曹操被周瑜围困的地方吗？当他攻下荆州，夺得江陵，沿长江顺流东下，麾下的战船延绵千里，旌旗将天空全都遮蔽，在江边持酒而饮，横执矛槊吟诗作赋的时候，确实是一代枭雄啊，而今天又在哪里呢？何况我与你捕鱼砍柴，和鱼虾做伴，与麋鹿为友，驾着这一叶小舟，举起杯盏相互敬酒，如同蜉蝣寄托在广阔的天地中，像沧海中的一粒粟米那样渺小。我哀叹人生只是短暂的片刻，羡慕长江的无穷无尽。我愿与仙人携手遨游各地，与明月相拥而长存人间。只是我知道这些不可能总是得到，只得将遗憾化为箫音，寄托在悲凉的秋风中。”

我说：“客人也知道水与月吗？不断流逝就像这江水一样，其实并没有真正

彼，而卒莫消长也。盖将自其变者而观之，则天地曾不能以一瞬，自其不变者而观之，则物与我皆无尽也，而又何羡乎？且夫天地之间，物各有主，苟非吾之所有，虽一毫而莫取。惟江上之清风，与山间之明月，耳得之而为声，目遇之而成色，取之无禁，用之不竭，是造物者之无尽藏也，而吾与子之所共适。”

客喜而笑，洗盏更酌，肴核既尽，杯盘狼藉，相与枕藉乎舟中，不知东方之既白。

逝去；时圆时缺的就像这月，但是最终并没有增减。可见，从事物变化的一面看，天地间没有一瞬不发生变化；而从事物不变的一面来看，万物与自我的生命都永恒不变，又有什么可羡慕的呢？况且天地之间，事物各有自己的归属，假若不是自己拥有的，即使一分一毫也不该求取。只有江上的清风，以及山间的明月，耳朵听到便成了声音，进入眼帘便成了颜色，取得这些不会有人禁止，这些也享用不完。这是造物者的没有穷尽的大宝藏，你我尽可以一起享用。”

于是客人高兴地笑了，我们洗了酒杯重新斟酒。直到菜肴和果品都被吃光，只剩下桌上的杯碟一片凌乱。在船里互相枕着垫着睡去，不知天边已经变白。

字词释义

❶既望：农历十六。既，过了。望，农历十五。
❷冯虚御风：（像长出羽翼一样）驾风凌空飞行。冯，通“凭”，凭借。虚，太空。御，驾驭。
❸月明星稀，乌鹊南飞：曹操于赤壁之战前所赋《短歌行》中的诗句。
❹缪（liáo）：盘绕，连续。
❺舳舻（zhú lú）：船头和船尾相接。
❻酾（shī）酒：滤酒。
❼槊（shuò）：长矛。

趣味知识

古人的时间称谓

干支纪年法：干支是天干和地支的总称。把干支按顺序依次组合，正好六十为一周期，称为六十甲子，周而复始，循环记录。

天干：甲、乙、丙、丁、戊、己、庚、辛、壬、癸

地支：子、丑、寅、卯、辰、巳、午、未、申、酉、戌、亥

一个月中的时间，每月的第一天叫作朔，最后一天叫作晦。初三叫作朏，这一天新月开始生明发光。大月十六日、小月十五日叫作望日，这一天日月遥遥相望。望之后的那一天叫作既望。

黄州快哉亭记

〔宋〕苏辙

经典名句

夫风无雌雄之异，而人有遇不遇之变。

题解

苏轼因“乌台诗案”下狱，苏辙上书营救。苏轼被贬为黄州团练副使，苏辙被贬至筠州。与苏轼一起谪居黄州的张梦得，建造了一座亭子，苏轼取名为“快哉亭”，苏辙写了这篇《黄州快哉亭记》。全文围绕“快哉”二字，以“快哉”起，以“快哉”结，一篇之中而“快”字七出，抒发不以个人得失为怀的感情，心中坦然，无往不快。

古文诵读

江出西陵[1]，始得平地，其流奔放肆大[2]，南合湘、沅，北合汉沔，其势益张。至于赤壁之下，波流浸灌[3]，与海相若。清河张君梦得谪居齐安，即其庐之西南为亭，以览观江流之胜，而余兄子瞻名之曰“快哉”。

盖亭之所见，南北百里，东西一舍[4]，涛澜汹涌，风云开阖[5]；昼

古文今译

长江流出西陵峡，开始进入平地，江流奔腾浩荡。南边与沅水、湘水合流，北边与汉水合流，水势更加壮阔。流到赤壁之下，波浪滚滚，像大海一样。清河张梦得被贬后居住在齐安，他在房舍的西南方修建了一座亭子，用来观赏长江的胜景。我的兄长子瞻为这座亭子命名为“快哉亭”。

在亭子里能看到长江南北上百里、东西三十里。波涛汹涌起伏，风云变幻。

则舟楫出没于其前，夜则鱼龙悲啸于其下；变化倏忽[6]，动心骇目，不可久视。今乃得玩之几[7]席之上，举目而足。西望武昌诸山，冈陵起伏，草木行列，烟消日出，渔夫樵父之舍，皆可指数。此其所以为“快哉”者也。至于长洲之滨，故城之墟，曹孟德、孙仲谋之所睥睨，周瑜、陆逊之所驰骛，其流风遗迹，亦足以称快世俗。

昔楚襄王从宋玉、景差于兰台之宫，有风飒然至者，王披襟当之，曰：“快哉此风！寡人所与庶人共者耶？”宋玉曰：“此独大王之雄风耳，庶人安得共之！”玉之言盖有讽焉。夫风无雌雄之异，而人有遇不遇之变。楚王之所以为乐，与庶人之所以为忧，此则人之变也，而风何与焉？士生于世，使其中[8]不自得，将何往而非病？使其中坦然，不以物伤性，将何适[9]而非快？

今张君不以谪为患，收会稽[10]之余，而自放[11]山水之间，此其中宜有以过人者。将蓬户瓮牖[12]无所

白天，船只在亭前出没；夜间，鱼龙在亭下悲鸣。景色瞬间变化，惊心骇目，不能长时间地欣赏。现在能够在几案旁欣赏，抬头看个够。向西眺望武昌的群山，山脉起伏，草木成行成列，烟消云散，太阳升起，渔民和樵夫的房舍，都可以数得清。这就是亭子称为“快哉”的原因。到了长洲的岸边，古城的废墟，曹操、孙权所窥视，周瑜、陆逊所驰骋征战的地方，那些流传下来的风范和事迹，也足以让世俗之人称快。

从前，楚襄王让宋玉、景差跟随着游兰台宫。一阵风飒飒吹来，楚王敞开衣襟，迎着风，说：“这风多么快意啊！这是我和百姓共有的吧。”宋玉说：“这只是大王的雄风，百姓怎能和您一起享受它呢？”宋玉的话大概有讽喻的意味吧。风没有雄雌的区别，而人有生得逢时与不逢时的不同。楚王之所以感到快乐，百姓之所以感到忧愁，正是由于人们的境遇不同，和风有什么关系？士人活在世上，假使心中不坦然，到哪里能没有忧愁？假使胸怀坦荡，不因为外物而妨害自己的性情，在哪里会不快乐呢？

现在张君不把贬官当作忧愁，利用公事之余，在山水中释放自己的身心，这大概应该是他心中超过常人的地方。即使是用蓬草编门，以破瓦做窗，都没有觉

不快；而况乎濯长江之清流，揖西山之白云，穷耳目之胜以自适也哉！不然，连山绝壑，长林古木，振之以清风，照之以明月，此皆骚人思士之所以悲伤憔悴而不能胜者，乌睹其为快也！

得不快乐，更何况在清澈的长江中洗濯，面对西山的白云，尽享耳目的美景使自己安适呢？如果不是这样，绵延的峰峦，深深的沟壑，辽阔的森林，参天的古木，清风吹拂，明月高照，这些都是让文人感到悲伤憔悴而不能忍受的景色，哪里看得出它们是能使人快乐的呢！

字词释义

❶西陵：西陵峡，又名夷陵峡，长江三峡之一，在今湖北宜昌西北。

❷肆大：水流阔大。 ❸浸灌：指水势浩大。

❹舍（shè）：三十里为一舍。 ❺阖（hé）：闭合。

❻倏（shū）忽：顷刻之间，指时间短。

❼几：小桌，茶几。 ❽中：内心，心中。 ❾适：往，去。

❿会稽：指征收钱谷、管理财务行政等事务。

⓫自放：自适，放情。

⓬蓬户瓮牖：用蓬草编门，用破瓮做窗。

作者档案

苏辙（1039—1112），字子由，号颍滨遗老。眉州眉山（今属四川）人。北宋文学家，其文秀洁从容，流畅有韵致。

趣味知识

乌台诗案

1079年，御史何正臣等上表弹劾苏轼，说苏轼移到湖州上任的谢恩表中，用语有讥刺朝政的意思，随后又搜集了大量的苏轼诗文作为证据。这起案件先由监察御史告发，又在御史台狱受审。据记载，御史台中有柏树，数千只野乌鸦栖居在上面，所以御史台又被称为“乌台”。苏轼的这个案子也被称为“乌台诗案”。

扫码听音频

游褒禅山记

〔宋〕王安石

经典名句

世之奇伟瑰怪、非常之观，常在于险远，而人之所罕至焉，故非有志者不能至也。

题解

本篇写于宋仁宗至和元年（1054），是王安石与他的两位朋友和两个胞弟同游褒禅山后所写。这是一篇记述与议论相结合的散文，与一般游记不同，本文虽以游记命题，但重点不在于记游，而在于写作者在游览中的心得和体会。文章通过对褒禅山奇伟瑰怪精致的细致描写，抒发了王安石力图精进、永攀高峰的精神。

古文诵读

褒禅山亦谓之华山。唐浮图[1]慧褒始舍于其址，而卒葬之，以故其后名之曰褒禅。今所谓慧空禅院者，褒之庐冢也。距其院东五里，所谓华山洞者，以其乃华山之阳名之也。距洞百余步，有碑仆道，其文漫灭，独其为文犹可识，曰“花山”。今言“华”如“华实”之“华”者，盖音谬也。

古文今译

褒禅山也称为华山。唐代和尚慧褒最开始在这里造屋居住，死后又葬在这里，因此后人把这座山命名为褒禅山。现在人们说的慧空禅院，就是慧褒和尚的房舍和墓。距离那禅院东边五里，是人们所说的华山洞，因为它在华山南面而得名。距离山洞一百多步，有一座石碑倒在路旁，上面的文字已经剥蚀，损坏得近乎磨灭，只有从勉强能认得出的地方辨识出“花山”的字样。现在将“花”写作“华实”的“华”，大概是因读音相同而产生的错误。

其下平旷，有泉侧出，而记游者甚众，所谓“前洞”也。由山以上五六里，有穴窈然，入之甚寒，问其深，则其好游者不能穷也，谓之“后洞”。予与四人拥火以入，入之愈深，其进愈难，而其见愈奇。有怠而欲出者，曰：“不出，火且尽。”遂与之俱出。盖予所至，比好游者尚不能十一，然视其左右，来而记之者已少。盖其又深，则其至又加[2]少矣。方是时，予之力尚足以入，火尚足以明也。既其出，则

由这里向下的那个山洞平坦而空阔，有一股山泉从旁边涌出，在这里游览、题字的人很多，这就是人们所说的前洞。经由山路向上五六里，有个幽深的洞穴，进去便觉得寒气逼人，要知道它的深度，即使是那些喜欢游险的人也未能走到尽头，这是人们所说的“后洞”。我与四个人打着火把走进去，走得越深，前进就越困难，而所见到的景象也越奇妙。有个不想前进想退出的伙伴说：“再不出去，火把就要熄灭了。”于是，我们只好都跟着他退了出来。大概我们走进去的深度，比起那些喜欢探险的人来说，还不足十分之一，然而看看左右的石壁，来此而题字的人已经很少了。洞内更深的地方，大概能去到那里的游人就更少

或[3]咎其欲出者，而予亦悔其随之，而不得极乎游之乐也。

于是予有叹焉。古人之观于天地、山川、草木、虫鱼、鸟兽，往往有得，以其求思之深而无不在也。夫夷以近，则游者众，险以远，则至者少。而世之奇伟瑰怪、非常之观，常在于险远，而人之所罕至焉，故非有志者不能至也。有志矣，不随以止也，然力不足者，亦不能至也。有志与力，而又不随以怠，至于幽暗昏惑而无物以相[4]之，亦不能至也。然力足以至焉，于人为可讥，而在己为有悔，尽吾志也而不能至者，可以无悔矣，其孰能讥之乎？此予之所得也！

予于仆碑，又以悲夫古书之不存，后世之谬其传而莫能名者，何可胜道也哉！此所以学者不可以不深思而慎取之也。

四人者：庐陵萧君圭君玉，长乐王回深父，予弟安国平父、安上纯父。

了。当决定从洞内退出时，我的体力还足够前进，火把还能够继续照明。我们出洞以后，就有人埋怨那个主张退出的人，我也后悔跟他出来，而没能享尽游洞的乐趣。

在这种情况下我有了感慨。古人对于天地、山川、草木、虫鱼、鸟兽的观察游览，大都能有所收获，是因为他们探究、思考问题深远而全面。道路平坦距离又近的地方，前来游览的人很多；道路艰险而又偏远的地方，前来游览的人就少了。但是世上奇妙雄伟、珍异奇特、非同寻常的景观，常常在那险阻、僻远、人迹罕至的地方，所以，没有意志的人是不能到达的。即使有了意志，也不因盲从别人而停止，但是体力不足的，也不能到达。有了意志和体力，也不因盲从别人而有所懈怠，但到了那幽深昏暗、令人迷乱的地方而没有外物来照明，也不能到达。不过，力量足以达到目的而没能达到，在别人看来就是可以讥笑的，在自己来说也是有所悔恨的；尽力了而未能达到，便可以因为这一点而无所悔恨，难道还有谁能讥笑他吗？这就是我得到的收获了。

我返回到那倒在路上的石碑的旁边时，又感叹这些古代刻写的文献不能存留。被后世讹传却没人能弄清真相的事，哪能说得完呢？这就是治学的人不可以不深入思考而谨慎取舍的原因了。

同游的四个人：庐陵人萧君圭字君玉，长乐人王回字深父，我的弟弟王安国字平父，王安上字纯父。

字词释义

❶浮图：梵语音译词，也作“浮屠”或“佛图”，本意是佛或佛教徒，这里指和尚。

❷加：更。

❸或：有的人。

❹相：辅助。

作者档案

王安石（1021—1086），字介甫，号半山，北宋著名政治家、思想家、文学家、改革家，“唐宋八大家”之一。他积极推动北宋中期开展的诗文革新运动，对扫除宋初风靡一时的浮夸文风做出了巨大贡献。他的散文雄健简练、奇崛峭拔，善于以简洁明快的叙述，说明发人深省的道理。

趣味知识

王安石变法

宋仁宗时，为改变宋朝积贫积弱的局面，王安石上言，称“天变不足畏，祖宗不足法，人言不足恤”，提出变法，没有被采纳。1069年，在宋神宗的支持下，王安石任参知政事，开始变法，触犯了保守派的利益。1085年，宋神宗去世，变法失败。

扫码听音频

阅江楼记

〔明〕宋濂

经典名句

登览之顷，万象森列，千载之秘，一旦轩露。

题解

阅江楼在今南京狮子山，是因朱元璋的诏令而建的，本文是宋濂奉诏写下的一篇歌颂性散文。这篇文章之所以能流传千古，是因为文章并不一味地奉迎，宋濂在歌功颂德的同时，也暗含了讽劝的意味。文章写得庄重典雅、委婉含蓄，暗含了劝谏统治者要处处想着国家社稷和民生疾苦的深意。

古文诵读

金陵为帝王之州，自六朝迄于南唐，类皆偏据一方，无以应山川之王气。逮我皇帝，定鼎[1]于兹，始足以当之。由是声教所暨，罔间朔南，存神穆清，与天同体，虽一豫一游[2]，亦可为天下后世法。京城之西北有狮子山，自卢龙蜿蜒而来，长江如虹贯，蟠绕其下。上以其地

古文今译

金陵是帝王居住的城池。从六朝到南唐，全都是偏安一方的朝代，没法与此地山川所呈现的王气相适应。直到当今皇上在这里建国定都，才足以与这王气相当。从此，声威教化所到之处，不再因南北而有所阻隔；政令和睦而清明，几乎与天道融为一体。即使皇上的一次出外巡游，也足以被后世效法。京城的西北方有座狮子山，是从卢龙山蜿蜒伸展而来。那长江有如一道长虹，盘绕着流过山脚下。皇上因为这里的地势雄伟壮观，下诏在山顶建楼，与百姓同享游

雄胜，诏建楼于巅，与民同游观之乐，遂锡嘉名为“阅江”云。

登览之顷，万象森列，千载之秘，一旦轩露。岂非天造地设，以俟大一统之君，而开千万世之伟观者欤？当风日清美，法驾幸临，升其崇椒，凭阑遥瞩，必悠然而动遐思。见江汉之朝宗，诸侯之述职，城池之高深，关阨之严固，必曰：“此朕栉风沐雨、战胜攻取之所致也。”中夏之广，益思有以保之。见波涛之浩荡，风帆之上下，番舶接迹而来庭，蛮琛联肩而入贡，必曰：“此朕德绥威服，覃及内外之所及也。”四陲之远，益思有以柔之。见两岸之间、四郊之上，耕人有炙肤皲足[3]之烦，农女有捋桑行馌[4]之勤，必曰：“此朕拔诸水火、而登于衽席者也。”万方之民，益思有以安之。触类而思，不一而足。臣知斯楼之建，皇上所以发舒精神，因物兴感，无不寓其致治之思，奚止阅夫长江而已哉！彼临春、结绮，非不华矣；齐云、落星，非不高矣。

览观景的快乐，于是赐给它美妙的名字叫“阅江”。

登楼极目四望，万千景色次第罗列，千年的大地秘藏，似乎在顷刻显露无遗。这难道不是天地有意造就了美景，等待着一统海内的明君，来展现千秋万世的奇观吗？每当风和日丽的时候，皇上的车驾降临，他登上山巅，倚着栏杆远眺，必定神态悠悠地开始遐想。看那江汉的流水滔滔东去，诸侯排着队赴京朝见天子，看那高大的城墙、深凹的护城河及严密固防的关隘，皇上必定说：“这是我栉风沐雨、战胜强敌、攻城取地所获得的啊。”对于广阔的中华大地，更想要来保全它。看那波涛浩荡起伏，帆船上下颠簸，外国船只连续前来朝见，四方珍宝争相进贡奉献，皇上必定说：“这是我用恩德安抚，以威势镇服，声望延及海内才实现的啊。”对于四方偏远的边陲，更想到要设法用怀柔政策去安抚他们。看那大江两岸之间，四郊田野上面，耕夫有着烈日烘烤皮肤、寒气冻裂脚趾的辛劳，农女有采桑送饭的辛勤，皇上必定说：“这是我拯救于水火之中，而安置在床席之上的人啊。”对于天下的黎民，更想到要让他们安居乐业。由看到这类景象而触发的感慨，推及起来，真是数不胜数。我知道这座楼的兴建，是皇上用来抒发自己的感情的。对着景物而触发的感慨，无不寄托着他有志于治理天下的思绪，岂止只是观赏长江的风景呢？那临春阁、结绮阁，不是不华美啊；齐云楼、落星楼，不是不高大啊，但只不过是为了演奏淫逸的歌曲而感到快乐罢

不过乐管弦之淫响，藏燕、赵之艳姬，一旋踵间而感慨系之，臣不知其为何说也。

了，或者藏匿着燕、赵的美女以供寻欢。转瞬之间便与无穷的感慨联结在一起，我真不知怎样来解释它啊。

虽然，长江发源岷山，委蛇七千余里而入海，白涌碧翻，六朝之时，往往倚之为天堑。今则南北一家，视为安流，无所事乎战争矣。然则果谁之力欤？逢掖[5]之士，有登斯楼而阅斯江者，当思圣德如天，荡荡难名，与神禹疏凿之功同一罔极。忠君报上之心，其有不油然而兴耶？

虽然这样，长江发源于岷山，曲折蜿蜒地流经七千余里才东流入海，白色的波涛汹涌、碧色的浪花翻腾，六朝的时候，往往倚靠它当作天然险阻。现在南北一家，于是将长江看作平安的河流，不再用于战争了。然而，这到底是谁的力量呢？读书人有登上此楼观看此江的，应当想到皇上的恩德有如苍天般浩荡。真难以形容它的广阔，简直同大禹开凿大山、疏通洪水来拯救万民的功绩一样无边无际。那么忠君报国的心情，难道不会油然而生吗？

臣不敏，奉旨撰记。欲上推宵旰[6]图治之功者，勒诸贞珉。他若留连光景之辞，皆略而不陈，惧亵也。

我没有才能，奉皇上旨意撰写这篇记文，于是准备将心中替皇上考虑到的，皇上那昼夜辛劳操持的国事中最急切之处，铭刻在碑石上。至于其他流连光景的言辞，一概略而不言，害怕有所亵渎。

字词释义

❶定鼎：传说夏禹铸九鼎象征九州，历商、周，一直作为传国重器置于国都，后称定都或建国为定鼎。
❷一豫一游：巡游。豫，义同“游”。
❸皲（jūn）足：冻裂脚上的皮肤。
❹行馌（yè）：给田间耕作的农夫送饭。
❺逢掖：宽袖之衣，古代儒者所服，因用作士人的代称。
❻宵旰（gàn）：宵衣旰食，指勤于政务，早起晚食。

作者档案

宋濂（1310—1381），字景濂，元末明初文学家，曾被明太祖朱元璋誉为“开国文臣之首”。宋濂与高启、刘基并称为“明初诗文三大家”。他坚持写散文要明道致用、宗经师古，强调“辞达”，注意“通变”，要求“因事感触”而为文。

趣味知识

成语积累

栉风沐雨：以风梳头，以雨洗发，形容不避风雨，奔波劳碌。
不一而足：指同类的事物不止一个而是很多，无法列举齐全。

扫码听音频

沧浪亭记

〔明〕归有光

经典名句

见士之欲垂名于千载，不与澌然而俱尽者。

题解

沧浪亭原是五代广陵王钱元璙的池馆，到北宋时为诗人苏舜钦购得，苏舜钦临水筑亭，题为“沧浪亭”，园也因亭而得名。后来又屡易其主。本篇就是归有光应僧人文瑛之请而作。文章记述了沧浪亭的历代沿革、兴废，归有光感慨于自太伯、虞仲以来的遗迹荡然无存，钱镠等以权势购买或筑造的馆苑也成了陈迹，只有苏子美的沧浪亭能长留天地间，从中悟及了读书人能垂名千载的原因。

古文诵读

浮图文瑛，居大云庵，环水，即苏子美[1]沧浪亭之地也。亟求余作《沧浪亭记》，曰：“昔子美之记，记亭之胜也，请子记吾所以为亭者。”

余曰：昔吴越有国时，广陵王镇吴中，治南园于子城之西南，其外戚孙承佑，亦治园于其偏。迨淮海纳土[2]，此园不废。苏子美始建沧

古文今译

文瑛和尚居住在大云庵，那里四面被流水围绕着，是从前苏子美建沧浪亭的地方。文瑛曾多次请我写篇《沧浪亭记》，说：“过去苏子美的《沧浪亭记》，是写亭子的美丽景色，您就替我讲述修复这个亭子的原因吧。”

我说：从前吴越建国时，广陵王镇守吴中，在内城西南修建了一座南园，他的外戚孙承佑，也在旁边修了座园子。到了吴越把这里献给大宋时，这座园子

浪亭，最后禅者居之。此沧浪亭为大云庵也。有庵以来二百年，文瑛寻古遗事，复子美之构于荒残灭没之余，此大云庵为沧浪亭也。

夫古今之变，朝市[3]改易。尝登姑苏之台，望五湖之渺茫，群山之苍翠，太伯、虞仲之所建，阖闾、夫差之所争，子胥、种、蠡之所经营，今皆无有矣。庵与亭何为者哉？虽然，钱镠因乱攘窃[4]，保有吴、越，国富兵强，垂及四世。诸子姻戚，

还没有荒废。最初苏子美在园中造了沧浪亭，最后和尚住进了这里，这是沧浪亭到大云庵的变化过程。大云庵至今已经二百年了，文瑛寻访了亭子的遗迹，又在废墟上按原样修复了沧浪亭。这是从大云庵到沧浪亭的变化过程。

历史变迁，朝廷和集市发生变化。我曾经登上姑苏台，远望烟波浩渺的五湖，苍翠的群山，那太伯、虞仲建立的国家，阖闾、夫差争夺的地方，子胥、文种、范蠡谋划的事业，如今都消逝了，大云庵和沧浪亭的兴废，又算得了什么呢？虽然这样，钱镠趁天下动乱，窃取大位，占有吴越，国家富庶，兵强马壮，

乘时奢僭，宫馆苑囿，极一时之盛。而子美之亭，乃为释子[5]所钦重如此，可以见士之欲垂名于千载，不与澌然[6]而俱尽者，则有在矣。

文瑛读书喜诗，与吾徒游，呼之为沧浪僧云。

传了四代。他的子孙亲属，也凭借权势大肆挥霍，广泛地修建宫馆园子，盛极一时。而苏子美的沧浪亭，却被和尚如此钦佩看重。可见士人能垂名千载，不与吴越一起迅速消失，是有原因的。

文瑛喜爱读书、写诗，经常与我们一起交游，我们称他为沧浪僧。

字词释义

1. 苏子美：苏舜钦，字子美，北宋文人，始建沧浪亭。
2. 淮海纳土：指吴越国主钱俶献其地于宋。
3. 朝市：朝廷和集市。
4. 攘窃：夺取，窃取。
5. 释子：僧徒。
6. 澌（sī）然：冰块溶解的样子。

作者档案

归有光（1506—1571），字熙甫，号震川，明代散文家。归有光与唐顺之、王慎中等人均推崇内容翔实、文字朴实的唐宋古文，并称为“嘉靖三大家”。归有光反对拟古，他的作品以散文为主，部分作品表现出对时政的不满以及对人民的同情。

趣味知识

沧浪亭

沧浪亭，位于江苏苏州，是苏州最古老的一所园林，始建于北宋，最初为苏舜钦私人花园。欧阳修、梅圣俞等常在此作诗唱酬，南宋初年曾为名将韩世忠的住宅。沧浪亭与狮子林、拙政园、留园并列为苏州四大园林。

星汉 编著

历 | 史 | 风 | 云

中国出版集团
中译出版社

图书在版编目（CIP）数据

写给孩子的古文观止：全4册 / 星汉编著. —北京：中译出版社，2024.4

ISBN 978-7-5001-7789-0

Ⅰ. ①写… Ⅱ. ①星… Ⅲ. ①文言文－小学－教学参考资料②文言文－初中－教学参考资料 Ⅳ. ①G634.303

中国国家版本馆CIP数据核字（2024）第053089号

写给孩子的古文观止: 全4册

XIE GEI HAIZI DE GUWENGUANZHI: QUAN SI CE

出版发行：中译出版社
地　　址：北京市西城区新街口外大街28号普天德胜大厦主楼4层
电　　话：010-68002876
邮　　编：100088
电子邮箱：book@ctph.com.cn
网　　址：www.ctph.com.cn

策 划 人：宿春礼
责任编辑：张　旭
文字编辑：陈　润
特约编辑：于海英　王艺锟　姜心琳　王昊
绘　　图：遇见小行星
封面设计：曹柏光

排　　版：北京华夏墨香文化传媒有限公司
印　　刷：三河市祥达印刷包装有限公司
经　　销：新华书店

规　　格：710mm × 1000mm　1/16
印　　张：25
字　　数：410千字
版　　次：2024年4月第1版
印　　次：2024年4月第1次

ISBN 978-7-5001-7789-0　　定价：139.00元（全4册）

前言

文言文是中小学生学习语文的一个难点，即使是老师也觉得不好教。

但是，从近年的教育改革情况来看，无论是在中考还是高考中，文言文的分量都越来越重，甚至统编语文教材从小学三年级开始就增加了文言文的内容。“得语文者得天下，得古文者得语文。”重视文言文的学习，已经刻不容缓。

文言文和古典诗歌一样，博大精深，源远流长，更是我国传统文化的载体。不少学生对传统文化感兴趣，想要更多地阅读传统经典，可是文言文却成了阅读中最大的障碍。

中小学生学习文言文的重点，与其说是文学，不如说是语言。既然是语言，就要按照语言的规律去学习。学习文言文就是要依托一篇篇选文，而选文一定要有典型性、规范性、代表性，如此才有利于培养语感，顺利进入文言文学习的语境当中。《古文观止》就是这样一部选本。

《古文观止》是清代康熙年间吴楚材、吴调侯选编的一部历代古文总集。他们是浙江山阴（今绍兴）人，以教授私塾弟子为生，编选此书的目的是“正蒙养而裨后学”，即作为私塾教育的读本，

因此，《古文观止》正是一部为当时的少年提供的文言文入门读物。

《古文观止》初刻于清康熙三十四年（1695），按照从古到今的顺序排列，收录了自春秋战国到明末的名作222篇。“观止”一词典出《左传》的“季札观周乐”一节，吴国公子季札在鲁国观《箫韶》之后，赞叹道：“观止矣！若有他乐，吾不敢请已。”意指《箫韶》是音乐艺术的顶峰，欣赏过之后就不想去欣赏其他音乐了。也就是说《古文观止》所收录的文章都是古文中的精华，代表文言文的最高水平，学习文言文至此观止矣。《古文观止》自问世以来，盛行不衰，影响相当深远，与《唐诗三百首》并称为中国古诗文选本的“双璧”，鲁迅先生更是赞其与《昭明文选》并美。

我国现当代文学大家，如鲁迅、巴金、朱光潜、余光中、王蒙、贾平凹等，皆深受《古文观止》的影响。著名作家巴金说：“我仍然得感谢我那两位强迫我硬背《古文观止》的私塾老师。这两百多篇‘古文’可以说是我真正的启蒙先生。我后来写了20本散文，跟这个‘启蒙先生’很有关系。”

世易时移，应与时俱进，不当刻舟求剑者。我们结合当下语文学习的实际特点，从《古文观止》中精心挑选出102篇文章，书中原文采用通行的中华书局排印本，同时参考清朝乾隆年间的映雪堂刻本，编辑成这套《写给孩子的古文观止》。

如果说《古文观止》是清朝私塾学生学习文言文的指引，那么《写给孩子的古文观止》就是当下中小学生学习文言文的阶梯。全书内容选择、栏目设置以及形式编排的设计，无一不是针对语文的学习，让中小学生爱上文言文，学好文言文。

全书打乱原来单调的时间顺序，按照写人、记事、写景、游记、书信、议论等主题对文章进行归类，分设《群星闪耀》《历史风云》《亲近自然》《家国情怀》四卷，贴合当下语文学习的习惯。每篇文章设立以下栏目：

【经典名句】提取文中金句，便于在写作中运用。

【题解】通过写作背景、主旨，让读者对文章有整体的把握。

【古文诵读】因声求气，沉浸其中，涵泳诵读，以致熟读成诵，是学好文言文的基础。

【字词释义】对难懂的字词，加以注音和解释。

【古文今译】对原文进行白话翻译，在直译的基础上，力求信、达、雅，帮助读者加深对原文的理解，有助于下一步的背诵记忆。

【作者档案】知人论世，对作者的情况做基本的介绍，以便读者更好地理解原文。

【趣味知识】涉及文化常识、历史故事、成语积累等方面，作为文言文学习的必要补充。

每篇文章都配有相应的精美插图，写意优美，古韵十足，刺激视觉感官，营造轻松愉快的阅读氛围，更有利于加深读者对文章的理解。

著名文学家、翻译家金克木说："读《古文观止》可以知历史，可以知哲学，可以知文体变迁，可以知人情世故，可以知中国的宗教精神与人文精神，几乎可以知道中国传统文化的一切。"

《古文观止》，篇篇是经典，一起来读吧！

目录

扫码听音频

郑伯克段于鄢

《左传》隐公元年

经典名句

多行不义必自毙。

题解

本文讲的是春秋早期郑国兄弟相争的故事。文章对于战争一笔带过，着重描写了武姜对共叔段的偏爱，点明这种偏爱导致共叔段野心慢慢膨胀。庄公故意放任共叔段，直到共叔段准备发动叛乱，庄公才发动大军迅速平定了叛乱。战争后，庄公被颍考叔的孝心感化，与武姜重归于好。

古文诵读

初，郑武公娶于申，曰武姜，生庄公及共叔段。庄公寤生[1]，惊姜氏，故名曰寤生，遂恶之。爱共叔段，欲立之，亟[2]请于武公，公弗许。及庄公即位，为之请制。公曰："制，岩邑也，虢叔[3]死焉。他邑唯命。"请京，使居之，谓之京城大叔[4]。

祭仲[5]曰："都城过百雉[6]，国之害也。先王之制：大都不过参国之

古文今译

最初，郑武公迎娶了申国的女子为妻，叫武姜。武姜生下了庄公与共叔段。庄公出生的时候难产，惊吓到了武姜，于是武姜给他取名为"寤生"，并因此厌恶他。武姜偏爱共叔段，想让武公立共叔段为太子，并多次向武公请求，武公都不答应。到了庄公成为郑国国君的时候，武姜就代替共叔段向庄公请求以制邑为封地。庄公说："制邑是个险要的城邑，之前虢叔就是死在那里的，若是要封给他其他的城邑，我都可以听从。"武姜就请求把京邑封给共叔段，庄公答应让共叔段居住在那里，所以称他为京城太叔。

郑大夫祭仲说："分封的城池，城墙如果超过三百丈长，就会变成国家的祸

一，中五之一，小九之一。今京不度，非制也，君将不堪。”公曰：“姜氏欲之，焉辟害？”对曰：“姜氏何厌之有！不如早为之所，无使滋蔓，蔓难图也。蔓草犹不可除，况君之宠弟乎！”公曰：“多行不义必自毙。子姑待之。”

既而大叔命西鄙、北鄙贰于己。公子吕[7]曰：“国不堪贰，君将若之何？欲与大叔，臣请事之，若弗与，则请除之，无生民心。”公曰：“无庸，将自及。”

大叔又收贰以为己邑，至于廪延。子封曰：“可矣，厚将得众。”公曰：“不义不昵，厚将崩。”

大叔完聚，缮甲兵，具卒乘，将袭郑，夫人

害。先王规定的制度是：国内最大的城池的城墙不能够超过国都城墙的三分之一，中等的不能够超过它的五分之一，小的不能够超过它的九分之一。现在，京城城墙的长度不符合规定，不符合先王的制度，您恐怕会忍受不了。”庄公说：“武姜想要这样，我如何才能避免这种祸患呢？”祭仲回答说：“姜氏哪里会有满足的时候！不如趁早为他安排一个场所，不要让祸患滋生蔓延，如果祸患滋长蔓延就更难办了。蔓延开来的野草尚且很难清除干净，更何况是您那备受宠爱的弟弟呢？”庄公说：“他不义的事情做多了，必定会自己走向灭亡，你姑且等着看吧。”

之后不久，共叔段命令西边和北边的边城，表面归属庄公，实际服从自己。公子吕说：“一个国家不能承受两个国君的统治，您现在准备怎么办？如果您打算把郑国交给共叔段管理，那么我请求去侍奉他；如果不给他，那么就请消灭掉他，不要使百姓们产生二心。”庄公说：“不需要管他，他自己将会遭到灾祸的。”

共叔段又把两个边城改为自己掌控的地方，一直延伸到廪延。公子吕说：“可以出击了！如果土地变多了，他将会得到更多老百姓的拥护。”庄公说：“对君王不忠义，得不到拥戴，土地就算再多，也终将崩溃。”

共叔段修葺城郭，聚集粮草，修缮盔甲兵器，准备好了士兵和战车，准备袭击郑国国都，武姜准备作为内应为共叔段开启城门。庄公知道了共叔段袭击的日期，说：“可以行动了！”于是命令公子吕率领二百辆战车，去攻打京城。

将启之。公闻其期，曰："可矣！"命子封帅车二百乘以伐京。京叛大叔段。段入于鄢。公伐诸鄢。五月辛丑，大叔出奔共。

书曰："郑伯克段于鄢。"段不弟，故不言"弟"；如二君，故曰"克"；称"郑伯"，讥失教也；谓之郑志。不言"出奔"，难之也。

遂置姜氏于城颍而誓之曰："不及黄泉[8]，无相见也！"既而悔之。

颍考叔为颍谷封人，闻之，有献于公。公赐之食，食舍肉，公问之，对曰："小人有母，皆尝小人之食矣，未尝君之羹，请以遗之。"公曰："尔有母遗，繄[9]我独无！"颍考叔曰："敢问何谓也？"公语之故，且告之悔。对曰："君何患焉！若阙地及泉，隧而相见，其谁曰不然？"公从之。公入而赋："大隧之中，其乐也融融。"姜出而赋："大隧之外，其乐也泄泄。"遂为母子如初。

君子曰："颍考叔，纯孝也。爱其母，施[10]及庄公。《诗》曰：'孝子不匮，永锡尔类。'其是之谓乎！"

京城的人民背叛了共叔段，于是共叔段逃到了鄢城。庄公又追到鄢城攻打他。五月二十三，共叔段往共邑逃去。

《春秋》记载的是："郑伯克段于鄢。"共叔段不遵守做弟弟的本分去敬爱兄长，所以不称他为弟弟；兄弟二人如同两个国君一样打仗，所以用"克"字；把郑庄公称为"郑伯"，是挖苦他对弟弟缺少教化；赶走共叔段是郑庄公的意愿，所以不写共叔段自己出逃，隐含责难郑庄公逼走共叔段的意思。

之后庄公就把武姜放置在城颍，而且发誓说："不到黄泉，就不要再见面！"这之后庄公又后悔了。

有个叫颍考叔的人，是镇守颍谷的官员，听到这件事以后，特意向郑庄公进献宝物。庄公赏赐他一起吃饭。颍考叔在吃饭的时候，特意把肉留着。庄公问他为什么要这样做。颍考叔答道："我有母亲，我的东西她都吃过，只是从未吃过君王赏赐的肉羹，请让我带回去孝敬给她吃。"庄公说："你有母亲可以孝敬，唯独我却没有！"颍考叔说："敢问您为什么这么说？"郑庄公把原因告诉颍考叔，并且表达了自己后悔的心情。颍考叔回答说："您有什么可担忧的？只要挖掘土地直到挖出泉水，在地道里见面，那谁敢说您违背了誓言呢？"庄公听从了他的话。庄公走进地道去拜见武姜，并赋诗道："在地道里相见，多么快乐和谐啊！"武姜走出地道，赋诗道："走到地道外面，多么快乐舒畅啊！"于是武姜和庄公恢复了母亲和儿子的关系，像从前一样。

君子说："颍考叔，是位纯正的孝子，他不但孝敬自己的母亲，而且还把这种孝心推广到郑庄公身上。《诗经》说：'孝子的孝没有穷尽，永远都能感化你的同类。'大概说的就是这种事情吧！"

字词释义

❶寤（wù）生：出生的时候脚先出来，难产的一种。寤，倒着。

❷亟（qì）：屡次。 ❸虢（guó）叔：东虢国国君。

❹大叔：太叔。大，通“太”。 ❺祭（zhài）仲：郑大夫，字足。

❻雉：古建筑量法，长三丈，高一丈。 ❼公子吕：字子封。

❽黄泉：一个意思是地下的泉水，一个意思是阴间。后文中，颍考叔巧妙地用一词多义的手法化解了僵局。

❾繄（yī）：句首语气词。 ❿施（yì）：扩展。

作者档案

左丘明（前556—前451），相传为春秋末期鲁国的史学家。据说左丘明是一位盲人，与孔子同时代或在其前。左丘明知识渊博，品德高尚，孔子曾说：“巧言、令色、足恭，左丘明耻之，丘亦耻之；匿怨而友其人，左丘明耻之，丘亦耻之。”

趣味知识

春秋笔法

《春秋》记事简略，用词考究，人称“微言大义”。如“郑伯克段于鄢”在《春秋》中就是对这件事的全部记载。共叔段不恪守做弟弟的本分，所以不称他为庄公之弟；兄弟俩如同两个国君一样争斗，所以用“克”字；称庄公为“郑伯”，是讥讽他对弟弟失教；称庄公有杀弟意图，故不说出奔，有责备庄公的意思。本文则是对这六个字进行了分析解释。由此可见，《左传》以事解经，内容更丰富，可读性更强。

周郑交质

《左传》隐公三年

经典名句

信不由中，质无益也。

题解

春秋时期的周朝，礼崩乐坏。周王室为了防止郑庄公独揽朝政，就想分政给另一个姬姓国国君虢公，保持权力的平衡。然而，郑庄公不想放权，不得已，双方达成协议交换质子。因为周郑之间并没有诚信可言，又不按礼行事，双方即使交换了人质，也不可能维持彼此之间的关系，所以信任要以彼此体谅、坦诚相待为基础。诚信是强者的通行证、弱者的遮羞布。

古文诵读

郑武公、庄公为平王卿士[1]。王贰于虢，郑伯怨王。王曰："无之。"故周、郑交质[2]。王子狐为质于郑，郑公子忽为质于周。王崩，周人将畀[3]虢公政。四月，郑祭足[4]帅师取温之麦。秋，又取成周之禾。周、郑交恶。

古文今译

郑武公、郑庄公先后做周平王的卿士。周平王想把权力分一部分给虢公，郑庄公怨恨周平王。周平王说："没有这回事。"于是周、郑交换人质：周平王的儿子狐到郑国做人质，郑庄公的儿子忽到周王室做人质。周平王去世，周王室打算把国政交给虢公。四月，郑国的祭足领兵收割了温地的麦子。秋季，又收割了成周的谷子。周、郑互相仇恨。

君子曰："信不由中，质无益也。明恕而行，要[5]之以礼，虽无有质，谁能间[6]之？苟有明信，涧、溪、沼、沚之毛，蘋、蘩、蕴、藻[7]之菜，筐、筥、锜、釜[8]之器，潢污、行潦之水，可荐于鬼神，可羞[9]于王公，而况君子结二国之信，行之以礼，又焉用质？《风》有《采蘩》《采蘋》，《雅》有《行苇》《泂酌》[10]，昭忠信也。"

君子说："信任如果不发自内心，交换人质也没有用。彼此相互谅解而行事，用礼仪加以约束，即使没有人质，谁又能离间他们呢？假如有真诚的信任，即使是山涧、溪流、池塘中的野草，蘋、蘩、蕴、藻一类的野菜，装在筐、筥、锜、釜一类的器具里，用积水池或路上的积水，都可以祭祀鬼神，进献给王公，更何况君子缔结两国的信任，按礼仪行事，又哪里用得着人质？《国风》中有《采蘩》《采蘋》，《大雅》中有《行苇》《泂酌》，都是申明忠诚和信用的。"

字词释义

❶卿士：周朝的执政官。
❷交质：交换人质。
❸畀（bì）：交给。
❹祭（zhài）足：祭仲，郑国大夫。
❺要（yāo）：约束。
❻间：离间。
❼蘋（pín）：水生植物，浮萍。蘩（fán）：白蒿。蕰：一种可做菜的水草。藻：一种藻类植物。
❽筐、筥（jǔ）：竹质容器，方的为筐，圆的为筥。锜（qí）、釜：烹饪器具，有足的为锜，无足的为釜。
❾羞：进献。
❿《行苇》《泂（jiǒng）酌》：《诗经·大雅·生民之什》中的两篇。

趣味知识

质子外交

古代的质子，就是人质的意思，通常由王室的公子担任，到他国作为政治互信的象征和筹码。周郑交质开创了春秋战国人质交换的先河，以后各诸侯国发生矛盾冲突的时候，相互交换人质就成为解决办法之一。

在西周的礼仪当中，诸侯为天子效力是理所当然的，如今周平王身为天子居然需要用这种方式才能号令作为诸侯的郑庄公，这说明天子的权势衰微了。

石碏[1]谏宠州吁

《左传》隐公三年

经典名句

爱子，教之以义方，弗纳于邪。

题解

卫国大夫石碏看到公子州吁“有宠而好兵，公弗禁”，对卫庄公进谏。石碏的谏言，环环相扣，动之以情，晓之以理。可惜的是，卫庄公却听不进去，最终导致了卫国公室的内讧。本文对于父母很有警示和借鉴意义，对孩子的教育一样要“教之以义方，弗纳于邪”。

古文诵读

卫庄公娶于齐东宫得臣之妹，曰庄姜。美而无子，卫人所为赋《硕人》也。又娶于陈，曰厉妫。生孝伯，蚤[2]死。其娣[3]戴妫生桓公，庄姜以为己子。

公子州吁，嬖人之子也。有宠而好兵，公弗禁，庄姜恶之。

石碏谏曰：“臣闻爱子，教之以

古文今译

卫庄公娶了齐国太子得臣的妹妹为夫人，名叫庄姜，庄姜很美却没有儿子。卫国人为她作了一首名为《硕人》的诗。庄公又从陈国娶了一位夫人，名叫厉妫，厉妫生下孝伯，她自己很早就死了。她的妹妹戴妫与庄公生下桓公，庄姜就把桓公作为自己的儿子。

公子州吁，是庄公宠妾所生的儿子，受到卫庄公宠爱，又喜欢舞弄兵器，庄公不禁止，庄姜却很厌恶他。

石碏向庄公进谏说：“我听说爱自己的儿子，要以道义来教导他，让他不走上邪路。骄傲、奢侈、纵欲、放荡，是

义方，弗纳于邪。骄、奢、淫、佚，所自邪也。四者之来，宠禄过也。将立州吁，乃定之矣；若犹未也，阶之为祸。夫宠而不骄，骄而能降，降而不憾，憾而能眕[4]者，鲜[5]矣。且夫贱妨贵，少陵长，远间亲，新间旧，小加大，淫破义，所谓六逆也。君义，臣行，父慈，子孝，兄爱，弟敬，所谓六顺也。去[6]顺效逆，所以速[7]祸也。君人者，将祸是务去，而速之，无乃[8]不可乎？”弗听。

其子厚与州吁游，禁之，不可。桓公立，乃老。

走向邪路的开始。这四种恶习的产生，是过分宠爱和赏赐太过的缘故。如果要立州吁做太子，就定下来；如果还不决定，就会逐步导致祸乱了。至于受宠而不骄傲、骄傲而能安于低位、安于低位而不抱怨、抱怨而能克制自己的人，是很少的。再说卑贱的妨害高贵的，年少的欺凌年长的，关系疏远的离间亲近的，新人挑拨旧人，地位低的压制地位高的，淫乱破坏道义，这是六种逆理的事。国君仁爱和正义，臣子服从命令，父亲慈爱儿子，儿子孝顺父亲，哥哥爱护弟弟，弟弟敬重哥哥，这是人们常说的六种顺理的事。抛弃顺理的事去做悖理的事，就会招致祸害。作为人民的君主，应尽力除去祸害，现在却招致祸害，这恐怕不可以吧！”庄公不听。

石碏的儿子石厚与州吁交往，石碏禁止，却禁止不住。卫桓公即位后，石碏就告老辞官了。

字词释义

❶石碏（què）：卫国大夫。
❷蚤：通“早”。
❸娣：妹妹。
❹昣（zhěn）：克制。
❺鲜（xiǎn）：少见。
❻去：抛弃。
❼速：招致。
❽无乃：恐怕。

趣味知识

大义灭亲

石碏没能阻止儿子石厚与州吁的交往，自己便告老还乡了。鲁隐公四年春天，州吁便弑杀卫桓公，篡位当上了国君。

州吁无法安定卫国的民心，便派心腹石厚向石碏请教。石碏让他们去找陈桓公帮忙，孰料，石厚和州吁到陈国以后却被陈桓公抓住，并请卫国来人处置。原来，这一切都是石碏的安排。卫国派人去杀了州吁，石碏也派家臣去杀了石厚。石碏因此被称为纯臣，他的这一举动被称为大义灭亲，意思是说为了维护正义，对犯罪的亲属不徇私情，让他们受到应有的惩罚。

曹刿论战

《左传》庄公十年

经典名句

一鼓作气，再而衰，三而竭。

题解

本篇记叙了齐鲁长勺之战。长勺之战是中国战争史上以小敌大、以弱胜强的著名战例。文章通过描写曹刿在战前对民心所向的判断，在战时对士气的睿智分析，以及在战后追击时对敌情的判断，将曹刿的沉着与智慧活灵活现地展现了出来。

古文诵读

十年春，齐师伐我，公将战，曹刿[1]请见。其乡人曰："肉食者[2]谋之，又何间[3]焉？"刿曰："肉食者鄙，未能远谋。"遂入见。问："何以战？"公曰："衣食所安，弗敢专也，必以分人。"对曰："小惠未遍，民弗从也。"公曰："牺牲[4]玉帛，弗敢加也，必以信。"对曰："小信未孚[5]，神弗福也。"公曰："小大之狱，

古文今译

鲁庄公十年的春季，齐国军队进攻我们鲁国。鲁庄公准备应战。曹刿请求觐见鲁庄公。曹刿的同乡说："统治者肯定会谋划这件事，你又何必参与到这里面呢？"曹刿说："统治者目光短浅，不能深远地谋划事情。"于是曹刿入朝拜见鲁庄公。曹刿问鲁庄公："您凭借什么来打仗？"鲁庄公说："衣食这类安于民生的东西，我不敢独自占有，一定把它们分享给其他人。"曹刿说："这种小的恩惠不能遍及所有人，百姓是不会跟随您的。"鲁庄公说："牛羊、玉器、丝织品等祭祀用品，我从来不敢夸大数目，一定对上天诚信。"曹刿说："小信用不能取得上天

虽不能察，必以情。”对曰：“忠之属也。可以一战。战，则请从。”

公与之乘，战于长勺。公将鼓之，刿曰：“未可。”齐人三鼓，刿曰：“可矣！”齐师败绩，公将驰之，刿曰：“未可。”下视其辙，登轼而望之，曰：“可矣。”遂逐齐师。

既克，公问其故，对曰：“夫战，勇气也。一鼓作气，再[6]而衰，三而竭。彼竭我盈，故克之。夫大国，难测也，惧有伏焉，吾视其辙乱，望其旗靡，故逐之。”

的信任，神明是不会赐福于您的。”鲁庄公说：“无论案件大小，即使不能每一件都查明，我也一定会根据实情进行裁决。”曹刿回答说：“这才是尽了本职的一类事情，可以凭借这个去打一仗，如果作战，请允许我跟从您一起去。”

作战那天，鲁庄公请曹刿和自己同坐一辆战车。鲁军和齐军在长勺作战。鲁庄公准备击鼓进军。曹刿说：“还不行。”等到齐军击鼓三次之后。曹刿说：“可以了。”齐国的军队战败，鲁庄公想要追击齐军，曹刿说：“还不行。”说完他就下了战车去观察齐军车轮碾压出的痕迹，又登上战车，扶着车前横木眺望齐军军队，然后说：“可以了。”于是追逐齐军。

打败齐军以后，鲁庄公询问他获胜的原因。曹刿回答说：“所谓作战，凭借的是士气。第一次击鼓能够振奋士兵们的士气，第二次击鼓士兵们的士气就开始降低了，第三次击鼓士兵们的士气就衰竭了。敌军的士气已经衰竭而我军的士气正旺盛，所以就战胜了他们。齐国是大国，他们的情况难以预料，（追击时）害怕他们设有埋伏。后来我看到他们的车轮痕迹很混乱，望见他们的旗帜都倒下了，所以下令追逐他们。”

字词释义

❶曹刿（guì）：鲁国人。

❷肉食者：当权的人。

❸间：参与。

❹牺牲：牛羊等祭祀用品。

❺孚（fú）：大信。

❻再：两次。

趣味知识

古今异义词：牺牲

牺牲在古代指的是供祭祀用的纯色、完整的牲畜。牺牲也称为太牢和少牢。太牢是猪牛羊三牲全备，少牢为猪羊二牲。

因为祭祀时要恭恭敬敬地献给神灵，含有庄严的意味，牺牲的含义渐渐演变为为正义的事业献身；又因为牺牲必须毛色纯一，躯体完整，因此也形容为正义事业献身的烈士的纯洁。

宫之奇谏假道

《左传》僖公五年

经典名句

辅车相依，唇亡齿寒。

题解

晋献公通过送给虞国公名马美玉，借道虞国攻打虞国的邻国虢国，虞国公贪财，答应了晋国的要求。过了三年，晋国再次向虞国借道，灭掉虢国的同时，回国途中灭了虞国。

本文开头一句点明事件的起因及背景，接着便切入主题，宫之奇进谏虞国公。语言简洁有力，多用比喻句和反问句。“辅车相依，唇亡齿寒”的比喻贴切生动，很有说服力，道理至深，影响深远。

古文诵读

晋侯复假道[1]于虞[2]以伐虢[3]。

宫之奇谏曰：“虢，虞之表[4]也。虢亡，虞必从之。晋不可启，寇[5]不可玩[6]。一之谓甚，其可再乎？谚所谓‘辅车相依，唇亡齿寒’者，其虞、虢之谓也。”

公曰：“晋，吾宗也，岂害我哉？”

古文今译

晋侯再次向虞国借路去攻打虢国。宫之奇劝阻虞公说：“虢国，是虞国的屏障。虢国灭亡了，虞国也一定跟着灭亡。我们不能引起晋国的野心，对外国的军队不可轻视。一次借路已经过分了，怎么可以有第二次？俗话说‘脸颊和牙床骨互相依靠，嘴唇没了，牙齿就会挨冻’，说的正是虞、虢两国的关系啊。”

虞公说：“晋国，是我国的同宗，难道会加害我们吗？”

对曰："大伯、虞仲，大王之昭也。大伯不从，是以不嗣。虢仲、虢叔，王季之穆也，为文王卿士，勋在王室，藏于盟府。将虢是灭，何爱于虞！且虞能亲于桓、庄乎，其爱之也？桓、庄之族何罪，而以为戮，不唯逼乎？亲以宠逼，犹尚害之，况以国乎？"

公曰："吾享祀丰洁，神必据我。"

对曰："臣闻之，鬼神非人实亲，惟德是依。故《周书》曰：'皇天无亲，惟德是辅。'又曰：'黍稷非馨，明德惟馨[7]。'又曰：'民不易物，惟德繄物。'如是，则非德，民不和，神不享矣。神所冯依[8]，将在德矣。若晋取虞，而明德以荐馨香，神其吐之乎？"

弗听，许晋使。

宫之奇以其族行，曰："虞不腊[9]矣。在此行也，晋不更举矣。"

冬，晋灭虢。师还，馆[10]于虞，遂袭虞，灭之，执虞公。

宫之奇回答说："太伯、虞仲是大王的儿子，太伯没有听从王命，所以没有继承王位。虢仲、虢叔都是王季的儿子，是文王的执掌大臣，有功于室，因功受封的典策还在盟府中。现在晋国都要灭掉虢国，对虞国又有什么爱惜的？再说它对虞能比桓庄的后代更亲近吗？桓、庄的后代有什么罪过？却被杀戮，还不是因为对自己有威胁吗？近亲的势力威胁到自己，尚且要杀害他们，更何况一个国家呢？"

虞公说："我的祭品丰盛而清洁，神一定会保佑我。"

宫之奇回答说："我听说，鬼神不随便亲近哪一个人，只保佑有德行的人。所以《周书》里说：'上天对人不分亲疏，只保佑有德的人。'又说：'黍稷并不芳香，美德才芳香。'又说：'人们祭祀的东西相同，鬼神只享用有德行的人进献的。'如此看来，没有德行，百姓就不和睦，鬼神就不享用，鬼神所凭依的只是德行了。如果晋国攻取虞国，崇尚德行，进献芳香的祭品，难道神明会吐出来吗？"

虞公不听从劝阻，答应了晋国使者的要求。

宫之奇带着全族的人离开了虞国。他说："虞国等不到岁终腊祭了。晋国就在这一次行动中灭掉虞国，不必再出兵了。"

冬天，晋国灭掉虢国。回师途中驻扎在虞国，乘机袭击虞国，灭掉虞国，俘虏虞公。

字词释义

❶假道：借道。
❷虞（yú）：国名，在今山西平陆东北。
❸虢（guó）：国名，主要地域在今山西平陆南。
❹表：外表，屏障。
❺寇：凡兵作乱于内为乱，于外为寇。
❻玩：轻视，玩忽。
❼馨：浓郁的香气。
❽冯依：凭依。
❾腊：岁终祭祀。
❿馆：驻扎。

趣味知识

腊祭

腊祭，是指在新旧交接的岁末举行的祭祀。关于“腊”，在《周易》与《周礼》中就有“腊味”的记载。“腊”的本义是“干肉”。因岁末十二月的天气最适合风干制作腊味，十二月又有“腊月”“腊冬”等别称，这个月举行的祭祀因此称为“腊祭”。

介之推不言禄

《左传》僖公二十四年

经典名句

下义其罪，上赏其奸；上下相蒙，难与处矣。

题解

介之推随晋文公在外流亡，曾割股给晋文公充饥。回国后，晋文公赏赐功臣，唯独遗漏了他。他不夸功求赏，和母亲隐居绵上深山。本文记叙了介之推在决定归隐时与母亲的对话，赞扬了介之推母子不贪求名利的高洁品行。

古文诵读

晋侯[1]赏从亡者，介之推[2]不言禄，禄亦弗及。

推曰："献公之子九人，唯君在矣。惠、怀无亲，外内弃之。天未绝晋，必将有主。主晋祀者，非君而谁？天实置之，而二三子[3]以为己力，不亦诬乎？窃人之财，犹谓之盗。况贪天之功以为己力乎？下义其罪，上赏其奸；上下相蒙，难与处矣。"

古文今译

晋文公赏赐跟着他逃亡的人，介之推不去要求禄赏，而晋文公赐禄赏时也没有考虑到他。

介之推说："献公的儿子有九个，现在只有国君一人还在。惠公、怀公没有亲信，国内国外都抛弃他们。上天没有灭绝晋国，所以必定会有君主。主持晋国祭祀的人，不是国君还有谁呢？上天实际上要立他，而那几个人却认为是自己的力量，这不是欺骗吗？偷别人的钱财，都说是盗窃，更何况贪图上天的功劳作为自己的力量呢？下面的人将罪过当作道义，上面的人赏赐奸诈；上下互相欺瞒，难以和他们相处啊。"

其母曰："盍亦求之？以死，谁怼[4]？"

对曰："尤[5]而效之，罪又甚焉！且出怨言，不食其食。"

其母曰："亦使知之，若何？"

对曰："言，身之文也。身将隐，焉用文之？是求显也。"

其母曰："能如是乎？与汝偕隐。"遂隐而死。

晋侯求之，不获，以绵上[6]为之田。曰："以志[7]吾过，且旌[8]善人。"

他的母亲说："你为什么不也去求赏呢？这样不求而死，埋怨谁呢？"

介之推回答说："明知是罪过又去效仿，罪就更重！况且说出埋怨的话，就不应再吃他的俸禄了。"

他的母亲说："也让国君知道这事，怎么样？"

回答说："言语，是身体的文饰。身体将要隐藏了，哪里还用装饰它？这是乞求显贵啊。"

他的母亲说："你能这样做吗？我和你一起隐居。"于是，他们隐居山林，一直到死。

晋文公寻找他们，没有找到，便把绵上作为他的封田。说："用这来记下我的过失，并且表彰善良的人。"

字词释义

❶晋侯：晋文公重耳。
❷介之推：春秋时晋国贵族，曾跟随晋文公流亡。
❸二三子：指跟随文公逃亡的臣子。
❹怼（duì）：怨恨。
❺尤：罪过。
❻绵上：在今山西介休。
❼志：记载。
❽旌：表彰。

趣味知识

寒食节

晋文公流亡他国长达十九年，介之推始终追随左右，甚至“割股啖君”。晋文公回国即位，介之推与母亲归隐绵山，晋文公去请他出山，但是他不愿出来，为了迫他出山，晋文公下令放火烧山。没想到，介之推坚决不出山，最终被大火烧死。为纪念介之推，晋文公将其葬于绵山，下令介之推遇难这一天禁火寒食。这一天便被称为寒食节。

烛之武退秦师

《左传》僖公三十年

经典名句

因人之力而敝之，不仁；失其所与，不知；以乱易整，不武。

题解

秦晋联合攻打郑国。在危急关头，郑文公派烛之武前去说服秦伯。烛之武临危受命，只身前往敌营，利用秦晋之间的矛盾，向秦伯分析了当时的形势，说明了保存郑国与灭掉郑国对秦的利害关系，终于说服秦伯，解除了郑国的危机。

古文诵读

晋侯、秦伯[1]围郑，以其无礼于晋，且贰[2]于楚也。晋军函陵，秦军氾[3]南。

佚之狐[4]言于郑伯曰："国危矣，若使烛之武见秦君，师必退。"公从之。辞曰："臣之壮也，犹[5]不如人；今老矣，无能为也已。"公曰："吾不能早用子，今急而求子，是寡人之过也。然郑亡，子亦有不利焉！"许之。

古文今译

晋文公和秦穆公围攻郑国，因为郑国曾对晋文公无礼，并且从属于晋国的同时又依附楚国。晋国的军队驻扎在函陵，秦的军队驻扎在氾水的南面。

佚之狐对郑文公说："国家危险了，如果派烛之武去见秦国国君，他们的军队一定会撤退。"郑文公同意了。烛之武推辞说："我壮年的时候，尚且不如别人；如今老了，也不能有所作为了。"郑文公说："我没有及早任用您，现在情况危急才来求您，这是我的过错。然而郑国灭亡了，对您也不利啊！"烛之武答应了郑文公。

夜缒[6]而出，见秦伯，曰："秦、晋围郑，郑既知亡矣。若亡郑而有益于君，敢以烦执事[7]。越国以鄙[8]远，君知其难也，焉用亡郑以陪[9]邻？邻之厚，君之薄也。若舍郑以为东道主[10]，行李[11]之往来，共其乏困，君亦无所害。且君尝为晋君赐矣，许君焦、瑕，朝济而夕设版焉，君之所知也。夫晋，何厌[12]之有？既东封郑，又欲肆其西封[13]，若不阙秦，将焉取之？阙秦以利晋，唯君图之。"秦伯说，与郑人盟。使杞子、逢孙、杨孙戍之，乃还。

夜晚，有人用绳子将烛之武从城上放下去，见到了秦穆公，烛之武说："秦、晋两国围攻郑国，郑国已经知道要灭亡了。如果灭掉郑国对您有好处，怎敢麻烦您。越过别国把远方的郑国作为秦国的东部边邑，您知道这是困难的，为什么要灭掉郑国而增加邻国的土地呢？邻国的势力增强了，就相当于秦国的势力弱了。如果您放弃围攻郑国而把它当作东方道路上的主人，贵国使者来往，郑国可以供给他们缺乏的东西，对您也没有害处。再说，您曾经给过晋惠公恩惠，他答应给您焦、瑕两座城池，但他早上渡过黄河回国，晚上就修筑防御工事，这是您都知道的。晋国，哪里会有满足的时候呢？等他在东边把边境扩张到郑国，又要向西扩大领土。如果不损害秦国土地，它到哪里去夺取土地？削弱秦国有利于晋国，希望您考虑一下！"秦伯非常高兴，与郑国订立盟约。派遣杞子、逢孙、杨孙戍守郑国，就回国了。

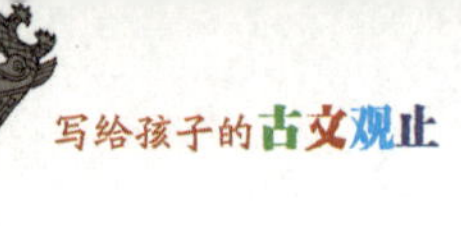

子犯请击之。公曰："不可。微夫人⑭之力不及此。因人之力而敝之，不仁；失其所与，不知；以乱易整，不武。吾其还也。"亦去之⑮。

晋国大夫子犯请求追击秦军。晋文公说："不行！如不是那个人的帮助，就没有我的今天。依靠别人的帮助又反过来伤害他，这是不仁；失掉自己的同盟，这是不智；用混乱取代联合，是不武。我们还是回去吧！"于是，晋军也就离开了郑国。

字词释义

❶晋侯秦伯：指晋文公和秦穆公。
❷贰：从属二主。
❸氾（fán）：水名。故道在今河南中牟。
❹佚（yì）之狐：郑国大夫。
❺犹：尚且。
❻缒（zhuì）：用绳子拴着人或物从上往下放。
❼执事：执行事务的人，对对方的敬称。
❽鄙：边邑。
❾陪：增加。
❿东道主：东方道路上的主人。
⓫行李：出使的人。
⓬厌：通"餍"，满足。
⓭封：疆界。
⓮微：没有。夫人：那人，指秦穆公。
⓯去之：离开郑国。

趣味知识

郑失礼于晋文公

晋文公逃亡国外期间抵达郑国，郑文公没有以礼相待，不准晋文公进城。叔詹劝谏，让他对公子重耳以礼相待，并且说如果不以礼相待就把他杀了，如果不杀就是郑国的忧患。郑文公不听。重耳改道去往楚国。晋文公即位后，开始复仇，于是有了此次攻打郑国的行动。

蹇叔哭师

《左传》僖公三十二年

经典名句

勤而无所，必有悖心。

题解

烛之武说退秦军，秦穆公派杞子等人驻守郑国。两年后，晋文公去世，秦穆公不听蹇叔的劝阻，坚持出兵袭郑，结果被晋军在崤山打了埋伏。蹇叔的进谏没有成功，于是以“哭师”的形式再次进谏。蹇叔对形势分析透彻，对战局预测准确，忧国虑远的老臣和利令智昏的国君形成鲜明对比。

古文诵读

杞子[1]自郑使告于秦曰：“郑人使我掌其北门之管[2]，若潜师以来，国可得也。”穆公访[3]诸蹇叔。蹇叔曰：“劳师以袭远，非所闻也。师劳力竭，远主备之，无乃不可乎？师之所为，郑必知之。勤而无所，必有悖心。且行千里，其谁不知？”

古文今译

杞子从郑国派人向秦国报告说：“郑国人让我掌管他们都城北门的钥匙，如果派兵悄悄前来，就可以占领郑国。”秦穆公向蹇叔征求意见。蹇叔说：“让军队疲劳地偷袭远方的国家，我从没听说有过这样的事。军队精疲力竭，远方国家又有防备，恐怕不行吧？出兵的举动，郑国必定会知道。军队勤苦辛劳而一无所得，一定会产生不满情绪。再说行军千里，有谁不知道呢？”

公辞焉。召孟明、西乞、白乙[4]使出师于东门之外。蹇叔哭之曰："孟子！吾见师之出而不见其入也。"公使谓之曰："尔何知！中寿，尔墓之木拱[5]矣！"

蹇叔之子与师，哭而送之，曰："晋人御师必于殽[6]，殽有二陵[7]焉。其南陵，夏后皋之墓也；其北陵，文王之所辟风雨也，必死是间，余收尔骨焉！"秦师遂东。

秦穆公没有听从蹇叔的劝告。他召见了孟明视、西乞术和白乙丙，让他们从东门出兵。蹇叔哭着送他们说："孟明啊，我能看到大军出发，却看不到他们回来了！"秦穆公派人对蹇叔说："你知道什么？要是你活到七十岁就死了的话，坟上的树都有两手合抱那么粗了。"

蹇叔的儿子也加入了这支军队，他哭着送儿子说："晋国人必定在崤山伏击我军，那里有两座大山。南面的大山是夏王皋的坟墓，北面的大山是周文王躲避风雨的地方。你一定会战死在两山之间，我到那里收拾你的尸骨吧。"秦国军队于是向东行进。

字词释义

❶杞子：秦国大夫。
❷管：钥匙。
❸访：询问。
❹孟明：百里氏，名视，字孟明。西乞：字西乞，名术。白乙：字白乙，名丙。这三人都是秦国将军。
❺拱：两手合抱。
❻殽（xiáo）：同“崤”，山名，在今河南洛宁西北。
❼陵：大山。

趣味知识

崤之战

崤之战是秦晋争霸中的一场决定性战役。公元前627年，秦穆公派兵偷袭郑国，越过晋军南境，途中恰与贩牛的郑国商人弦高相遇。弦高断定秦军必是袭郑，即一面冒充郑国使者犒劳秦军，一面派人回国报警。孟明视以为郑国有备，只好返回。晋襄公为维护霸业，决心打击秦国，命先轸率军在崤山隘道设伏，秦军返回至此，遭到伏击，全军覆没，孟明视、西乞术和白乙丙也全部被俘。

楚归晋知罃

《左传》成公三年

经典名句

无怨无德，不知所报。

题解

晋楚邲之战，最后楚胜而晋败，晋国知罃被楚国俘虏。他的父亲荀首被提拔为中军副帅后，要用楚国谷臣和襄老的尸体换回知罃。楚王答应了。本文是知罃归国时和楚王的对话，四问四答，跌宕起伏，意料之外，又在情理之中，高潮段落部分更是气势磅礴，令人回味。知罃不卑不亢的精神，折服了楚王，令人钦佩。

古文诵读

晋人归楚公子穀臣[1]与连尹襄老[2]之尸于楚，以求知罃[3]。于是荀首佐中军[4]矣，故楚人许之。

王送知罃，曰："子其怨我乎？"对曰："二国治戎[5]，臣不才，不胜其任，以为俘馘[6]。执事不以衅鼓，使归即戮，君之惠也。臣实不才，又谁敢怨？"

古文今译

晋国人把楚国公子縠臣和连尹襄老的尸首归还给楚国，来交换知罃。当时荀首已经是中军副帅，所以楚国人答应了。

楚王送知罃回国，说："您恐怕怨恨我吧！"知罃回答说："两国交战，下臣没有才能，不能胜任自己的任务，所以做了俘虏。您没有用我的血来祭鼓，而让我回国接受惩罚，这是您的恩惠啊。下臣实在没有才能，又敢怨恨谁呢？"

王曰："然则德我乎？"对曰："二国图其社稷，而求纾其民，各惩其忿，以相宥[7]也，两释累囚，以成其好。二国有好，臣不与及，其谁敢德？"

王曰："子归何以报我？"对曰："臣不任受怨，君亦不任受德。无怨无德，不知所报。"

王曰："虽然，必告不穀。"对曰："以君之灵，累臣得归骨于晋，寡君之以为戮，死且不朽。若从君之惠而免之，以赐君之外臣[8]首；首其请于寡君，而以戮于宗，亦死

楚王说："那么你感激我吗？"知罃回答说："两国为自己的国家打算，解除百姓的苦难，各自克制自己的愤怒，相互谅解，双方释放战俘，以建立友好关系。两国友好，与下臣没有关系，又敢感激谁呢？"

楚王说："你回去，用什么报答我？"知罃回答说："下臣无所怨恨，君王也无所恩德，没有怨恨，没有恩德，就不知道该怎么报答。"

楚王说："尽管这样，你一定要告诉我你的想法。"知罃回答说："因为您的福佑，被囚的下臣能够带着这身骨头回到晋国，寡君如果加以诛戮，死了也很光荣。如果由于您的恩惠而赦免下臣，把下臣交给您的外臣荀首，荀首向寡君请求，在宗庙里诛戮下臣，也死而不朽。

且不朽。若不获命，而使嗣宗职[9]，次及于事，而帅偏师以修封疆，虽遇执事，其弗敢违。其竭力致死，无有二心，以尽臣礼。所以报也。

王曰："晋未可与争。"重为之礼而归之。

如果荀首的请求没有得到允许，而让我继承宗族世袭的职位，按次序轮到下臣担任军职，率领部分军队治理边疆，即使碰到您，也不会躲避，只有竭尽全力战死，没有其他念头，以尽到做臣子的职责，这就是下臣用来报答您的。"

楚王说："晋国是不能与它斗争的。"于是对知罃重加礼遇，送他回国。

字词释义

❶公子穀臣：楚庄王的儿子。
❷连尹襄老：连尹是楚国官名，襄老是楚国的大臣。
❸知罃（zhì yīng）：荀罃。晋国大夫，荀首之子。
❹佐中军：担任中军副帅。
❺治戎：交战。
❻馘（guó）：割下敌方战死者的左耳（用来报功）。这里指俘虏。
❼宥：宽恕，原谅。
❽外臣：指荀首，这是知罃向楚王称呼自己父亲的谦称。
❾宗职：祖宗世袭的职位。

趣味知识

邲之战

邲之战，是晋楚之间的第二次重大较量。公元前 597 年，楚庄王率军再次围攻郑国，晋国派荀林父率军再次救郑，双方在邲地开战。在作战中，晋军将帅不和，各自为战，使楚军有机可乘，一洗城濮之战中失败的耻辱。这场战役奠定了楚庄王的"春秋五霸"地位。

晏子不死君难

《左传》襄公二十五年

经典名句

故君为社稷死，则死之；为社稷亡，则亡之。

题解

齐庄公因荒淫无耻被杀，死得极不光彩。晏子用言论和行动说明臣子如何处理与君主的关系，为后世做出了表率。他既不为国君而殉死，也不为国君而逃亡。他认为，无论国君还是臣子，都应以社稷为重。

古文诵读

崔武子[1]见棠姜而美之，遂取[2]之。庄公通焉。崔子弑之。

晏子[3]立于崔氏之门外。其人曰："死乎？"曰："独吾君也乎哉，吾死也？"曰："行乎？"曰："吾罪也乎哉，吾亡也？"曰："归乎？"曰："君死，安归？君民者，岂以陵民？社稷是主。臣君者，岂为其口实[4]？社稷是养。故君为社稷死，则死之；为社稷亡，则亡之。若为己死，而为己亡，非其私昵，谁敢任之？且人有君而弑之，吾焉得死之？而焉得亡之？将庸何归？"

门启而入，枕尸股而哭。兴，三踊而出。人谓崔子："必杀之。"崔子曰："民之望也，舍之得民。"

古文今译

崔武子看见棠姜，觉得她很美，便娶了她。齐庄公与棠姜私通。崔武子杀了齐庄公。

晏子站在崔家的大门外。随从问他说："你打算死吗？"晏子说："他只是我一人的国君吗，我为什么要死呢？"随从说："逃走吗？"晏子说："我有罪吗，为什么要逃亡？"随从说："回去吗？"晏子说："国君死了，回哪里？做人君的，难道是凌驾于百姓之上的吗？是让他主掌国家的。做国君的臣子，难道是为了俸禄？是让他治理国家的。因此国君为社稷而死，臣子就该为他死；为社稷逃亡，臣子就该随他逃亡。如果国君为自己死，为他自己逃亡，不是他私人宠爱的人，谁去承担这份责任？况且他人立了国君并且把他杀了，我怎么能为他去死，随他逃亡呢？我将回哪里啊？"

崔家大门打开，晏子进去，将庄公的尸体放在腿上哭后，站起来，一再跺脚才离去。有人对崔武子说："一定要杀了他。"崔武子说："他是民众仰望的人，放了他可以得民心。"

字词释义

❶崔武子：崔杼，齐国执政大夫。
❷取：同“娶”。
❸晏子：晏婴，字平仲，齐国大夫。历仕灵公、庄公、景公三世。
❹口实：指俸禄。

趣味知识

晏子

晏子是春秋齐国夷维（今山东高密）人，据《史记》描述，晏子身材矮小，“长不满六尺”，却历任齐国灵公、庄公、景公三朝，辅政长达五十余年。

晏子辅政期间，以有政治远见、外交才能和作风朴素闻名。留下了“折冲樽俎”“出使狗国”“二桃杀三士”“纪国金壶”“智论生死”“南橘北枳”“死马杀人”“挂羊头卖狗肉”等流传至今的历史典故。

召公谏厉王止谤

《国语·周语上》

经典名句

防民之口，甚于防川。

题解

召公针对周厉王残暴无道、以刑杀为威的行为，主张对百姓的不满和非议，要疏导，而不可压制。他巧妙设喻，指出“防民之口，甚于防川”，对百姓的不满要“宣之使言”，厉王不听劝告，终于激起民愤，落了个被放逐的下场。

古文诵读

厉王虐，国人[1]谤王。召公告曰：“民不堪命矣！”王怒，得卫巫，使监谤者。以告，则杀之。国人莫敢言，道路以目。王喜，告召公曰：“吾能弭[2]谤矣，乃不敢言。”

召公曰：“是障[3]之也。防民之口，甚于防川。川壅而溃，伤人必多，民亦如之。是故为川者决之使导，为民者宣之使言。故天子听政，

古文今译

周厉王暴虐，国都的百姓都指责他。召公对厉王说：“老百姓忍受不了你的政令了！”厉王大怒，找到一个卫国的巫师，让他去监视批评的人。按照卫国巫师的报告，就杀掉被告发的人。国人不敢说话，路上相见，以目示意。周厉王大喜，对召公说：“我能消除批评，他们不敢吭声了！”

召公回答说：“这是堵住人们的嘴。阻塞百姓的嘴，比阻塞河水还厉害。河流堵塞后决堤，伤人一定很多，人民也是这样。因此治水的人疏通河道使它畅通，治百姓的人开导他们而让他们畅所欲言。所以君王处理政事，让公卿大夫

使公卿至于列士献诗，瞽[4]献曲，史献书，师箴，瞍[5]赋，矇[6]诵，百工谏，庶人传语，近臣尽规，亲戚补察，瞽、史教诲，耆、艾[7]修之，而后王斟酌焉，是以事行而不悖。民之有口，犹土之有山川也，财用于是乎出；犹其原隰之有衍沃[8]也，衣食于是乎生。口之宣言也，善败于是乎兴。行善而备败，其所以阜[9]财用衣食者也。夫民虑之于心而宣之于口，成而行之，胡可壅也？若壅其口，其与能几何？”

王弗听，于是国人莫敢出言。三年，乃流王于彘。

等各级官吏献诗，乐师进献乐曲，史官进献文献史籍，少师进献箴言，盲人吟咏，矇者诵读，百工进谏，平民转达进言，近臣尽规劝之责，宗室姻亲补失纠偏，乐师和史官加以教导，元老们再劝诫，然后由天子斟酌取舍，这样，政事得以实行而不违背情理。百姓有嘴，就像大地有高山河流，财富器物都从这里出产；又像大地有平原和低地、良田，衣食物品来源于此。百姓用嘴发表议论，政事的成败从这里反映出来。做正确的政令，预防失误的事情，这是增加财富、器物、衣食的途径啊。百姓心中想的通过嘴表达出来，他们考虑成熟，就自然流露出来，怎么可以堵得住呢？如果堵住百姓的嘴，又能维持多久呢？”

周厉王不听，在这种情况下百姓都不敢讲话。过了三年，人们把厉王放逐到彘地去了。

字词释义

❶国人：居住在国都里的人。

❷弭（mǐ）：消除。

❸障：堵塞。

❹瞽（gǔ）：盲人。因古代乐官多由盲人担任，称乐官为瞽。

❺瞍（sǒu）：没有眼珠的盲人。

❻矇（méng）：有眼珠的盲人。

❼耆（qí）、艾：年六十叫耆，年五十叫艾。

❽原隰（xí）：平原和低湿之地。衍沃：指平坦肥沃的良田。

❾阜：丰盛。

趣味知识

《国语》

《国语》是一部国别体著作，以国分类，以语为主，故名“国语”。内容涉及各国贵族间朝聘、宴飨、讽谏、辩说、应对之辞，以及部分历史事件与传说。

《国语》相传是左丘明所著，司马迁有“左丘失明，厥有国语”的说法。与《左传》相比，《国语》记叙事件简单，而记叙言论却很详细，两书在“记事”和“记言”方面似乎有分工。因此，后人把《国语》叫作《春秋外传》或《左氏外传》。

敬姜论劳逸

《国语·鲁语下》

经典名句

夫民劳则思，思则善心生；逸则淫，淫则忘善；忘善则恶心生。

题解

勤劳俭朴是中华民族的优良传统，敬姜将劳逸的不同后果进行对比，教育儿子要知劳，以劳防逸，杜绝“淫心舍力”的恶习，如此才能更好地主持国政，为民做事。创业艰难，守成不易。全文结构紧凑，以小寓大，说理透彻，一个严于教子的母亲形象跃然纸上。

古文诵读

公父文伯退朝，朝其母，其母方绩[1]，文伯曰：“以歜[2]之家而主犹绩，惧干[3]季孙之怒也。其以歜为不能事主乎？”

其母叹曰：“鲁其亡乎？使僮子[4]备官而未之闻邪？居，吾语女。昔圣王之处民也，择瘠土而处之，劳其民而用之，故长王天下。夫民

古文今译

公父文伯退朝，去看望他的母亲，他的母亲正在纺麻，文伯说：“我们这样的人家，母亲还要亲自纺麻，这恐怕会让季孙发怒。他会认为我不能侍奉母亲啊！”

他的母亲叹气说：“鲁国大概要灭亡了吧？让你这样的小孩子做官，你没有听过做官之道吧？坐下来，我讲给你听。从前圣王安置百姓，选择贫瘠的土地安置他们，使他们劳作，使用他们，所以能够长久统治天下。百姓劳作就会想到节俭，想到节俭就能产生善心；安逸就

劳则思，思则善心生；逸则淫，淫则忘善；忘善则恶心生。沃土之民不材，淫也。瘠土之民，莫不向义，劳也。

“是故天子大采朝日，与三公九卿，祖识[5]地德，日中考政，与百官之政事。师尹惟旅牧相，宣序民事。少采夕月，与太史、司载纠虔天刑。日入，监九御，使洁奉禘、郊之粢盛，而后即安。

会放荡，放荡就会忘记善心；忘记善心就会产生邪念。居住在肥沃土地上的百姓不成材，是因为太安逸啊。居住在贫瘠土地上的百姓，没有不向往道义的，是因为他们勤劳啊。

“因此，天子穿着五彩的礼服祭拜日神，与三公九卿熟悉农业生产，日中考察政务，安排百官要做的事务。朝廷长官带领各级官员，辅佐安排百姓的事情。天子穿着三彩的礼服祭祀月神，和太史、司载虔诚地观察天象。日落便督促宫中嫔妃，让她们把禘祭、郊祭的祭品清洁准备好，然后才休息。

“诸侯朝修天子之业命，昼考其国职，夕省其典刑，夜儆百工，使无慆淫，而后即安。卿大夫朝考其职，昼讲其庶政，夕序其业，夜庀[6]其家事，而后即安。士朝受业，昼而讲贯，夕而习复，夜而计过，无憾，而后即安。自庶人以下，明而动，晦而休，无日以怠。

“王后亲织玄紞，公侯之夫人加之纮、綖。卿之内子为大带，命妇成祭服。列士之妻，加之以朝服。自庶士以下，皆衣其夫。社[7]而赋事，烝[8]而献功，男女效绩，愆则有辟[9]。古之制也！君子劳心，小人劳力，先王之训也！自上以下，谁敢淫心舍力？

“今我寡也，尔又在下位，朝夕处事，犹恐忘先人之业。况有怠惰，其何以避辟？吾冀而朝夕修我，曰：‘必无废先人。’尔今曰：‘胡不自安？’以是承君之官，余惧穆伯之绝祀也？”

仲尼闻之曰：“弟子志之，季氏之妇不淫矣！”

“诸侯清早处理天子布置的任务和命令，白天考察自己邦国的日常政务，傍晚检查法令的施行情况，夜晚训诫众官，让他们不要怠慢放荡，然后才休息。卿大夫早上考察自己的职责，白天谋划商量各种政务，傍晚梳理当天经办的事务，夜晚处理自己封地的事，然后才休息。士人早上接受任务，白天讲习学问，傍晚复习，夜晚反省自己有无过失，没有遗憾，然后才休息。从平民以下，天亮做事，夜晚才休息，没有一天懈怠的。

“王后亲自编织玄紞，公侯的夫人还要编织纮和綖。卿的妻子做大带，大夫的妻子做祭服。士的妻子还要做朝服。庶士以下的妻子都要给自己的丈夫做衣服。春分祭祀，安排农事，冬季祭祀，献上收成，男女都尽力展示自己的成绩，有过失就要治罪。这是古代的制度。君王用心操劳，小人出力操劳，这是先王的教导。自上而下，谁敢放荡心志偷懒呢？

“如今我成了寡妇，你又身处下位，早晚做事，尚且担心忘了祖宗的基业。况且有懈怠、懒惰的想法，那怎么避免处罚呢！我希望你早晚提醒我说：‘一定不要丢弃先人的基业。’你今天却说：‘为什么不自图安逸？’以这样的态度承担国君的官职，我怕你亡父穆伯的祭祀要断绝了。”

仲尼听到这件事，说：“弟子们记住，季氏的老夫人不图安逸啊！”

字词释义

❶绩：纺麻。
❷歜（chù）：文伯自称其名。
❸干：冒犯。
❹僮子：童子。
❺相识：熟识。
❻庀（pǐ）：治理。
❼社：春社，每年春分时祭祀土地神。
❽烝：特指冬天的祭祀。
❾愆：罪过，过失。辟：刑罚。

趣味知识

三公九卿

三公九卿制度在我国由来已久，根据《礼记》记载，夏朝就已出现“三公九卿”的说法，并一直被历代沿用，但真正的成熟和完善是在秦始皇时期。

三公九卿制度，各朝各代都有细微差别，官职设置不一样，代表的官职也有所不同。周朝的三公，即太师、太傅、太保；九卿，即冢宰、司徒、司马、宗伯、司寇、司空、少师、少傅、少保。

叔向贺贫

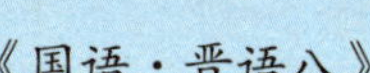

其宠大矣，一朝而灭，莫之哀也，惟无德也。

题解

韩起被任命为晋国正卿，针对他对贫困的忧虑，叔向以栾、郤两家为例，说明贫可贺，富可忧，可贺可忧的关键在于是否有德。贫不足忧，应该重视修德，无德则败家亡身，有德则可转祸为福。

古文诵读

叔向见韩宣子，宣子忧贫，叔向贺之。宣子曰：“吾有卿之名而无其实，无以从二三子，吾是以忧，子贺我，何故？”

对曰：“昔栾武子无一卒之田，其宫不备其宗器，宣其德行，顺其宪则[1]，使越[2]于诸侯。诸侯亲之，戎狄怀之，以正晋国。行刑不疚，以免于难。及桓子，骄泰奢侈，贪

叔向去拜见韩宣子，韩宣子正为贫困而发愁，叔向却向他表示祝贺。宣子说：“我有卿的虚名，却没有卿的财富，无法跟其他卿大夫们交往，我正为此发愁，你却祝贺我，这是什么缘故呢？”

叔向回答说：“从前栾武子没有百顷田产，家里连祭祀的器具都不齐全，可是他能够发扬德行，遵循法度，声名远播诸侯。诸侯亲近他，戎狄等少数民族归附他，因此使晋国安定下来。执行法度，没有缺失，因而避免了灾难。传到桓子，他骄傲奢侈，贪得无厌，犯法胡为，借贷牟利，囤积财物，本该遭到祸

欲无艺[3]，略则行志，假货居贿[4]，宜及于难，而赖武之德以没其身。及怀子，改桓之行，而修[5]武之德，可以免于难，而离[6]桓之罪，以亡于楚。夫郤昭子，其富半公室，其家半三军，恃其富宠，以泰[7]于国。其身尸于朝，其宗灭于绛。不然，夫八郤，五大夫，三卿，其宠大矣，一朝而灭，莫之哀也，惟无德也。今吾子[8]有栾武子之贫，吾以为能其德矣，是以贺。若不忧德之不建，而患货之不足，将吊[9]不暇，何贺之有？”

难，只是依赖他父亲栾武子的余德，才得以善终。传到怀子时，他改变父亲桓子的行为，学习他祖父武子的德行，本来可以凭此免灾，可是受到父亲桓子的罪孽的连累，结果逃亡楚国。那个郤昭子，他家的财富抵得上公室的一半，他家子弟在三军中任将佐的占半数，他依仗自己的财产和宠幸，在晋国过着极其奢侈的生活，最后他的尸体在朝堂上示众，他的宗族在绛灭绝。如果不是这样的话，那八个姓郤的有五人做大夫，三人做卿，他们所受的宠幸够大的了，一旦被诛灭，没有一个人同情他们，只是因为没有德行！现在你有栾武子的清贫境况，我认为你也能够有他的德行，所以表示祝贺。如果不发愁德行的建立，却忧虑财产不足，我表示哀悼还来不及，哪里还会祝贺呢？”

宣子拜，稽首焉，曰："起也将亡，赖子存之，非起也敢专承之，其自桓叔以下，嘉吾子之赐。"

宣子于是下拜，叩头说："我韩起几乎要灭亡了，全靠你拯救了我。你的恩德我不敢独自承受，恐怕从我的祖宗桓叔以后的子孙，都要感谢您的恩赐。"

字词释义

❶宪则：法制。
❷越：传播。
❸艺：度，准则。
❹贿：财。
❺修：研究，学习。
❻离：同"罹"，遭到。
❼泰：过分，过甚。
❽吾子：您，古时对人的尊称。
❾吊：忧虑。

趣味知识

羊舌四族

羊舌肸（xī），羊舌氏，名肸，字叔向，春秋时期晋国大夫、政治家。他博学多识，善于言辞，提倡尊贤使能，对春秋以来"礼治"的败坏深为痛惜，主张教化为主、刑法为辅。与郑国的子产、齐国的晏婴齐名。

羊舌肸有兄弟三人，即羊舌赤（铜鞮伯华）、羊舌鲋（叔鱼）、羊舌虎（叔虎）。人们将羊舌肸与其三兄弟合称"羊舌四族"，并称羊舌氏为"强家"。

扫码听音频

王孙圉论楚宝

《国语·楚语下》

经典名句

若夫哗嚣之美，楚虽蛮夷，不能宝也。

题解

王孙圉是楚国派往晋国的使臣，然而赵简子作为晋国执政，在王孙圉面前有意“鸣玉以相”，想炫耀一番。王孙圉气壮词严地予以反驳，所宝唯贤，一个国家应该重视人才，重视造福百姓的国土资源，玩物不算宝，与赵简子的骄横形成鲜明的对照。王孙圉对宝的见解，至今仍有深刻的启示意义。

古文诵读

王孙圉[1]聘于晋，定公飨之。赵简子[2]鸣玉以相，问于王孙圉曰：“楚之白珩犹在乎？”对曰：“然。”简子曰：“其为宝也，几何矣？”

曰：“未尝为宝。楚之所宝者，曰观射父，能作训辞[3]，以行事于诸侯，使无以寡君为口实。又有左史[4]倚相，能道训典，以叙百物，以朝

古文今译

王孙圉在晋国访问，定公设宴招待他。赵简子佩带发出鸣响的玉饰，作为傧相，问王孙圉说：“楚国的白珩还在吗？”王孙圉回答说：“是的。”赵简子说：“它是宝贝啊，价值多少啊？”

王孙圉说：“没当成宝贝。楚国视为宝贝的，叫观射父，他能作辞令，和各诸侯打交道，使别人不会拿我国国君作话柄。还有左史倚相，能够说出古代典籍，陈述各种事物，时时将成败的经验和教训告诉国君，使国君不忘记先王的

夕献善败于寡君，使寡君无忘先王之业；又能上下说[5]乎鬼神，顺道其欲恶，使神无有怨痛于楚国。又有薮曰云[6]，连徒洲[7]，金、木、竹、箭之所生也，龟、珠、角、齿、皮、革、羽、毛，所以备赋，以戒不虞者也；所以共币帛，以宾享于诸侯者也。若诸侯之好币具，而导之以训辞，有不虞之备，而皇神相之，寡君其可以免罪于诸侯，而国民保焉。此楚国之宝也。若夫白珩，先王之玩也，何宝焉？”

基业；他还能上下取悦鬼神，顺应它们的好恶，使鬼神不会对楚国怀有怨恨。还有大泽叫作云梦，连接着徒州，金属、木材、箭竹、箭杆在那里出产，龟甲、珍珠、兽角、象牙、兽皮、犀牛皮、鸟羽、牦牛尾等物产，用于军备，来防备意外患难；也用来供应钱财布帛，以馈赠给诸侯。如果诸侯喜欢这些礼品，再加上外交辞令疏通。有意外患难的防备，皇天神灵保佑，我国君王大概可以不得罪各诸侯，国家和百姓民得到保障。这是楚国的宝贝。至于白珩，只是先王的玩物，哪称得上宝贝？”

"圉闻国之宝，六而已：圣能制议百物，以辅相国家，则宝之；玉足以庇荫嘉谷，使无水旱之灾，则宝之；龟足以宪臧否[8]，则宝之；珠足以御火灾，则宝之；金足以御兵乱，则宝之；山林薮泽足以备财用，则宝之。若夫哗嚣之美，楚虽蛮夷，不能宝也。"

"我听说国家的宝贝不过六种：圣贤能够评判各种事物，辅佐国家，就将他当作宝贝；玉足以庇护五谷丰登，没有水旱灾难，就将它当作宝贝；龟甲足以表明福祸，就将它当作宝贝；珍珠足以抵御火灾，就将它当作宝贝；金属足以防御兵乱，就将它当作宝贝；山林湿地沼泽足以供给财用器物，就将它当作宝贝。至于叮当作响的美玉，楚国虽然是蛮夷之国，不可能把它当作宝贝。"

字词释义

❶王孙圉：楚国大夫。
❷赵简子：晋国执政。
❸训辞：指外交辞令。
❹左史：周代史官分左史、右史。左史记言，右史记事。
❺说：同"悦"。
❻薮：多草的湖泽。云：云梦泽，在今湖北。
❼徒洲：洲名。
❽臧否：吉凶。

趣味知识

楚国第一国宝

观射父，楚国大夫，也是通晓宗教礼仪的大巫师。地位极为显赫，被楚国奉为"第一国宝"。"楚人信巫鬼，重淫祀"，在那个崇尚鬼巫的年代，楚昭王有不明白的天地之事，都要向观射父请教。

晋献公杀世子申生

《礼记·檀弓上》

经典名句

天下岂有无父之国哉？

题解

本篇以简练的语言讲述了春秋时期晋国的一场父杀子的惨剧。太子申生明明知道父亲听信了骊姬的谗言，却为了保全父亲的安逸，以自尽的方式成全孝道。文章通过申生简洁而真挚的心理表白，将他委婉曲折的孝心描写得淋漓尽致，感人至深。

古文诵读

晋献公将杀其世子申生。公子重耳谓之曰："子盖[1]言子之志于公乎？"世子曰："不可。君安骊姬，是我伤公之心也。"曰："然则盖行乎？"世子曰："不可。君谓我欲弑君也，天下岂有无父之国哉？吾何行如之？"

使人辞于狐突曰："申生有罪，不念伯氏之言也，以至于死。申生

古文今译

晋献公将要杀死他的太子申生，公子重耳对申生说："你为何不向父亲说明你委屈的心声呢？"太子说："不可以。君王要有骊姬才能安逸，我要是说出她对我的诬陷，那我就太伤君王的心了。"重耳又说："既然如此，那你为什么不逃走呢？"太子说："不可以。君王认定我要杀害他。天下难道会有没有父亲的国家吗？我又能逃到何处去呢？"

申生差人去向师父狐突告别说："申生有罪，是因为没有听从您的教诲，以致不能免于一死。申生不敢吝惜生命，虽然是这样，但我的君父老了，他的爱子奚齐年纪还很小，国家灾难很多。您

不敢爱其死。虽然，吾君老矣，子少，国家多难。伯氏不出而图吾君，伯氏苟出而图吾君，申生受赐[2]而死。”再拜稽首[3]乃卒。是以为恭世子也。

不出山为国君谋划政事（我很理解），但如果您肯出山为国君谋划政事，申生即使是死也蒙受您的恩惠。”于是申生跪拜叩头两次，然后就自杀了。因此将他的谥号定为“恭世子”。

字词释义

❶ 盖：通“盍（hé）”，何不。

❷ 赐：恩惠。

❸ 稽首：指古代跪拜礼，跪下并拱手至地，头也及地。

作者档案

戴圣，生卒年不详，字次君，汉代今文经学的开创者，世称“小戴”。《礼记》是戴圣对秦汉以前的礼仪著作加以辑录、编纂而成的。

趣味知识

跪拜礼

汉代以前，人们一般都是席地而坐，臀部和脚后跟挨在一起。如果有客人，为了表示尊敬，就要直起腰，就成了跪的形式。拜是在跪的基础上行礼，二者是结合在一起的，所有古人说不跪不叫拜。

跪拜礼作为古代的一种交际礼仪，分稽首、顿首、空首，称为“正拜”。行稽首礼时，跪下并拱手至地，头也至地。稽是停留的意思，稽首就是头碰在地上停留一会儿。这是九拜中最重的礼节。一般用于臣子拜见君王和祭祀先祖。

行顿首礼时，其他和稽首相同，不同者拜时急叩头，其额触地而拜。一般用于下对上。

行空首礼时，双膝着地，两手拱合，俯头到手，与心平而不到地，所以称“空首”，又叫“拜手”。

有子之言似夫子

《礼记·檀弓上》

经典名句

丧欲速贫，死欲速朽。

题解

本篇记叙的是孔门弟子对“丧欲速贫，死欲速朽”的理解。曾子只能做到照搬原话，不与具体事情相关联地片面阐释孔子的话，而有子却能根据孔子一贯的言行和品德，探明其真义，根据具体事实，结合老师说这句话的实际环境进行理解。有子的这种看待问题的精神，值得后人学习。

古文诵读

有子问于曾子曰：“问丧于夫子[1]乎？”曰：“闻之矣。‘丧欲速贫，死欲速朽’。”有子曰：“是非君子之言也。”曾子曰：“参也闻诸夫子也。”有子又曰：“是非君子之言也。”曾子曰：“参也与子游闻之。”有子曰：“然。然则夫子有为言之也。”

古文今译

有子向曾子问道：“在先生那里听说过关于失去官职方面的事情吗？”曾子说：“听他说过，说的是：‘希望丢官后迅速贫穷，希望死了后迅速腐烂。’”有子说：“这不是君子说的话。”曾子说：“我确实是从先生那听来的。”有子又说：“这不是君子说的话。”曾子说：“我是和子游一起听见先生说这句话的。”有子说：“好吧。但先生肯定是有原因才这样说的。”

曾子以斯言告于子游。子游曰："甚哉，有子之言似夫子也！昔者夫子居于宋，见桓司马自为石椁，三年而不成，夫子曰：'若是其靡也，死不如速朽之愈也。'死之欲速朽，为桓司马言之也。南宫敬叔反[2]，必载宝而朝，夫子曰：'若是其货也，丧不如速贫之愈也。'丧之欲速贫，为敬叔言之也。"

曾子将这些话告诉子游。子游说："太像了，有子的话很像先生啊！从前，先生在宋国居住的时候，看见桓司马自己为自己做石椁，花了三年时间还没有完成。先生就说：'像他这样奢侈的人，死后还是快点腐烂的好啊。'希望人死了以后快速腐烂，是针对桓司马而说的话啊。南宫敬叔丢掉官职后回国，必定带上宝物拜见国王。先生说：'像他这样对待钱财的，不如丢掉官职以后迅速贫穷的好啊。'希望人丢掉官职以后迅速贫穷，这是针对敬叔说的话啊。"

曾子以子游之言告于有子。有子曰："然。吾固曰非夫子之言也。"曾子曰："子何以知之？"有子曰："夫子制于中都，四寸之棺，五寸之椁，以斯知不欲速朽也。昔者，夫子失鲁司寇，将之荆，盖先之以子夏，又申之以冉有，以斯知不欲速贫也。"

曾子把子游说的话告诉给有子。有子说："是啊。我就说了这不是先生说的话嘛。"曾子说："您是怎么知道的呢？"有子说："先生给中都宰制定的礼法是：棺材厚四寸，椁厚五寸，凭借这个我知道先生不希望人死了以后迅速腐烂。过去先生失去鲁国司寇的官职时，准备前往楚国，就先让子夏去打探，又让冉有去说明自己的想法，依据这件事我知道先生不希望人失去官职后迅速贫穷。"

字词释义

❶ 夫子：指孔子。

❷ 南宫敬叔反：南宫敬叔原来因失去官职离开了鲁国，后又返回。反，通"返"。

趣味知识

有若似圣人

有若，字子有，世称"有子"，孔子弟子，七十二贤之一。孔子去世后，弟子们思慕老师，子夏、子张、子游等人倡议，有子已经得到先师真传，推举他为老师，继续为大家传道解惑，像对待老师一样对待他。曾子投反对票，他认为，孔子如江河般清澈，如阳光般普照，如九天般辽阔，是没有谁能够与之相比的。

扫码听音频

邹忌讽齐王纳谏

《战国策·齐策》

经典名句

吾妻之美我者，私我也；妾之美我者，畏我也；客之美我者，欲有求于我也。

题解

本篇讲述了战国时期齐国谋士邹忌以讽劝的方式，说服齐王接受建议的故事。邹忌并没有直言君王之过，而是另辟蹊径，生动形象地讲述了一段自己的经历，将国家大事同个人小事巧妙地联系了起来，最终促使齐王自己去寻找答案，改正错误。劝谏他人改正错误，原本是一件好事，但若说话方式不够委婉，很容易招致对方的反感和厌恶。邹忌这种讽劝的智慧，值得我们仔细品味。

古文诵读

邹忌修[1]八尺有余，而形貌昳丽[2]。朝服衣冠，窥镜，谓其妻曰："我孰与城北徐公美？"其妻曰："君美甚，徐公何能及君也！"城北徐公，齐国之美丽者也。忌不自信，而复问其妾曰："吾孰与徐公美？"妾曰："徐公何能及君也！"旦日，

古文今译

邹忌身高八尺还多，而且外形相貌光艳美丽。有一天早晨他穿好衣服戴好帽子，观察着镜子里的自己，问妻子说："我相比于城北的徐公，谁更美丽呢？"他的妻子说："您美丽极了，徐公哪里能比得上您呢！"城北的徐公，是齐国最美丽的男子。邹忌不相信自己会比徐公还美丽，于是又问他的妾说："我相比于徐公，谁更美丽？"妾说："徐公哪里能比得上您呢？"第二天，有客人从外面前

客从外来，与坐谈，问之：“吾与徐公孰美？”客曰：“徐公不若君之美也！”明日，徐公来，孰视之，自以为不如，窥镜而自视，又弗如远甚。暮，寝[3]而思之，曰：“吾妻之美我者，私我也；妾之美我者，畏我也；客之美我者，欲有求于我也。”

于是入朝见威王曰：“臣诚知不如徐公美，臣之妻私臣，臣之妾畏臣，臣之客欲有求于臣，皆以美于徐公。今齐地方千里，百二十城，宫妇左右莫不私王，朝廷之臣莫不畏王，四境之内莫不有求于王。由此观之，王之蔽甚矣！”

来拜访邹忌，邹忌和他坐着谈话。邹忌问客人说：“我相比于徐公，谁更美丽？”客人说：“徐公比不上您的美丽啊。”又过了一天，徐公前来邹忌家中拜访，邹忌仔细地观察他，觉得自己不如他美丽；再照着镜子看镜子里的自己，更觉得自己远远比不上徐公。傍晚，他躺着休息的时候想这件事，说：“我的妻子说我美，是偏爱我；我的妾说我美，是害怕我；客人说我美，是有事情想要向我求助。”

于是邹忌上朝觐见齐威王，说：“我确实知道自己没有徐公美丽。可是我的妻子偏爱我，我的妾害怕我，我的客人有事情想要向我求助，因而他们都说我比徐公美丽。现在的齐国，国土方圆千里，有一百二十座城池，宫中的姬妾和在旁伺候的人，没有不偏爱大王的；朝廷里的大臣，没有不害怕大王的；国内的百姓，没有不想向大王求助的。由此看来，大王您被蒙蔽得一定很厉害了。”

齐威王说：“很好。”于是下达命令：

王曰："善。"乃下令："群臣吏民能面刺寡人之过者，受上赏；上书谏寡人者，受中赏；能谤讥于市朝，闻寡人之耳者，受下赏。"令初下，群臣进谏，门庭若市；数月之后，时时而间进；期年④之后，虽欲言，无可进者。燕、赵、韩、魏闻之，皆朝于齐，此所谓战胜于朝廷。

"所有的大臣、官吏、百姓，能够当面批评指责我过错的人，获得上等奖赏；能够上书劝谏我的人，获得中等奖赏；能够在公共场所指责、议论我的过失，并能传到我的耳朵里让我听见的，获得下等奖赏。"命令刚一下达，众多大臣都来进谏，宫门庭院中人多得就像市场一样。几个月以后，偶尔还会有人进谏。一年以后，即使想要进言，也实在没有什么可说的了。燕、赵、韩、魏等国听说这件事以后，都到齐国来朝见齐威王。这就是人们所说的在朝廷上战胜了其他国家。

字词释义

❶修：长，这里指身高。
❷昳（yì）丽：神采焕发，容貌美丽。
❸寝：躺着。
❹期（jī）年：一年。

作者档案

刘向（约前77—前6），字子政，西汉史学家、文学家。《战国策》是记载战国历史的一部重要著作，长于铺叙，善于以曲折的故事情节，紧凑生动地将历史事件表现出来。

趣味知识

文有邹忌，武有田忌

邹忌，战国时齐国大臣，以鼓琴游说齐威王，被任为相国。齐国之所以能够走向强盛，称霸诸侯，邹忌功不可没。但是，邹忌与大将田忌不合，这个田忌就是我们熟知的"田忌赛马"的田忌。马陵之战后，田忌如日中天，齐国文有邹忌，武有田忌。但是邹忌认为自己的位置受到了威胁，开始阴谋陷害田忌，田忌逃往楚国。后来，邹忌又设计让田忌一直留在楚国。

冯谖客孟尝君

《战国策·齐策》

经典名句

狡兔有三窟，仅得免其死耳。

题解

战国时期各国盛行养士之风，最著名的养士者就是有“战国四公子”之称的孟尝君、平原君、信陵君和春申君。四位公子都招揽门客数千人，平时供养他们，到了关键时刻，则让他们为自己出谋出力。

本篇讲述的就是齐国孟尝君的食客冯谖的故事。冯谖受到孟尝君的恩惠。他虽然贫贱，却有非凡的智慧。当孟尝君因为属地债务问题焦头烂额，因为盛名而遭到猜忌时，冯谖为孟尝君奔走效劳，使孟尝君既保持了美名，又得到了实际利益。

古文诵读

齐人有冯谖者，贫乏不能自存，使人属[1]孟尝君，愿寄食门下。孟尝君曰：“客何好？”曰：“客无好也。”曰：“客何能？”曰：“客无能也。”孟尝君笑而受之曰：“诺。”

左右以君贱之也，食以草具[2]。居有顷，倚柱弹其剑，歌曰：“长铗

古文今译

齐国有个叫冯谖的人，因为贫穷而养活不了自己，便找人代他去请求孟尝君，说他愿意当孟尝君家里的食客。孟尝君问：“客人有什么擅长的？”回答说：“他没有什么擅长的。”又问：“客人有什么才能？”回答说：“他也没有什么才能。”孟尝君还是笑着接受了他，说：“好吧。”

孟尝君的随从以为孟尝君瞧不起冯谖，就给他吃低等的饭菜。住了不久，冯谖就倚靠着柱子弹着他的佩剑，唱道：“长剑啊，我们回去吧！没有鱼吃啊。”

归来乎！食无鱼。”左右以告。孟尝君曰：“食之，比门下之客。”居有顷，复弹其铗，歌曰：“长铗归来乎！出无车。”左右皆笑之，以告。孟尝君曰：“为之驾，比门下之车客。”于是乘其车，揭其剑，过其友曰：“孟尝君客我。”后有顷，复弹其剑铗，歌曰：“长铗归来乎！无以为家。”左右皆恶之，以为贪而不知足。孟尝君问：“冯公有亲乎？”对曰：“有老母。”孟尝君使人给其食用，无使乏。于是冯谖不复歌。

后孟尝君出记，问门下诸客：“谁习计会[3]，能为文收责[4]于薛者乎？”冯谖署曰：“能。”孟尝君怪之，曰：“此谁也？”左右曰：“乃歌夫‘长铗归来’者也。”孟尝君笑曰：“客果有能也，吾负之，未尝见也。”请而见之，谢曰：“文倦于是，愦于忧，而性懦[5]愚，沉于国家之事，开罪于先生。先生不羞[6]，乃有意欲为收责于薛乎？”冯谖曰：“愿之。”于是约车治装，载券契而行，辞曰：“责毕收，以何市而反？”孟尝君曰：“视吾家所寡有者。”

随从把这件事告诉孟尝君，孟尝君说：“让他吃鱼，按照普通门客的标准对待他。”过了些日子，冯谖又弹着他的佩剑，唱道：“长剑啊，我们回去吧！出门没有车。”周围的人都取笑他，并把这件事告诉给孟尝君。孟尝君说：“为他备车，按照门下坐车客人的标准对待他。”于是冯谖乘着他的车，高举着他的剑，前去拜访他的朋友，说道：“孟尝君把我当作他的门客了。”在这之后不久，冯谖又弹着他的剑，唱道：“长剑啊，我们回到原来的地方去吧！没有办法养家！”周围的人都厌恶他，认为他贪婪而且不知道满足。孟尝君问道：“冯先生有亲人吗？”回答说：“有老母亲。”孟尝君派人给冯谖的母亲提供吃的用的，让她感到不缺乏什么。于是冯谖就不再唱歌了。

后来孟尝君出了个告示，询问家里的众多食客：“谁会做会计工作，能代我到薛地去收债呢？”冯谖签上名，道：“我能。”孟尝君觉得惊奇，问：“这签名的是谁啊？”左右的人说：“就是那个唱‘长剑啊，回到原来的地方去吧’的人。”孟尝君笑着说：“他果然有才能啊，我对不起他，以前都没有接见过他。”孟尝君便特意把冯谖请来相见，向他道歉说：“我被一些事情搞得很疲惫，被忧虑搞得心烦意乱，生性又愚钝，陷在国事家事之中脱不了身，以至于怠慢得罪了您，但您并不认为这是我对您的羞辱，还愿意代我到薛地去收债呢？”冯谖说：“我愿意做这件事。”冯谖于是套好马车，收拾好行装，载着借契票据出发了。辞行的时候，冯谖问：“债款收完了，需要用它买些什么回来？”孟尝君说：“您看我家里还缺少些什么（就买些什么吧）。”

驱而之薛，使吏召诸民当偿者，悉来合券。券遍合，起矫命以责赐诸民，因烧其券。民称万岁。

冯谖赶着车到了薛地，派官吏把应该还债的百姓都召集过来核对契据。契据全部核对完以后，冯谖站起身来，假托孟尝君的命令，把债款赐给百姓，并烧毁了那些契据。百姓们都高呼万岁。

长驱到齐，晨而求见。孟尝君怪其疾也，衣冠而见之，曰："责毕收乎？来何疾也！"曰："收毕矣。""以何市而反？"冯谖曰："君云'视吾家所寡有者'。臣窃计，君宫中积珍宝，狗马实外厩，美人充下陈。君家所寡有者以义耳！窃以为君市义。"孟尝君曰："市义奈何？"曰："今君有区区之薛，不拊爱子其民，因而贾利之。臣窃矫君命，以责赐诸民，因烧其券，民称万岁。乃臣所以为君市义也。"孟尝君不说，曰："诺，先生休矣！"

冯谖迅速地驱车赶回齐国都城，早晨就请求拜见孟尝君。孟尝君对他办事这么迅速感到惊奇，于是穿戴整齐来接见他，问："债款收完了吗？怎么回来得这么快啊？"答："收完了。"问："用它买了什么回来？"冯谖说："您说'看我家所缺少的'，我私下考虑，您宫里贮满了珍贵的宝物，猎狗和骏马占满了牲口棚，美女站满了堂下，您家所缺少的只是'仁义'罢了。我擅自用债款给您买了仁义。"孟尝君问："买'仁义'是怎么回事？"冯谖回答说："现在您的封地只有个小小的薛地，但您不但不爱抚那里的百姓，不把他们看成自己的子女，反而乘机用商人的办法从百姓身上获取利益。于是我擅自假托您的命令，把债款赏赐给了老百姓，并烧了那些契据，百姓们高呼万岁，这就是我给您买仁义的情况。"孟尝君听了以后很不高兴，说："好了，先生算了吧！"

后期年，齐王谓孟尝君曰："寡人不敢以先王之臣为臣。"孟尝君就国于薛，未至百里，民扶老携幼，迎君道中，终日。孟尝君顾谓冯谖："先生所为文市义者，乃今日见之。"

过了一年，齐王对孟尝君说："我不敢把先王的臣子作为我的臣子。"孟尝君便到他的封地薛地去。离那里还差百里时，薛地的百姓就扶老携幼，在道路旁迎接他。孟尝君看着冯谖说："先生您给我买的仁义，我今天才算是看到了。"

冯谖曰："狡兔有三窟，仅得免其死耳。今有一窟，未得高枕而卧

冯谖说："狡猾的兔子要有三个洞窟，才能够避免死亡。现在您仅仅有一个洞窟，还不能垫高枕头睡觉而什么都不担忧啊。请让我替您再挖掘两个洞窟。"孟

也，请为君复凿二窟。”孟尝君予车五十乘，金五百斤，西游于梁[7]，谓梁王曰：“齐放其大臣孟尝君于诸侯，先迎之者，富而兵强。”于是梁王虚上位，以故相为上将军，遣使者，黄金千斤，车百乘，往聘孟尝君。冯谖先驱诫孟尝君曰：“千金，重币也；百乘，显使也。齐其闻之矣。”梁使三反，孟尝君固辞不往也。

齐王闻之，君臣恐惧，遣太傅赍黄金千斤，文车二驷，服剑一，封书谢孟尝君曰：“寡人不祥，被于宗庙之祟，沉于谄谀之臣，开罪于

尝君就给了冯谖五十辆车、五百斤黄金。冯谖往西到了大梁。冯谖对魏王说：“齐国放逐大臣孟尝君到诸侯国去，哪位诸侯先迎接他，就会使自己国家富庶、士兵强大。”于是魏王把原来的相国任命为上将军，把相位空出来，派遣使者带千斤黄金、百辆车子，去聘请孟尝君任魏国相国。冯谖先赶车回到孟尝君身边，告诫孟尝君说：“一千金，是很丰厚的聘礼了；一百辆车，是显贵的使节了。齐国的人应该都听说这情况了。”魏国的使者往返三次，然而孟尝君坚决推辞而不去魏国。

齐王听到这个消息，君臣都震惊害怕起来，于是派遣太傅带一千斤黄金、两辆彩车、一把佩剑，并修书信向孟尝君表示歉意说：“我很倒霉，受到祖宗降下的灾难，又被那些阿谀奉承的臣子所迷惑，得罪了您。我不值得让您辅佐；

君，寡人不足为也；愿君顾先王之宗庙，姑反国统万人乎！”冯谖诫孟尝君曰：“愿请先王之祭器，立宗庙于薛。”庙成，还报孟尝君曰：“三窟已就，君姑高枕为乐矣。”

孟尝君为相数十年，无纤介之祸者，冯谖之计也。

但是希望您能顾念先王的宗庙，姑且回国来统率全国的人民吧！”冯谖告诫孟尝君说：“希望您能向齐王请来先王所传的祭器，在薛地建立您的宗庙。”宗庙建成以后，冯谖回来向孟尝君报告说：“三个洞窟都已经造凿成了，您可以暂且垫高枕头睡觉，并安心享乐了！”

孟尝君在齐国做了几十年相国，没有遭受一点祸患，都是因为冯谖的谋划啊。

字词释义

❶属：致意，请托。

❷草具：按照孟尝君的待客惯例，门客按能力分为三等：上等（车客）出有车；中等（门下之客）食有鱼；下等（草具之客）食无鱼。

❸计会：今指会计。

❹收责：收债。责，通“债”。

❺懦：怯弱。

❻羞：认为……是羞辱。

❼梁：魏国首都是大梁，所以也称梁。

趣味知识

战国四公子

战国时期魏国的信陵君魏无忌、赵国的平原君赵胜、楚国的春申君黄歇、齐国的孟尝君田文，礼贤下士，结交宾客，豢养了大量的门客，权倾朝野，被称为“战国四君”。

信陵君是魏昭王之子、魏釐王之弟，平原君是赵武灵王之子、赵惠文王之弟，楚国的春申君是楚怀王之子、顷襄王之弟，齐国的孟尝君是齐威王之孙、齐宣王之侄，都是各诸侯国的贵公子，因此又被称为“四公子”

扫码听音频

赵威后问齐使

《战国策·齐策》

经典名句

岁亦无恙邪？民亦无恙邪？王亦无恙邪？

题解

赵惠文王卒，其子孝成王立，赵威后以太后身份执政。本篇是赵威后接见齐国使者的一次谈话，她七次发问，委婉地批评了齐国政治失当，体现了“以民为本”的治国思想和一位富有远见的女政治家的气魄。

古文诵读

齐王使使者问赵威后。书未发[1]，威后问使者曰：“岁亦无恙邪？民亦无恙邪？王亦无恙邪？”使者不说，曰：“臣奉使使威后，今不问王而先问岁与民，岂先贱而后尊贵者乎？”威后曰：“不然，苟无岁，何以有民？苟无民，何以有君？故有舍本而问末者耶？”

古文今译

齐王派使者去问候赵威后，书信还没有启封，威后就问使者说：“贵国今年的年成好吗？百姓好吗？齐王好吗？”使者不高兴，说：“我奉齐王使命，出使到您这里来，现在您不问齐王，却先问年成和百姓，难道把卑贱的放在前面，把尊贵的放在后面吗？”赵威后说：“不是这样。假如没有收成，哪里有百姓？假如没有百姓，哪里有国君？所以这样询问，哪能不问根本而问末节呢？”

乃进而问之曰："齐有处士[2]曰锺离子，无恙耶？是其为人也，有粮者亦食，无粮者亦食；有衣者亦衣，无衣者亦衣。是助王养其民也，何以至今不业也？叶阳子无恙乎？是其为人，哀鳏[3]寡，恤孤独[4]，振[5]困穷，补不足。是助王息[6]其民者也，何以至今不业也？北宫之女婴兒子无恙耶？撤[7]其环瑱，至老不嫁，以养父母。是皆率民而出于孝情者也，胡为至今不朝也？此二士弗业，一女不朝，何以王齐国，子万民乎？於陵子仲[8]尚存乎？是其为人也，上不臣于王，下不治其家，中不索交诸侯。此率民而出于无用者，何为至今不杀乎？"

威后进一步问使者说："齐国有个隐士叫锺离子，还好吗？这个人的为人，有粮食的人给吃的，没粮食的人也给吃；有衣服的人给穿的，没有衣服的人也给穿的。这是一个帮助国君抚养百姓的人呀，为什么到今天不让他成就功业？叶阳子还好吗？这个人的为人，怜悯那些无妻无夫的人，抚恤那些无父无子的人，救济那些困苦贫穷的人，补助那些缺衣少食的人，这是一个帮助国君养育百姓的人，为什么到今天不让他成就功业？北宫氏的女儿婴兒子还好吗？她摘掉自己的首饰，到老不嫁，来奉养父母。这是一个为百姓尽孝心树榜样的人，为什么至今没有朝见国君呢？这两个隐士没有成就功业，一个孝女也没有封号，君主靠什么来统治齐国，养育百姓呢？於陵子仲还在吗？这个人的为人，对上不向国君称臣，对下不治理自己的家庭，不与诸侯交往，这是给百姓无所作为做表率的人，为什么到今天还不杀掉呢？"

字词释义

❶发：启封。
❷处士：有才能、有道德而隐居不仕的人。
❸鳏（guān）：老而无妻。 ❹恤：抚恤。独：老而无子。
❺振：通“赈”，救济。 ❻息：繁育。 ❼撤：除去。
❽於（wū）陵子仲：齐国的隐士。

趣味知识

民贵君轻

民贵君轻的思想是孟子提出的。《孟子·尽心下》中说：“民为贵，社稷次之，君为轻。”意思是说百姓最宝贵，国家次之，国君最轻。

民本思想已成为当时的一种时代思潮，不仅儒家，道家、墨家以及《左传》《管子》等著作中，都不同程度地蕴含着“民为邦本”的思想。《老子》就宣称：“圣人无常心，以百姓为心。”

触龙说赵太后

《战国策·赵策》

经典名句

父母之爱子，则为之计深远。

题解

赵惠文王卒，其子孝成王立，赵太后摄政。秦国趁赵国政权交替之机，大举攻赵。赵国形势危急，向齐国求援。齐国一定要赵太后的小儿子长安君为人质，赵太后不肯。触龙因势利导，阐明"爱子则为之计深远"的道理，说服了赵太后，让长安君出质齐国，解除了赵国的危机。

古文诵读

赵太后新用事，秦急攻之。赵氏求救于齐，齐曰："必以长安君为质，兵乃出。"太后不肯，大臣强[1]谏。太后明谓左右："有复言令长安君为质者，老妇必唾其面。"

左师触龙言愿见。太后盛气而揖之。入而徐趋[2]，至而自谢[3]，曰："老臣病足，曾[4]不能疾走，不得见久矣。窃自恕[5]，而恐太后玉体之有

古文今译

赵太后刚刚执政，秦国就加紧攻打赵国。赵国向齐国求救。齐国表示："一定要用长安君作为人质，才出兵。"赵太后不同意，大臣们极力劝说。太后明确地对身边近臣说："有再说让长安君做人质的，我一定吐他一脸唾沫！"

左师触龙希望拜见太后。太后怒气冲冲地等着他。触龙走入殿内，用快走的姿势慢慢迈着小步，到了太后面前请罪说："我的脚有毛病，不能快走，很久没能拜见您了。我虽然私下原谅自己，

所郄[6]也，故愿望见。”太后曰：“老妇恃辇而行。”曰：“日食饮得无衰[7]乎？”曰：“恃鬻耳。”曰：“老臣今者殊不欲食，乃自强步，日三四里，少益嗜食，和于身。”曰：“老妇不能。”太后之色少[8]解。

左师公曰：“老臣贱息舒祺，最少，不肖；而臣衰，窃爱怜之。愿令得补黑衣之数，以卫王宫。没死[9]以闻。”太后曰：“敬诺。年几何矣？”对曰：“十五岁矣。虽少[10]，愿及未填沟壑而托之。”太后曰：“丈夫[11]亦爱怜[12]其少子乎？”对曰：“甚于妇人。”太后曰：“妇人异甚。”对曰：“老臣窃以为媪[13]之爱燕后贤于长安君。”曰：“君过矣！不若长安君之甚。”左师公曰：“父母之爱子，则为之计深远。媪之送燕后也，持其踵，为之泣，念悲其远也，亦哀之矣。已行，非弗思也，祭祀必祝之，祝曰：‘必勿使反。’岂非计久长，有子孙相继为王也哉？”太后曰：“然。”

可是又担心太后的贵体有什么不适，所以希望来看望您。”太后说：“我是全靠坐车走动。”触龙说：“您每天的饮食该不会减少吧？”太后说：“就靠喝点粥罢了。”触龙说：“老臣近来特别不想吃东西，还是勉强散步，每天走三四里，稍微增加了点胃口，身体也舒适了些。”太后说：“我做不到。”太后的脸色稍微和缓了。

左师公说：“我的贱子舒祺，年龄最小，不成器，可是我老了，又很疼爱他，希望他能在黑衣卫士队里凑个数，来保卫王宫，我冒着死罪来请求太后！”太后说：“好，他多大了？”触龙回答：“十五岁了。虽然还小，但想趁我未死之前托付给您。”太后说：“男人也疼爱小儿子吗？”触龙回答：“比妇人爱得更厉害。”太后说：“妇人对小儿子疼爱得更厉害。”触龙回答：“我认为您疼爱燕后超过长安君。”太后说：“您错了，不像疼爱长安君那样厉害。”左师公说：“父母爱子女，就为他们做长远打算。您送燕后出嫁时，握着她的脚后跟，为她哭泣，惦念、悲伤她的远嫁，也是很伤痛了。她走了以后，您不是不想她了，每逢祭祀一定为她祈祷，祈祷说：‘千万不要让她回来！’这难道不是打算长远，希望她有子孙可以相继为王吗？”太后说：“是这样。”

左师公说：“从现在上推三代，一直到赵氏建立赵国的时候，赵王的子孙封侯的，他们的继承人还有在的吗？”太后说：“没有。”触龙又问：“不仅赵国，

左师公曰："今三世以前，至于赵之为赵，赵王之子孙侯者，其继有在者乎？"曰："无有。"曰："微独[14]赵，诸侯有在者乎？"曰："老妇不闻也。""此其近者祸及身，远者及其子孙。岂人主之子孙则必不善哉？位尊而无功，奉厚而无劳，而挟重器多也。今媪尊长安之位，而封以膏腴之地，多予之重器，而不及今令有功于国，一旦山陵崩，长安君何以自托于赵？老臣以媪为长安君计短也，故以为其爱不若燕后。"太后曰："诺，恣[15]君之所使之。"

其他诸侯子孙中封侯的，后继人还有在的吗？"太后说："我没有听说过。"触龙说："这大概是，近的祸患降临到自己头上，远的祸患就降临到子孙头上。难道国君的子孙就一定不好吗？只是因为他们地位高贵却没有功勋，俸禄优厚却没有贡献，却拥有太多贵重的财宝啊！现在您使长安君的地位很尊贵，封给他肥沃的土地，给他很多珍宝，却不趁现在让他为国立功，一旦您不在了，长安君凭什么在赵国立足？我认为您为长安君计划得太短浅了，所以认为您对长安君的爱不如对燕后。"太后说："好吧。任凭您安排他！"

于是为长安君约车百乘，质于齐，齐兵乃出。

子义闻之曰："人主之子也，骨肉之亲也，犹不能恃无功之尊、无劳之奉，而守金玉之重也，而况人臣乎。"

于是为长安君备好一百乘车马，到齐国去做人质。齐国就出兵了。

子义听到这事，说："国君的孩子，是骨肉之亲了，尚且不能凭靠无功的尊位、没有劳绩的俸禄，来保住金玉重器，更何况是做臣子的呢！"

字词释义

❶强：竭力，极力。
❷趋：小步快走。
❸谢：谢罪，道歉。
❹曾：竟，副词。
❺恕：宽恕，原谅。
❻郄（xì）：同"隙"，空隙，引申为毛病。
❼衰：减少。
❽少：稍微，略微。
❾没（mò）死：冒着死罪。没，冒昧。
❿少（shào）：年幼。
⓫丈夫：古代对成年男子的通称。
⓬怜：怜爱。
⓭媪（ǎo）：对老年妇女的尊称。
⓮微独：不仅，不但。
⓯恣：任凭。

趣味知识

古人对死的讳称

古人重视生死，不直言死亡。《礼记》中就有"天子死曰崩，诸侯死曰薨，大夫死曰卒，士曰不禄，庶人曰死"的说法。

对帝王之死还称千秋、晏驾、驾崩等，佛教僧人之死称圆寂、坐化、涅槃等，道教道士之死称羽化、仙游、仙逝等，一般人之死则称长眠、寿终、千古、作古、就木、终老等。本篇触龙自称死为填沟壑，称太后之死则为山陵崩。

鲁仲连义不帝秦

《战国策·赵策》

经典名句

所贵于天下之士者，为人排患、释难、解纷乱而无所取也。

题解

齐人鲁仲连游历到赵，适逢秦国围赵之邯郸，鲁仲连力主抗秦，并和辛垣衍展开一场激烈的论争。他引喻设比，指出秦国会得寸进尺，并用历史事实反复阐明帝秦对赵、魏以及对梁王和辛垣衍本人的危害。层层铺垫，直陈要害，最后魏无忌援军到，迫使秦国引兵而退，解除了邯郸之围。

古文诵读

秦围赵之邯郸。魏安釐王使将军晋鄙救赵，畏秦，止于荡阴不进。

魏王使客将军辛垣衍间入邯郸，因平原君谓赵王曰："秦所以急围赵者，前与齐闵王争强为帝，已而复归帝，以齐故；今齐闵王已益弱，方今唯秦雄天下，此非必贪邯郸，其意欲求为帝。赵诚发使尊秦昭王

古文今译

秦军围困赵国都城邯郸。魏安釐王派大将晋鄙援救赵国，晋鄙畏惧秦军，驻扎在荡阴，不再前进。

魏王派客将军辛垣衍从小路潜入邯郸城，通过平原君对赵王说："秦国之所以加紧围攻邯郸，是因为先前秦王与齐王争强称帝，后来秦王又取消帝号，是因为齐国撤销了帝号。如今，齐国日渐衰弱，只有秦国能称雄天下。秦国不是为了贪图邯郸，它的真正目的是要称帝。如果赵国真能派遣使者尊秦王为帝，秦

为帝，秦必喜，罢兵去。”平原君犹豫未有所决。

此时鲁仲连适游赵，会秦围赵，闻魏将欲令赵尊秦为帝，乃见平原君，曰：“事将奈何矣？”平原君曰：“胜也何敢言事！百万之众折于外，今又内围邯郸而不去。魏王使客将军辛垣衍令赵帝秦，今其人在是。胜也何敢言事！”鲁连曰：“始吾以君为天下之贤公子也，吾乃今然后知君非天下之贤公子也。梁客辛垣衍安在？吾请为君责而归之！”平原君曰：“胜请为召而见之于先生。”

平原君遂见辛垣衍曰：“东国有鲁连先生，其人在此，胜请为绍介，而见之于将军。”辛垣衍曰：“吾闻鲁连先生，齐国之高士也。衍，人臣也，使事有职，吾不愿见鲁连先生也。”平原君曰：“胜已泄之矣。”辛垣衍许诺。

鲁连见辛垣衍而无言。辛垣衍曰：“吾视居此围城之中者，皆有求于平原君者也。今吾视先生之玉貌，

王肯定高兴，就会撤兵离开。”平原君很犹豫，做不出决定。

这时，鲁仲连恰巧在赵国游历，碰上秦军围攻邯郸，听说魏国想要让赵国尊秦王为帝，就去见平原君说：“事情要怎么办？”平原君回答说：“我赵胜现在怎么还敢谈这件事？赵国的百万大军在外战败，如今秦军又深入国内围困邯郸不撤退。魏王派客将军辛垣衍让赵国尊秦为帝，现在他人就在邯郸，我怎么敢谈论这事？”鲁仲连说：“开始我以为您是天下的贤明公子，今天我才知道您并不是。魏国那位客人辛垣衍在哪里？让我替您斥责他，让他回去。”平原君说：“我去叫他来见您！”

平原君于是去见辛垣衍，说：“齐国有位鲁仲连先生，他在这里，我介绍他来见你。”辛垣衍说：“我听说过鲁仲连先生，齐国的高士。我辛垣衍，魏王的臣子，出使担负职责，我不想见鲁仲连先生。”平原君说：“我已经告诉他你在这里了。”辛垣衍答应了。

鲁仲连见到辛垣衍没有开口。辛垣衍说：“我观察居住在这个围城中的人，都是有求于平原君。可现在我看先生的神色，不像是有求于平原君，为什么久留在这围城之中而不离开呢？”鲁仲连说：“世上认为鲍焦是因心胸狭隘而死的人，都错了。现在人们不了解他，认为他是为自己而死的。那秦国，是一个抛

非有求于平原君者，曷为久居此围城之中而不去也？”鲁连曰：“世以鲍焦无从容而死者，皆非也。今众人不知，则为一身。彼秦，弃礼义、上首功[1]之国也，权使其士，虏使其民，彼则肆然而为帝，过而遂正[2]于天下，则连有赴东海而死耳，吾不忍为之民也！所为见将军者，欲以助赵也。”辛垣衍曰：“先生助之奈何？”鲁连曰：“吾将使梁[3]及燕助之，齐楚则固助之矣。”辛垣衍曰：“燕则吾请以从矣；若乃[4]梁，则吾乃梁人也，先生恶能使梁助之耶？”鲁连曰：“梁未睹秦称帝之害故也；使梁睹秦称帝之害，则必助赵矣。”辛垣衍曰：“秦称帝之害将奈何？”鲁仲连曰：“昔齐威王尝为仁义矣，率天下诸侯而朝周。周贫且微，诸侯莫朝，而齐独朝之。居岁余，周烈王崩，诸侯皆吊，齐后往。周怒，赴于齐曰：‘天崩地坼，天子下席，东藩之臣田婴齐后至，则斮之！’威王勃然怒曰：‘叱嗟！而母，婢也！’卒为天下笑。故生

弃仁义而崇尚杀敌斩首之功的国家，用权术役使臣子，像对待俘虏一样役使它的百姓。如果秦国肆无忌惮地称帝，然后再进一步号令天下，那么我只有跳东海自杀了，我不能甘心做它的百姓。我之所以要见将军，是想借此帮助赵国。”辛垣衍问：“先生将怎样帮助赵国？”鲁仲连说：“我要让魏国和燕国救赵，齐国、楚国本来就会帮助它。”辛垣衍说：“燕国，我认为它会听您的。至于魏国，我就是魏国人，先生怎么能使魏国帮助赵国呢？”鲁仲连回答：“魏国还没有看到秦国称帝的危害。如果让魏国了解到这一点，它一定会救援赵国！”辛垣衍又问道：“秦国称帝会有些什么危害呢？”鲁仲连说：“当初齐威王曾经施行仁义，率领天下诸侯朝见周天子。当时的周王室贫穷又衰弱，诸侯都不去朝见，只有齐国朝见他。过了一年多时间，周烈王去世，诸侯去吊丧，齐国去晚了。周王室很生气，在给齐国的讣告里说：‘天子去世如同天崩地裂，新天子移居草席守丧，东方藩国之臣田婴齐竟然迟到，应该杀掉。’齐威王勃然大怒，竟然骂道：‘呸！你娘不过是个奴婢而已。’结果被天下讥笑。所以齐威王在周天子活着的时候去朝见，死后却辱骂他，这实在是因为忍受不了周王室的苛求啊！他做天子的，本来就如此，那是不值得大惊小怪的。”

则朝周，死则叱之，诚不忍其求也。彼天子固然，其无足怪。”

辛垣衍曰：“先生独未见夫仆乎？十人而从一人者，宁力不胜、智不若邪？畏之也。”鲁仲连曰：“然梁之比于秦，若仆邪？”辛垣衍曰：“然。”鲁仲连曰：“然则吾将使秦王烹醢[5]梁王！”辛垣衍怏然不说，曰：“噫！亦太甚矣，先生之言也！先生又恶能使秦王烹醢梁王？”鲁仲连曰：“固也！待吾言之：昔者鬼侯、鄂侯、文王，纣之三公也。鬼侯有子而好[6]，故入之于纣，纣以为恶，醢鬼侯；鄂侯争之急，辨之疾，故脯鄂侯；文王闻之，喟然而叹，故拘之于牖里之库[7]百日，而欲令之死。曷为与人俱称帝王，卒就脯醢之地也？

“齐闵王将之鲁，夷维子执策而从，谓鲁人曰：‘子将何以待吾君？’鲁人曰：‘吾将以十太牢待子之君。’夷维子曰：‘子安取礼而来待吾君？彼吾君者，天子也。天子巡狩[8]，诸侯避舍，纳筦键[9]，摄衽抱几，视膳

辛垣衍说：“先生您难道没有见过仆人吗？十个仆人跟随一个主人，难道是因为他们的力量和智慧不如他吗？只是由于惧怕主人啊！”鲁仲连问：“这样说来，魏国对于秦国，就像是仆人和主子了？”辛垣衍回答：“是的。”鲁仲连说：“既然如此，我就要让秦王把魏王煮了剁成肉酱!”辛垣衍很不高兴地说：“咳！先生的话太过分了，您又怎么能让秦王把魏王煮了剁成肉酱呢？”鲁仲连说：“当然能，等我讲给您听。从前，鬼侯、鄂侯、文王，是商纣王的三公。鬼侯有个女儿很美，所以进献给纣王，纣王却认为她长得丑，要把鬼侯剁成肉酱。鄂侯为此极力辩护，所以纣王把鄂侯杀死制成肉干。文王听说后，长声叹息，纣王就把文王囚禁在牖里的牢房，关了一百天，还要杀他。为什么同别人一样称王称帝，最后却落到被人制成肉酱、肉干的下场呢？

“齐闵王准备去鲁国，夷维子拿着马鞭随行，问鲁国人：‘你们打算用什么样的礼节接待我们的国君呢？’鲁国人回答说：‘我们准备用接待诸侯的十太牢来接待贵国国君。’夷维子说：‘你们怎么能用这样的礼节来接待我们国君呢？我们的国君是天子。天子巡视四方，诸侯都要离开自己的宫室，交出钥匙和锁，提起衣襟，捧着几案，在堂下侍候天子用餐。天子吃完饭，诸侯才能告退，去处理政

于堂下；天子已食，退而听朝也。’鲁人投其籥，不果纳，不得入于鲁。将之薛，假涂于邹。当是时，邹君死，闵王欲入吊。夷维子谓邹之孤曰：‘天子吊，主人必将倍殡柩，设北面于南方，然后天子南面吊也。’邹之群臣曰：‘必若此，吾将伏剑而死。’故不敢入于邹。邹、鲁之臣，生则不得事养，死则不得饭含[10]，然且欲行天子之礼于邹、鲁之臣，不果纳。

“今秦万乘之国，梁亦万乘之国，俱据万乘之国，交有称王之名。睹其一战而胜，欲从而帝之，是使三晋之大臣，不如邹、鲁之仆妾也。且秦无已而帝，则且变易诸侯之大臣，彼将夺其所谓不肖，而予其所谓贤，夺其所憎，而予其所爱；彼又将使其子女谗妾，为诸侯妃姬，处梁之宫，梁王安得晏然而已乎？而将军又何以得故宠乎？”

于是辛垣衍起，再拜谢曰：“始以先生为庸人，吾乃今日而知先生

务。’鲁国人一听，立刻锁门下匙，不接待他们，齐闵王不能进入鲁国。齐闵王准备到薛地，向邹国借路。在这个时候，邹国国君死了。闵王想入城吊丧，夷维子就对邹国国君的遗孤说：‘天子来吊丧，主人一定要把灵柩移到相反的方向，从向南的位置移到向北，然后天子面向南吊唁。’邹国的群臣说：‘如果一定要这样，我们就横在剑上自杀。’所以，齐闵王不敢进入邹国。鲁国和邹国的臣子，在国君活着的时候不能侍奉，在国君死后也不能把饭含放到死者口中，然而要将行天子之礼强加给邹国、鲁国的臣子，他们也都不接受。

“现在秦国是拥有万辆兵车的大国，魏国也是拥有万辆兵车的大国，都是拥有万辆兵车的大国，相互都有称王的名分，只是看到秦国打了一次胜仗，就要服从秦国尊秦为帝，这样看来，赵、韩、魏的大臣还不如邹、鲁两国的奴仆姬妾啊！况且秦国是因为野心无限而称帝，一旦称帝，就会更换诸侯的大臣。他将撤换他认为没有才能的臣子，任命他认为有才能的人；除去他所憎恨的人，任命他所喜欢的人。他们还会让自己的女儿和传播是非的女人去做诸侯的妃嫔，她们住在魏王的后宫，魏王还能太平吗？将军您又怎么能得到以前的恩宠呢？”

这时，辛垣衍站起来，向鲁仲连拜了两拜，道歉说：“起初我把您当作平庸之辈，如今我才知道您是天下的贤士！

为天下之士也！吾请去，不敢复言帝秦！”

秦将闻之，为却军五十里。适会公子无忌夺晋鄙军以救赵击秦，秦军引而去。

于是平原君欲封鲁仲连。鲁仲连辞让者三，终不肯受。平原君乃置酒，酒酣，起，前，以千金为鲁连寿。鲁连笑曰：“所贵于天下之士者，为人排患、释难、解纷乱而无所取也。即有所取者，是商贾之人也。仲连不忍为也。”遂辞平原君而去，终身不复见。

请让我离开，我不敢再说尊秦为帝的事了。”

秦国的将领听说这件事，为此撤退五十里。这时，魏国的公子无忌夺取了晋鄙的军队，援救赵国，进攻秦军。秦军撤退，离开邯郸。

这时平原君想封赏鲁仲连。鲁仲连再三辞让，始终不肯接受。平原君就摆酒席宴请他。喝得正畅快的时候，平原君站起来，奉上千金向鲁仲连祝寿。鲁仲连笑着说：“天下之士所看重的，是替人排除忧患，解除危难，消除纷乱，不收取报酬。假如收取报酬，就是商人了。我鲁仲连不愿这样做。”于是辞别平原君，离开了，从此不再见他。

字词释义

❶首功：斩首之功。 ❷正：通“政”，统治。
❸梁：魏国。 ❹若乃：至于。 ❺醢：剁成肉酱。
❻子：子女的通称，这里指女儿。好：貌美。
❼牖（yǒu）里：地名，今河南汤阴北。库：监狱。
❽巡狩：天子出巡。 ❾筦键：钥匙和锁。
❿饭含：人死后，把饭放死人口中称“饭”，把珠玉放死人口中称“含”。

趣味知识

南面而坐

在我国传统文化里，人们把南向视为至尊。帝王的宝座面向南，天子、诸侯见群臣，或卿大夫见僚属，尊长见卑幼，都是南面而坐。面向北方，就是“面北称臣”。

这是由于我国位于北半球，阳光从南面照射过来。因此古人以南为阳、以北为阴，宫殿、官府、庙宇都面向正南。

唐雎不辱使命

《战国策·魏策》

经典名句

若士必怒，伏尸二人，流血五步，天下缟素。

题解

本篇记叙了强国和弱国间的一场外交斗争。战国末期，秦相继灭掉其他国家，公元前230年灭韩，公元前225年灭魏。安陵是魏的附庸小国，面对秦国的花言巧语，安陵君派唐雎出使秦国。文章用扣人心弦的对话场景，生动形象地塑造了唐雎的形象，表现唐雎为了维护国土而不畏强暴、敢于斗争的精神。

古文诵读

秦王使人谓安陵君曰："寡人欲以五百里之地易安陵，安陵君其许寡人！"安陵君曰："大王加惠，以大易小，甚善。虽然，受地于先王，愿终守之，弗敢易。"秦王不说。安陵君因使唐雎[1]使于秦。

秦王谓唐雎曰："寡人以五百里之地易安陵，安陵君不听寡人，何

古文今译

秦王派使者对安陵君说："我想要用方圆五百里的土地和你交换安陵城，安陵君请你一定要答应我！"安陵君说："大王加以恩惠，用大的土地交换我们小的土地，对我非常好。即使是这样，但这是我从先王那里继承的封地，我愿意终生守卫它，不敢与您交换！"秦王知道后非常不高兴。安陵君就派遣唐雎出使秦国。

秦王对唐雎说："我打算用方圆五百里的土地与你们交换安陵，安陵君却不答应我，这是为什么？况且秦国灭亡了

也？且秦灭韩亡魏，而君以五十里之地存者，以君为长者，故不错意也。今吾以十倍之地，请广于君，而君逆寡人者，轻寡人与？”唐雎对曰：“否，非若是也。安陵君受地于先王而守之，虽千里不敢易也，岂直五百里哉？”

韩国和魏国，你们安陵却凭借方圆五十里的土地保留下来，就是因为我把安陵君看作是忠厚有德行的人，所以并不在意。现在我用十倍于安陵的土地，想让安陵君能扩大自己的领土，他却违背我的意愿，这难道是看不起我吗？”唐雎回答说：“不，当然不是这样的。安陵君获得的这块封地是从先王那里继承的，所以要守护它，即使是方圆千里的土地也不敢交换，更何况仅仅只是方圆五百里的土地呢？”

秦王怫然[2]怒，谓唐雎曰：“公亦尝闻天子之怒乎？”唐雎对曰：“臣未尝闻也。”秦王曰：“天子之怒，伏尸百万，流血千里。”唐雎曰：“大王尝闻布衣之怒乎？”秦王曰：“布

秦王非常愤怒，对唐雎说：“先生你曾经听说过天子发怒时的情形吗？”唐雎回答说：“我没有听说过。”秦王说：“天子发怒的时候，会有数百万人的尸体倒下，数千里都流淌着鲜血。”唐雎说：“大王您听说过百姓发怒时的情形吗？”秦王说：“百姓发怒，最多也就是摘掉帽子，

衣之怒，亦免冠徒跣，以头抢地耳[3]。”唐雎曰：“此庸夫之怒也，非士之怒也。夫专诸之刺王僚也，彗星袭月。聂政之刺韩傀也，白虹贯日。要离之刺庆忌也，苍鹰击于殿上。此三子皆布衣之士也，怀怒未发，休祲[4]降于天，与臣而将四矣。若士必怒，伏尸二人，流血五步，天下缟素[5]，今日是也。”挺剑而起。

秦王色挠，长跪而谢之曰：“先生坐，何至于此！寡人谕[6]矣。夫韩、魏灭亡，而安陵以五十里之地存者，徒以有先生也。”

光着脚，用头撞地罢了。”唐雎说：“这只是平民中平庸无能的人发怒，不是平民中有才能有胆识的人发怒。专诸刺杀吴王僚的时候，彗星的光芒横扫过月亮；聂政刺杀韩傀的时候，一道白色的虹光穿太阳而过；要离刺杀庆忌的时候，苍鹰扑到宫殿上。他们三个人，都是平民中有才能有胆识的人，他们心里的怒气还没有爆发出来，上天就降示了吉凶的征兆。现在算上我，就是四个人了。如果有胆识有能力的人受到逼迫一定要发怒，那么就会有两个人的尸体倒下，鲜血只流在五步之内，天下百姓将要穿上丧服。今天的情形就是这样了。”说完，唐雎拔出剑，直起身子。

秦王变了脸色，直起身子跪着向唐雎道歉说：“先生请坐！怎么能够到这种地步！我明白了：韩国、魏国灭亡，安陵却凭借方圆五十里的地方得以保存下来，仅仅是因为有先生您在啊！”

字词释义

❶唐雎（jū）：魏国人。
❷怫（fú）然：愤怒的样子。
❸亦免冠徒跣（xiǎn），以头抢（qiāng）地耳：也不过是摘掉帽子，光着脚，把头往地上撞罢了。徒，光着。抢，撞。
❹休祲（jìn）：吉兆和凶兆。
❺缟（gǎo）素：白色的丧服。
❻谕：明白。

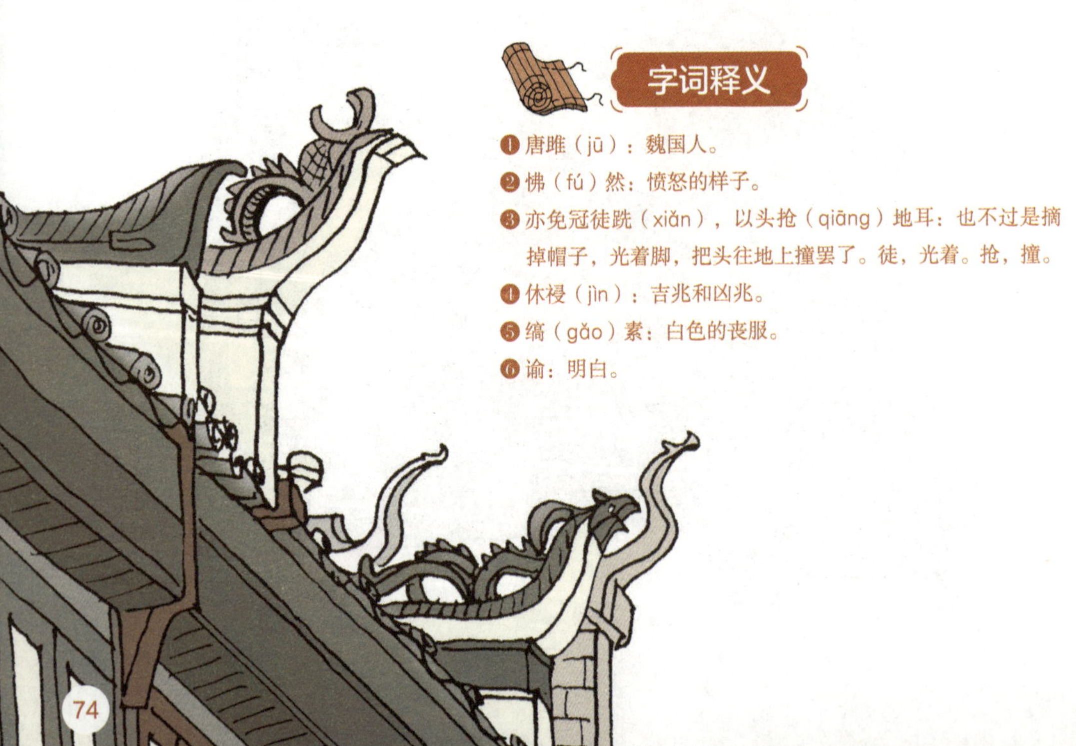

趣味知识

四大刺客

《史记》中记载有四位刺客，分别是专诸、聂政、豫让、荆轲，他们都是“士为知己者死”的奉行者，在历史上留下了自己的侠义之名。

专诸为报答公子光，把鱼肠剑藏于鱼腹中，趁进献鱼炙之机，杀死了吴王僚。

聂政为报答韩国大夫严仲子，刺杀相国侠累，自己也死于甲士围攻，死前划破面颊，破腹而死。

豫让是晋国正卿智伯家臣，智伯被韩赵魏三家所灭，智伯的头骨被赵襄子做成了酒器。豫让为智伯报仇，第一次刺杀没有成功，被赵襄子释放；第二次行刺再次被捕。他要了一件赵襄子的衣服，象征性地刺杀之后，伏剑自杀。

荆轲为报答太子丹，向秦王进献地图，趁机行刺，图穷匕见，他没有刺中秦王，反被侍卫砍杀。

卜居

《楚辞》

经典名句

夫尺有所短，寸有所长；物有所不足，智有所不明；数有所不逮，神有所不通。

题解

《卜居》是《楚辞》中文章的名称。文中多用比喻手法，形象鲜明，而且音节嘹亮，对比强烈。在内容上，《卜居》并不是问卜决疑之作，而是巧妙运用了设问的手法，表达了作者的愤世嫉俗之意。

古文诵读

屈原既放，三年不得复见。竭智尽忠而蔽障于谗，心烦虑乱，不知所从。乃往见太卜郑詹尹曰："余有所疑，愿因先生决之。"詹尹乃端策拂龟[1]曰："君将何以教之？"

屈原曰："吾宁悃悃款款[2]，朴以忠乎，将送往劳来，斯无穷乎？宁诛锄草茅以力耕乎，将游大人以

古文今译

屈原被流放以后，三年没能够再觐见楚王。竭尽智慧用尽忠心的他，却被谗言遮挡阻碍。他心思烦乱，不知道应该怎么办。于是他前去拜见太卜郑詹尹说："我有所困惑，希望由先生您来决断。"詹尹就把蓍草摆正并拂去龟壳上的灰尘说："您有什么要请教的啊？"

屈原说："我是应该诚实勤恳，朴实地效忠呢，还是迎来送往，而使自己不至于穷困呢？是宁愿锄去杂草卖力耕种呢，还是游说当权者来成就我的名声呢？

成名乎？宁正言不讳以危身乎，将从俗富贵以偷生乎？宁超然高举以保真乎，将呢訾栗斯[3]，喔咿嚅唲[4]以事妇人乎？宁廉洁正直以自清乎，将突梯滑稽[5]，如脂如韦以絜楹[6]乎？

“宁昂昂若千里之驹乎，将氾氾若水中之凫乎，与波上下，偷以全吾躯乎？宁与骐骥亢轭[7]乎，将随驽马之迹乎？宁与黄鹄比翼乎，将与鸡鹜争食乎？

“此孰吉孰凶，何去何从？

“世溷浊[8]而不清，蝉翼为重，千钧为轻；黄钟毁弃，瓦釜雷鸣；谗人高张，贤士无名。吁嗟默默兮，谁知吾之廉贞？”

是应该义正词严、无所避讳却使自身处于危险呢，还是依从世俗的富贵者来苟且偷生呢？是应该超脱自然、隐居起来以保全自己的真性情呢，还是阿谀逢迎、卑躬屈膝，献媚强笑来讨好士人的妻子呢？是应该廉洁正直来使自己纯净呢，还是圆滑迎合，像脂肪熟皮一样，圆滑随俗呢？

“是应该昂扬高傲得像千里马一样呢，还是平凡得像水里的鸭子随着波涛上下浮动，苟且保全自己的身躯呢？是应该和千里马并驾齐驱呢，还是跟着跑得慢的马的足迹呢？是应该与鸿鹄比翼齐飞呢，还是跟鸡鸭一起争抢食物呢？

“这些选择哪个是吉，哪个是凶？应该怎么选择？

“世界混浊不清纯，蝉翼被认为很重，千钧被认为很轻；黄钟被毁坏丢弃，瓦锅被认为可以发出雷鸣般的声音；谗言献媚的人居高位而嚣张跋扈，贤能的人士却没有名声。哀叹沉默吧，有谁知道我是廉洁坚贞的呢？”

詹尹乃释策而谢曰："夫尺有所短，寸有所长；物有所不足，智有所不明；数有所不逮，神有所不通。用君之心，行君之意。龟策诚不能知此事。"

詹尹放下蓍草致歉道："所谓尺虽然比寸长，但是也有它不足的地方，寸虽然比尺短，但是也有它的长处；万物都有它不足的地方，智者也有他不能明白的问题；蓍草有它算不到的事，神明有它不了解的东西。您还是用您自己的思想，决定您自己的行为吧。龟壳蓍草确实无法知道这些事啊！"

字词释义

❶ 端策拂龟：端策，数计蓍草。拂龟，拂去龟壳上的灰尘。蓍草和龟壳都是占卜用具。

❷ 悃（kǔn）悃款款：诚实勤恳的样子。

❸ 呢（zú）訾（zǐ）栗斯：用以形容人卑躬屈膝、向他人献媚取宠的样子。呢訾，阿谀逢迎的样子。栗斯，形容谨慎小心、唯恐做错事的样子。

❹ 喔咿嚅唲：喔咿，献媚强笑貌。嚅唲，强颜欢笑的样子。

❺ 突梯滑（gǔ）稽：突梯，圆滑的样子。滑稽，一种能转注吐酒，终日不竭的酒器，后借以指应付无穷、善于迎合别人。

❻ 絜（xié）楹：度量屋柱，顺圆而转。形容处世圆滑随俗。

❼ 亢轭：并驾齐驱。

❽ 溷浊：混浊。溷，通"混"。

作者档案

屈原（约前 340—前 278），战国时期楚国的诗人、辞赋家、政治家。曾担任三闾大夫、左徒，兼管内政外交大事。他主张对内举贤能，修明法度，对外联齐抗秦。后因遭贵族排挤，被流放沅、湘流域。公元前 278 年，秦将白起一举攻破楚国首都郢都时，忧国忧民的屈原在长沙附近汨罗江怀石自杀。

趣味知识

《楚辞》

《楚辞》是中国文学史上第一部浪漫主义诗歌总集。全书以屈原作品为主，还有宋玉、东方朔等人创作的辞赋。他们的作品运用楚地的文学样式、方言声韵和风土意象等，具有浓厚的地方色彩，故名《楚辞》，对后世诗歌有深远的影响。

谏逐客书

〔秦〕李斯

经典名句

泰山不让土壤，故能成其大；河海不择细流，故能就其深。

题解

韩国派水工郑国游说秦王嬴政，凿渠溉田以耗费秦国人力，使其不能攻韩，这就是疲秦计划。事情泄露，秦王听信宗室大臣的进言，认为来秦的客卿都想游间，就下令驱逐客卿。李斯也在被驱逐之列，他上书《谏逐客书》，秦王因此取消逐客令，李斯官复原职，后升为廷尉。

古文诵读

秦宗室大臣皆言秦王曰：“诸侯人来事秦者，大抵为其主游间[1]于秦耳，请一切逐客。”李斯议亦在逐中。

斯乃上书曰：“臣闻吏议逐客，窃以为过矣。

“昔穆公求士，西取由余于戎，东得百里奚于宛，迎蹇叔于宋，求丕豹、公孙支于晋。此五子者，不

古文今译

秦国的宗室大臣们都对秦王说：“各诸侯国来秦国做事的人，大都是为他们的君主游说离间的。请把所有客卿都驱逐出境。”李斯也在商议驱逐的行列。

于是，李斯给秦王上书，说：“我听说宗室大臣在计议驱逐客卿，我私下认为这是错误的。

“从前，穆公访求贤才，从西方的西戎争取了由余，从东方的宛地得到了百里奚，从宋国迎来了蹇叔，从晋国求得了丕豹和公孙支。这五人都不出生在秦

产于秦，而穆公用之，并国二十，遂霸西戎。孝公用商鞅之法，移风易俗，民以殷盛，国以富强，百姓乐用，诸侯亲服，获楚、魏之师，举地千里，至今治强。惠王用张仪之计，拔三川之地，西并巴、蜀，北收上郡，南取汉中，包九夷，制鄢、郢，东据成皋之险，割膏腴[2]之壤，遂散六国之从[3]，使之西面事秦，功施[4]到今。昭王得范雎，废穰侯，逐华阳，强公室，杜私门，蚕食诸侯，使秦成帝业。此四君者，皆以客之功。由此观之，客何负于秦哉？向使四君却客而不内，疏士而不用，是使国无富利之实，而秦无强大之名也。

“今陛下致昆山之玉，有随和之宝，垂明月之珠，服太阿[5]之剑，乘纤离之马，建翠凤之旗，树灵鼍[6]之鼓。此数宝者，秦不生一焉，而陛下说之，何也？必秦国之所生然后可，则是夜光之璧，不饰朝廷；犀象之器，不为玩好；郑魏之

国，可是穆公重用他们，兼并二十个小国，于是称霸西戎地区。孝公采用商鞅的主张，移风易俗，百姓因而富足，国家因而强盛，百姓愿意为国效力，诸侯国亲近归附，战胜了楚、魏的军队，占领了上千里的土地，至今还保持着安定强盛的局面。惠王采用张仪的计策，攻占三川地区，向西兼并了巴蜀，向北收取了上郡，向南攻取得了汉中，席卷九夷地区，控制了楚国的鄢、郢，向东占据了成皋，取得了大片肥沃的土地，拆散了六国的合纵联盟，迫使他们向西侍奉秦国，功绩延续到今天。昭王得到范雎，废黜穰侯，驱逐华阳君，加强王室的权力，遏制豪门贵族的势力，蚕食各个诸侯，使秦国建成帝王大业。这四位君主，都是凭借客卿的功劳。由此看来，客卿哪里对不起秦国呢？假使四位君主拒绝客卿而不予接纳，疏远贤士而不任用，那就不会使国家有雄厚的实力，秦国也不会有强大的威名了。

“现在，陛下得到了昆仑山的美玉，占有随侯珠、和氏璧，悬挂着如同明月的宝珠，佩带着太阿宝剑，乘着纤离骏马，竖立着翠凤羽毛装饰的旗帜，陈设着灵鼍皮做的大鼓。这些宝物，秦国不出产一样，陛下却喜欢它们，为什么呢？如果一定是秦国出产的才能用，那么夜光珍珠就不能装饰在朝廷上，犀角象牙制造的器物就不能成为玩赏之物，郑魏

女，不充后宫；而骏马駃騠[7]，不实外厩；江南金锡不为用，西蜀丹青[8]不为采。所以饰后宫，充下陈，娱心意，说耳目者，必出于秦然后可，则是宛珠之簪，傅玑之珥，阿缟之衣，锦锈之饰，不进于前；而随俗雅化，佳冶窈窕，赵女不立于侧也。夫击瓮叩缶，弹筝搏髀[9]，而歌呼呜呜快耳目者，真秦之声也；郑卫桑间，韶虞武象者，异国之乐也。今弃击瓮叩缶而就郑卫，退弹筝而取韶虞，若是者何也？快意当前，适观而已矣。今取人则不然，不问可否，不论曲直，非秦者去，为客者逐。然则是所重者在乎色、乐、珠、玉，而所轻者在乎人民也。此非所以跨海内、制诸侯之术也。

“臣闻地广者粟多，国大者人众，兵强则士勇。是以泰山不让土壤，故能成其大；河海不择细流，故能就其深；王者不却众庶，故能明其德。是以地无四方，民无异国，四时充美，鬼神降福，此五帝三王

两国的美女就不会充满后宫，骏马駃騠就不会充实马厩，江南的金锡就不会被取用，西蜀的丹青颜料就不会作为彩饰。所以，装饰后宫，充当姬妾，娱乐心意，悦人耳目的，一定要秦国出产的才用，那么装饰着宛珠的簪子，缀满小珠子的耳环，东阿丝织的衣服，锦缎绣的饰物，就不会进献到陛下面前。那些随着风俗装扮雅致、艳丽窈窕的赵国美女，就不会侍立在陛下身旁。敲瓮击缶，弹筝拍腿，呜呜地歌唱呼喊使耳朵快意的，才是秦国真正的音乐。郑、卫桑间的新调，韶虞、武象的古曲，都是别国的音乐。如今，敲瓮击缶而采用郑、卫的音乐，撤掉弹筝而取用韶虞乐舞，这是为什么呢？不过是心情舒畅，适合观赏罢了。如今用人却不这样，不问是否可用，不论是非曲直，不是秦国人就离开，客卿都被驱逐。这样，陛下重视的是女色、音乐、珍珠、宝玉，轻视的是人才。这可不是统一天下、制服诸侯的策略！

“我听说，土地广阔，粮食就充足，国家强大，人口就众多，武器精良，士兵就勇敢。所以，泰山不舍弃土壤，才能成就它的高大；河海不嫌弃细流，才能成就它的深广；帝王不拒绝民众，才能显示他的恩德。因此，地不分东西南北，人没有国家异同，四季充实美好，鬼神都会来降福，这就是五帝三王无敌于天下的原因。如今，抛弃百姓去资助敌国，

之所以无敌也。今乃弃黔首[10]以资敌国，却宾客以业诸侯，使天下之士退而不敢西向，裹足不入秦，此所谓藉寇兵而赍[11]盗粮者也。

“夫物不产于秦，可宝者多；士不产于秦，而愿忠者众。今逐客以资敌国，损民以益[12]仇，内自虚而外树怨于诸侯，求国之无危，不可得也。”

秦王乃除逐客之令，复李斯官。

驱除客卿去成就其他诸侯，这就会使天下的贤士退缩而不敢西进，裹足不敢进入秦国。这是所谓借给敌寇武器，送给强盗粮食！

“不出产在秦国而珍贵的东西很多，不是生于秦国的贤士而愿意为秦国效忠的也很多。如今，驱逐客卿去帮助敌国，减损民众去增加敌国人口，对内削弱自己，对外与诸侯树敌，希望国家没有危险，是不可能的啊！”

秦王于是废除逐客令，恢复了李斯的官职。

字词释义

❶游间：游说离间。
❷膏腴：肥沃。
❸从：同“纵”，合纵。
❹施（yì）：延续。
❺太阿（ē）：古宝剑名。相传为春秋时欧冶子、干将所铸。
❻灵鼍（tuó）：鼍龙。一种与鳄鱼相似的动物，皮可制作鼓。
❼駃騠（jué tí）：古时良马名。
❽丹青：颜料。
❾搏髀：拍着大腿打拍子。
❿黔首：百姓。黔，黑色。
⓫赍（jī）：送给。
⓬益：增益，增多。

作者档案

李斯（约前280—前208），楚国上蔡（今河南上蔡）人。秦朝政治家、文学家。秦统一六国后，李斯坚持以郡县制取代分封制，建议禁私学，焚诗书。秦始皇死后，他与赵高胡亥替二世皇帝篡位，为赵高所忌，腰斩于市。

趣味知识

厕中鼠与仓中鼠

李斯年轻时，曾在郡里为小吏，有一次，看到厕所里吃脏东西的老鼠，遇有人或狗来时，就受惊逃走；走进米仓，看到米仓里的老鼠，安逸自在，一只只吃得又大又肥，不必担心人或狗的威胁。于是，李斯感慨说：“人之贤不肖譬如鼠矣，在所自处耳！”意思是说：一个人有没有出息，就像老鼠一样，是由自己所处的环境决定的。

扫码听音频

瘗[1]旅文

〔明〕王守仁

经典名句

尔既已无知，然吾何能为心乎？

题解

这篇文章是王守仁埋葬三个客死在外的异乡人以后作的一篇哀祭文。这三个异乡人，仅为了微薄的薪俸而万里奔走，最终暴死异乡。王守仁虽与他们素昧平生，但祭文的感情写得相当深切，王守仁通过对客死之人的悲叹，抒发了自己被贬异域的凄怆之情。

古文诵读

维正德四年秋月三日，有吏目云自京来者，不知其名氏，携一子一仆，将之任，过龙场，投宿土苗家。予从篱落间望见之，阴雨昏黑，欲就问讯北来事，不果。明早，遣人觇之，已行矣。

薄午，有人自蜈蚣坡来，云："一老人死坡下，傍两人哭之哀。"

古文今译

大明正德四年（1509）秋季七月初三，有一名小吏从京城来到这里，不知姓什么叫什么。他身边带着一个儿子、一个仆人，将要上任。路过龙场，借宿在一户苗族人家。我从篱笆中间望见他，当时阴雨绵绵，天色昏黑。我想靠近他打听北方的状况，却没有实现。第二天早晨，我派人去探视，他们已经走了。

将近中午，有人从蜈蚣坡那边来，说："有一个老人死在坡下，旁边两人哭得很伤心。"我说："这一定是小吏死了。

予曰："此必吏目死矣。伤哉！"薄暮，复有人来云："坡下死者二人，傍一人坐哭。"询其状，则其子又死矣。明日，复有人来云："见坡下积尸三焉。"则其仆又死矣。呜呼伤哉！

念其暴骨无主，将二童子持畚[2]、锸[3]往瘗之，二童子有难色然。予曰："噫！吾与尔犹彼也！"二童闵然涕下，请往。就其傍山麓为三坎，埋之。又以只鸡、饭三盂，嗟吁涕洟而告之曰：

可悲啊！"傍晚，又有人来说："坡下死了两个人，旁边一人坐着悲叹。"我问明他们的情状，知道他的儿子又死了。第二天，又有人来说："看到坡下堆了三具尸体。"那么，他的仆人又死了。唉，让人伤心啊！

一想到他们的尸骨暴露在荒野，没有人认领，我就带着两个童仆，拿着簸箕和铁锹，前去埋葬他们。两名童仆脸上流露出为难的神色。我说："唉，我和你们，本同他们是一样的啊。"两名童仆怜悯地淌下眼泪，要求一起去。于是我们在尸体旁边的山脚下挖了三个坑，把他们埋了。随即供上一只鸡、三碗饭作为祭奠，长叹着流着眼泪祷告说：

呜呼伤哉！繄何人？繄何人？吾龙场驿丞余姚王守仁也。吾与尔皆中土之产，吾不知尔郡邑，尔乌乎来为兹山之鬼乎？古者重去其乡，游宦不逾千里。吾以窜逐而来此，宜也。尔亦何辜乎？闻尔官吏目耳，俸不能五斗，尔率妻子躬耕可有也。胡为乎以五斗而易尔七尺之躯？又不足，而益以尔子与仆乎？呜呼伤哉！

尔诚恋兹五斗而来，则宜欣然就道，胡为乎吾昨望见尔容，蹙然盖不胜其忧者？夫冲冒霜露，扳援崖壁，行万峰之顶，饥渴劳顿，筋骨疲惫，而又瘴疠侵其外，忧郁攻其中，其能以无死乎？吾固知尔之必死，然不谓若是其速，又不谓尔子、尔仆亦遽然奄忽也！皆尔自取，谓之何哉！吾念尔三骨之无依而来瘗耳，乃使吾有无穷之怆也。

呜呼伤哉！纵不尔瘗，幽崖之狐成群，阴壑之虺[4]如车轮，亦必能葬尔于腹，不致久暴尔。尔既已

唉，可怜啊！你是什么人，什么人啊？我是此地龙场驿的驿丞、余姚人王守仁呀。我和你都生长在中原地区，我不知你的家乡是哪个郡县，你为什么要来这座山上做鬼魂啊？古人不会轻易离开故乡，外出做官也不超过千里。我是因流放而来到这里，理所应当。你又有什么罪过而非来不可呢？听说你的官职，仅是一个小小的吏目而已，俸禄不过五斗米，你领着老婆孩子种田就会有了。为什么竟用你的七尺身躯去换区区五斗米的俸禄？又为什么还觉得不够，还连累了你的儿子和仆人啊？哎呀，真是太悲伤了！

你来到这如果真是为了这五斗米，那就该欢欢喜喜地上路，为什么我昨天望见你皱着额头，面带愁容，似乎承受不起那深重的忧虑呢？你一路上常冒着雾气露水，攀缘峭壁悬崖，走过一座座山峰，饥渴劳累，身子骨疲惫，再加上瘴气侵蚀你的身体，忧郁腐蚀你的心灵，你难道能免于一死吗？我固然知道你必然会死，可是没有想到会这样快，更没有想到你的儿子、仆人也会这么快地死去啊。都是你自找的啊，还能说什么呢？我不过是怜悯你们三具尸骨无所归依才来埋葬罢了，却生出了无穷的感慨。

唉，悲痛啊！纵然我不葬你们，那幽暗的山崖上的狐狸成群，阴深山谷中粗如车轮的毒蛇，也一定能够把你们埋葬在肚子里，不致长久地暴露。你已经

无知，然吾何能为心乎？自吾去父母乡国而来此，三年矣，历瘴毒而苟能自全，以吾未尝一日之戚戚也。今悲伤若此，是吾为尔者重，而自为者轻也。吾不宜复为尔悲矣。

吾为尔歌，尔听之。歌曰：连峰际天兮飞鸟不通。游子怀乡兮莫知西东。莫知西东兮维天则同，异域殊方兮环海之中。达观随寓兮莫必予宫，魂兮魂兮无悲以恫。

又歌以慰之曰：与尔皆乡土之离兮，蛮之人言语不相知兮。性命不可期，吾苟死于兹兮，率尔子仆，来从予兮。吾与尔遨以嬉兮，骖[5]紫彪而乘文螭[6]兮，登望故乡而嘘唏兮。吾苟获生归兮，尔子、尔仆尚尔随兮，无以无侣悲兮！道傍之冢累累兮，多中土之流离兮，相与呼啸而徘徊兮。餐风饮露，无尔饥兮。朝友麋鹿，暮猿与栖兮。尔安尔居兮，无为厉于兹墟兮。

没有一点知觉，但我又怎能安心呢？自从我离开家乡来到此地已有三年了。我历尽瘴毒而能勉强保全自己的生命，主要是因为没有一天怀着忧伤悲戚的情绪啊。今天忽然这样悲伤，是我为你想得太多，而为自身想得太少啊。我不应该再为你悲伤了！

我来为你唱歌，你请听着。唱道：连绵的山峰高接云天啊，飞鸟不通。怀念家乡的游子啊，不知西东。不知西东啊，头顶的苍穹却一般相同。所在的地方纵然相隔遥远啊，都在四海的环绕之中。想开点儿可以四海为家啊，又何必守在那旧居一栋？魂魄啊，魂魄啊，不要悲伤，不要惊恐！

再唱一支歌来安慰你：我与你都是离乡背井的苦命人啊，蛮人的语言谁也听不懂，性命没法预兆。假使我也死在这地方啊，请带着你的儿子、仆人，来跟着我吧。我和你们一起游玩也能很快乐。驾驭着紫色虎啊，乘坐着五彩龙；登高望着故乡长长叹息啊，假如我能有幸生还。你的儿子、仆人啊，尚且跟随着你，不要因为没有伴侣而悲伤啊，道路旁边有很多枯冢，大都是由中原被流放到这里的人的，我与他们一起呼啸，一起从容散步。吃着清风，喝着甘露，你不会觉得饥饿。早晨与麋鹿为友啊，到晚间再与猿猴住在一起。安心守分居墓中啊，可不要变成厉鬼到村村寨寨乱逞凶！

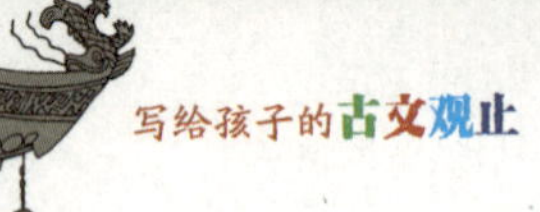

字词释义

❶瘗（yì）：掩埋，埋葬。

❷畚（běn）：用草绳或竹篾编织成的盛物器具。

❸锸（chā）：铁锹。

❹虺（huǐ）：毒蛇。

❺骖（cān）：古代一车驾三或四匹马时，两旁的两匹马叫骖，这里指驾驭。

❻文螭（chī）：带条纹的蛟龙。

作者档案

王守仁（1472—1529），字伯安，号阳明，明代著名的思想家、文学家、哲学家和军事家。王守仁一生军功卓越，为文博大通达，在哲学方面更是提出了“知行合一”的心学理念，为后人所敬仰。

趣味知识

小偷也有良知

王阳明认为，好人的内心有良知，恶人的内心也有良知。致良知，就是致吾心内在的良知。据说，有一天王阳明的家里人捉到一个小偷。王阳明对小偷的惩罚是让小偷自己把衣服脱光。结果小偷脱得只剩下内裤，就不愿意再脱了，由此看来，即使是小偷也有羞耻心。